BORUTO
-NARUTO NEXT GENERATIONS-

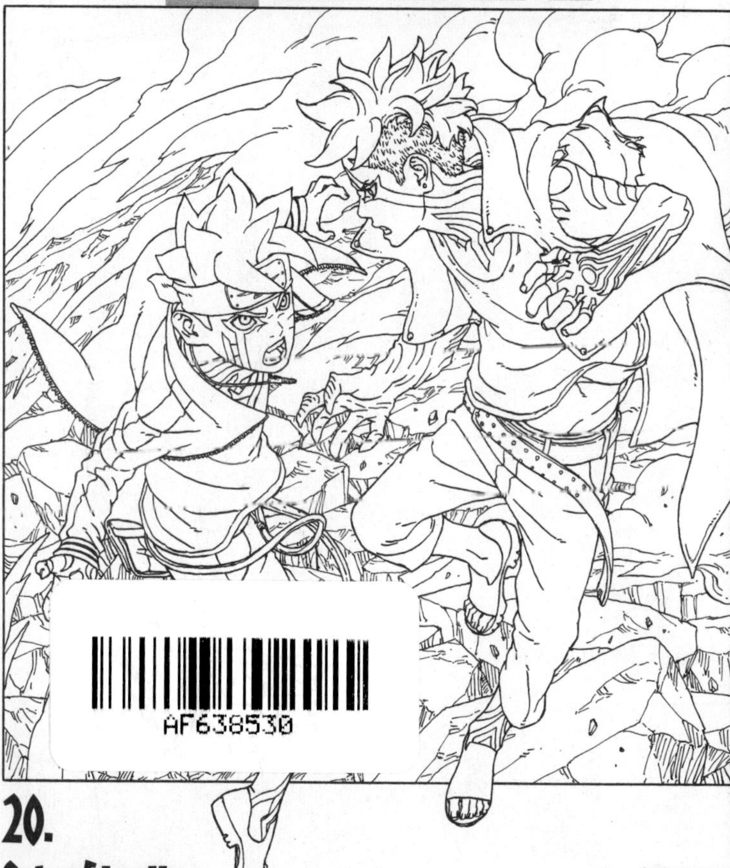

20.

Schriftrolle

Allmacht

Original Story and Supervising: Masashi Kishimoto
Manga: Mikio Ikemoto

BORUTO
-NARUTO NEXT GENERATION-

Charaktere

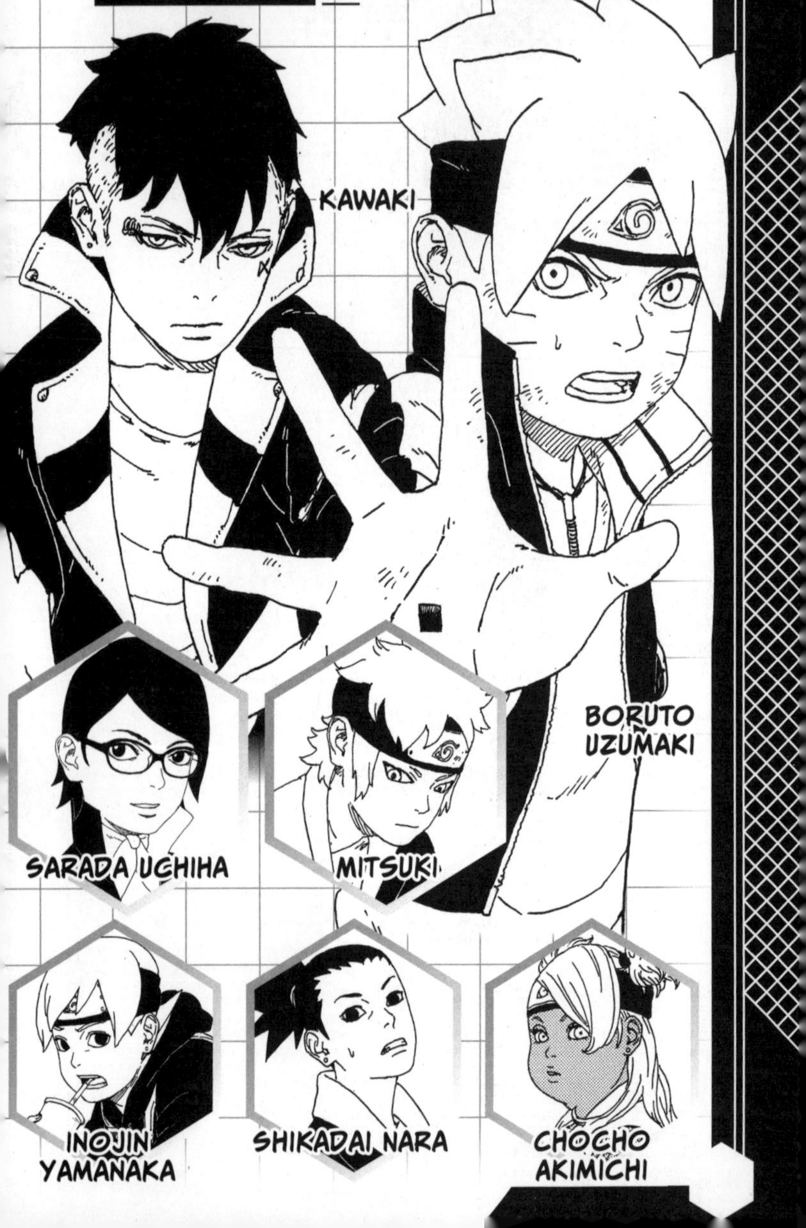

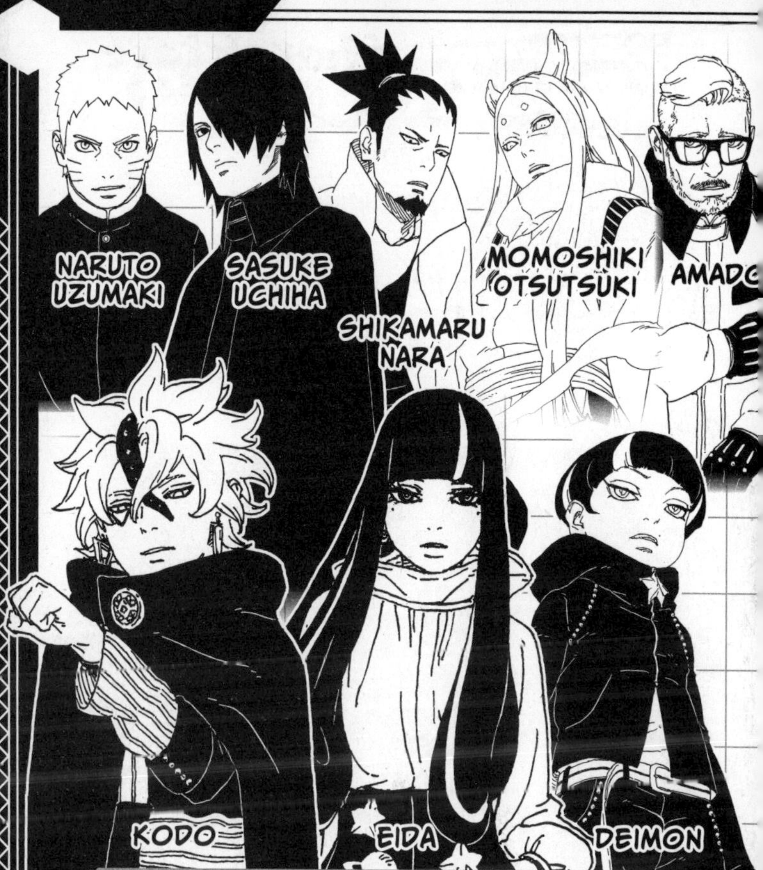

STORY

DER NINJA-WELTKRIEG IST VERGANGENHEIT, DIE MENSCHEN IM DORF KONOHAGAKURE GENIESSEN DEN FRIEDEN. DOCH DANN GREIFEN DIE OTSUTSUKIS DAS DORF AN UND HINTERLASSEN BEI BORUTO, DEM SOHN VON NARUTO, DEM SIEBTEN HOKAGE, EIN SELTSAMES MAL: KAMA.

NACH DEM VORFALL STÖSST BORUTO AUF EINEN JUNGEN NAMENS KAWAKI, DER EBENFALLS EIN KAMA TRÄGT. KAWAKI WIRD VON NARUTOS FAMILIE IN OBHUT GENOMMEN, GEWÖHNT SICH ALLMÄHLICH AN DAS LEBEN IN KONOHA UND RESPEKTIERT NARUTO.

DANN SCHEITERT ISSHIKIS VERSUCH, WIEDER AUFZULEBEN, UND KODO ÜBERNIMMT DESSEN OTSUTSUKI-WILLEN. MITHILFE VON EIDA UND IHREM KLEINEN BRUDER DEIMON GELINGT ES KODO, SEINEN BEGRENZER AUFZUHEBEN, ABER DANN TRENNT SICH DAS GESCHWISTERPAAR VON IHM. DIE BEIDEN ZIEHEN NACH KONOHA UND DIE GRUPPE SIEBEN WIRD BEAUFTRAGT, SIE ZU ÜBERWACHEN.

UNTERDESSEN ÜBERRASCHT AMADO NARUTO UND DIE ANDEREN MIT EINEM GESTÄNDNIS: ER BRAUCHE KAMA, UM SEINE VERSTORBENE TOCHTER WIEDER LEBENDIG ZU MACHEN. UND DANN WECKT BORUTO PLÖTZLICH MOMOSHIKIS BEWUSSTSEIN UND SIEHT VOR SEINEM INNEREN AUGE, WIE MITSUKI UND ANDERE KAMERADEN IHM ALS FEIND BEGEGNEN!

BORUTO

Boruto

-Naruto Next Generation-

20. Schriftrolle

Allmacht

INHALT

76: Mädchenclub

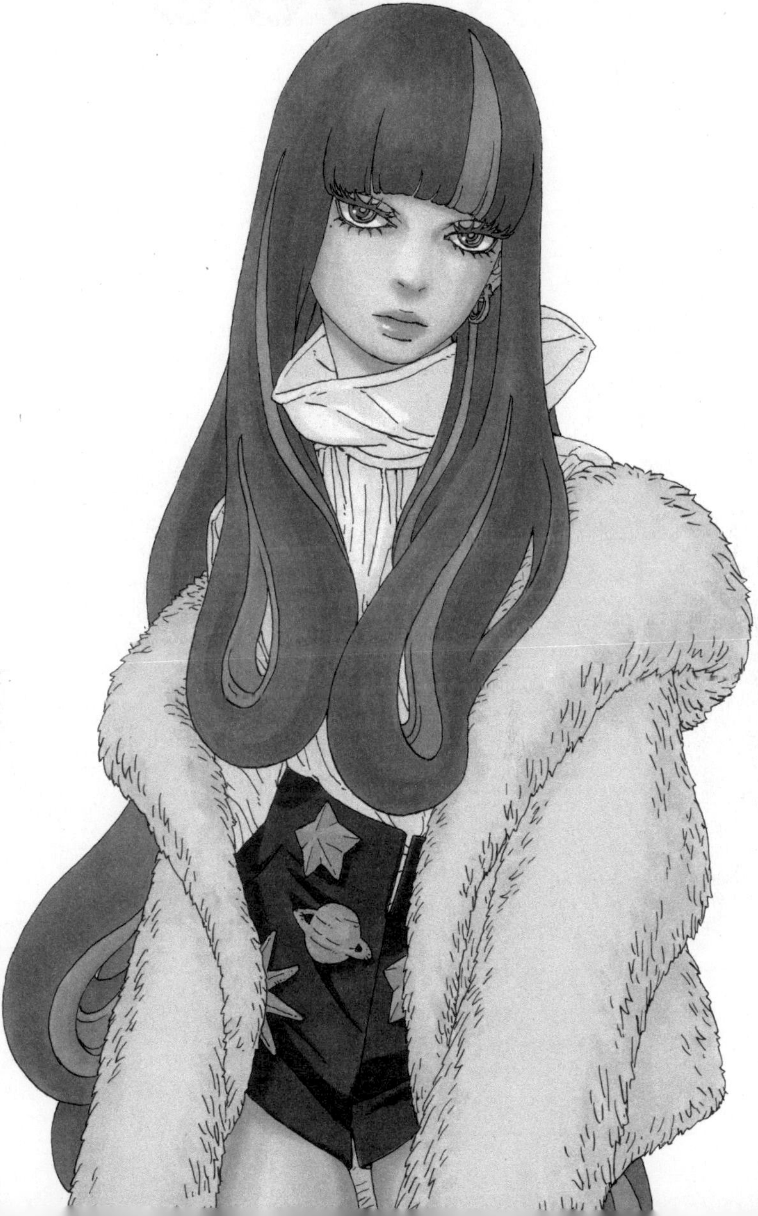

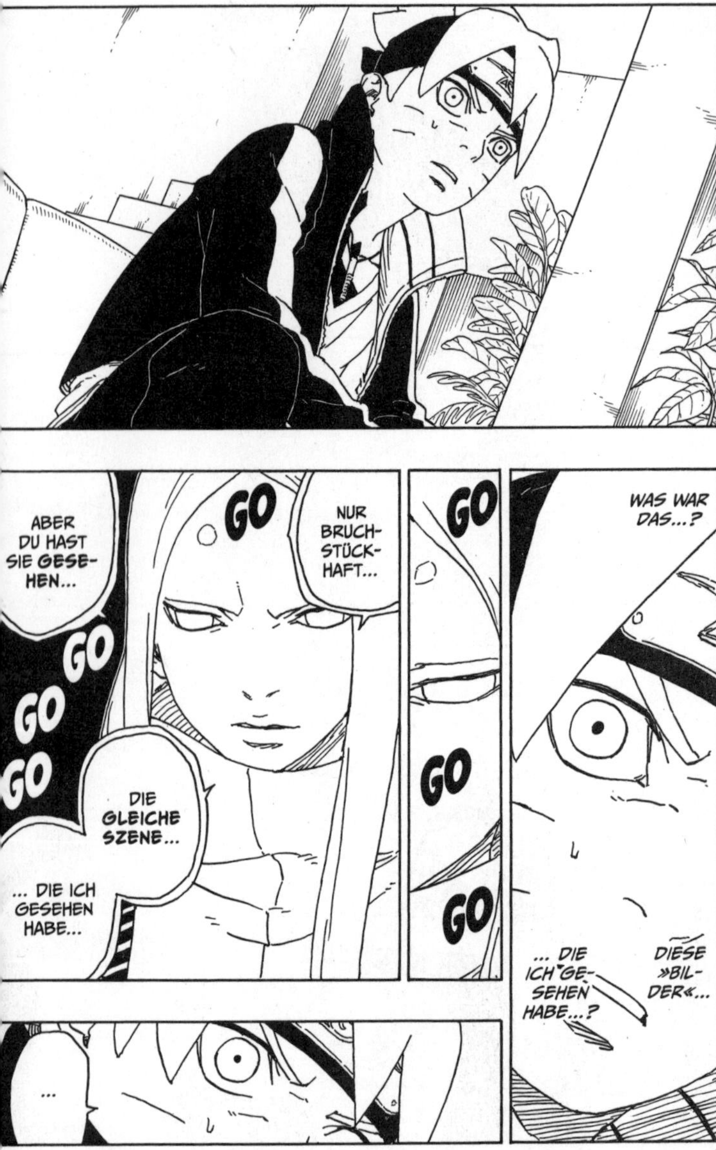
WAS WAR DAS...?
DIESE »BILDER«...
... DIE ICH GESEHEN HABE...?
GO
GO
GO
NUR BRUCHSTÜCKHAFT...
GO
ABER DU HAST SIE GESEHEN...
GO
GO
GO
DIE GLEICHE SZENE...
... DIE ICH GESEHEN HABE...
...

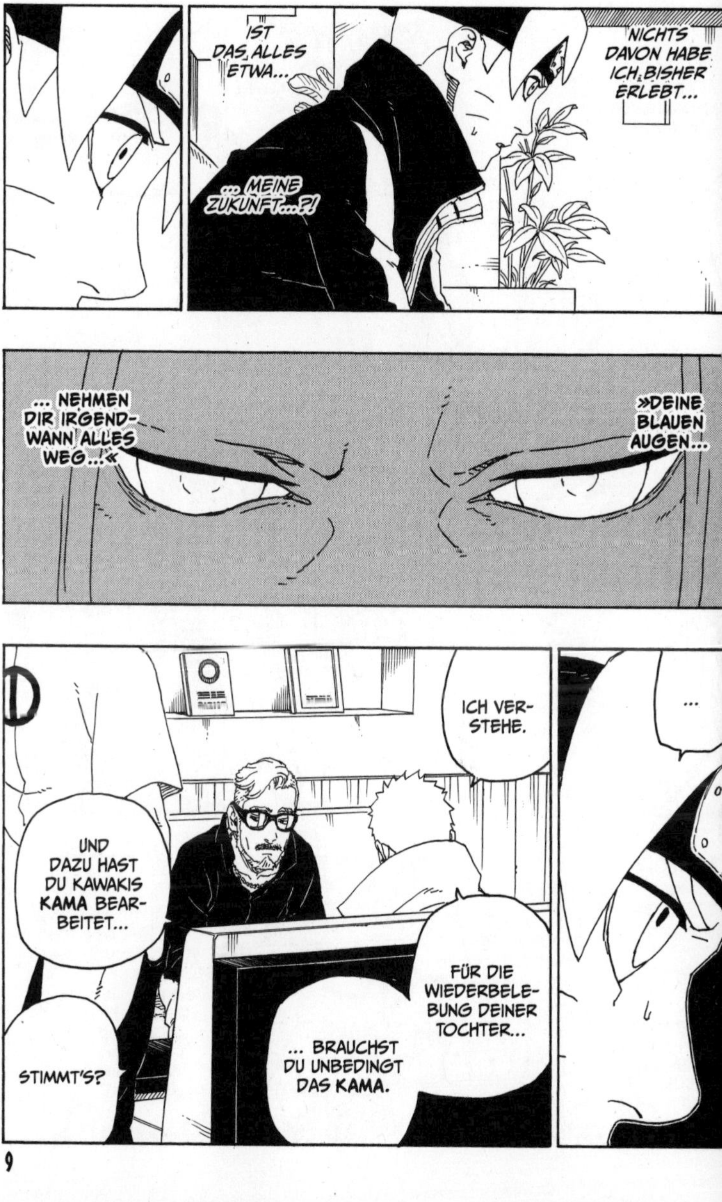
NICHTS DAVON HABE ICH BISHER ERLEBT...
IST DAS ALLES ETWA...
... MEINE ZUKUNFT...?!
»DEINE BLAUEN AUGEN...
... NEHMEN DIR IRGEND-WANN ALLES WEG...«
...
ICH VER-STEHE.
FÜR DIE WIEDERBELE-BUNG DEINER TOCHTER...
... BRAUCHST DU UNBEDINGT DAS KAMA.
UND DAZU HAST DU KAWAKIS KAMA BEAR-BEITET...
STIMMT'S?

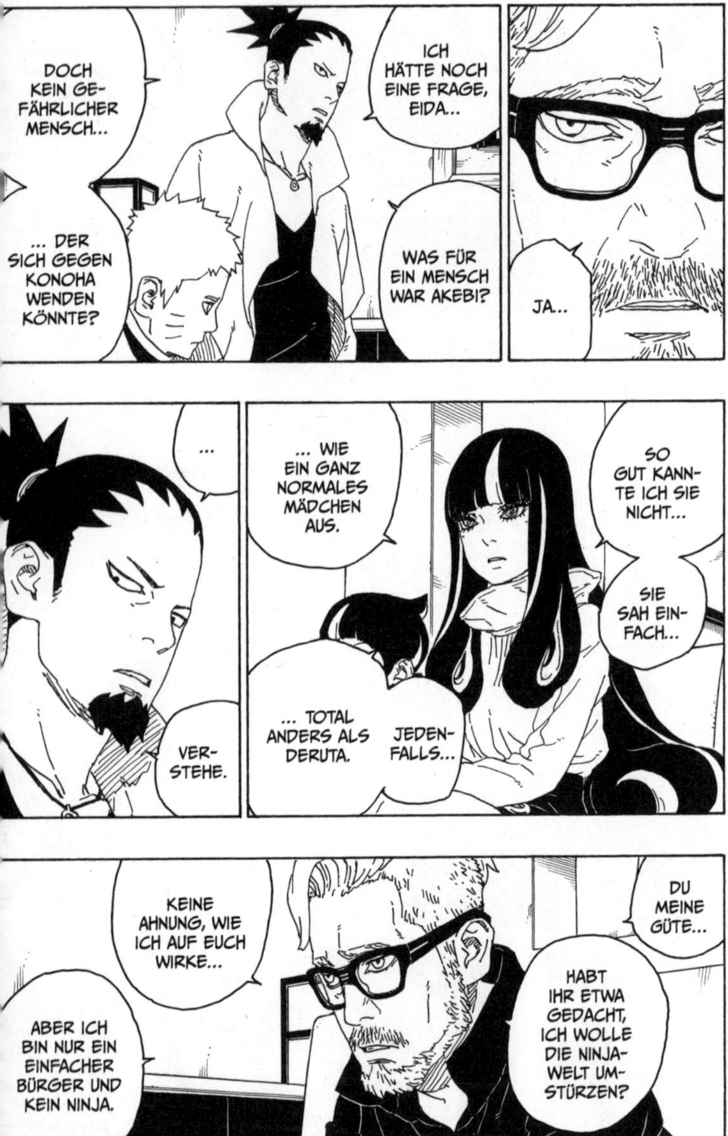
JA...
ICH HÄTTE NOCH EINE FRAGE, EIDA...
WAS FÜR EIN MENSCH WAR AKEBI?
DOCH KEIN GEFÄHRLICHER MENSCH...
... DER SICH GEGEN KONOHA WENDEN KÖNNTE?
SO GUT KANNTE ICH SIE NICHT...
SIE SAH EINFACH...
... WIE EIN GANZ NORMALES MÄDCHEN AUS.
JEDENFALLS...
... TOTAL ANDERS ALS DERUTA.
...
VERSTEHE.
DU MEINE GÜTE...
HABT IHR ETWA GEDACHT, ICH WOLLE DIE NINJAWELT UMSTÜRZEN?
KEINE AHNUNG, WIE ICH AUF EUCH WIRKE...
ABER ICH BIN NUR EIN EINFACHER BÜRGER UND KEIN NINJA.

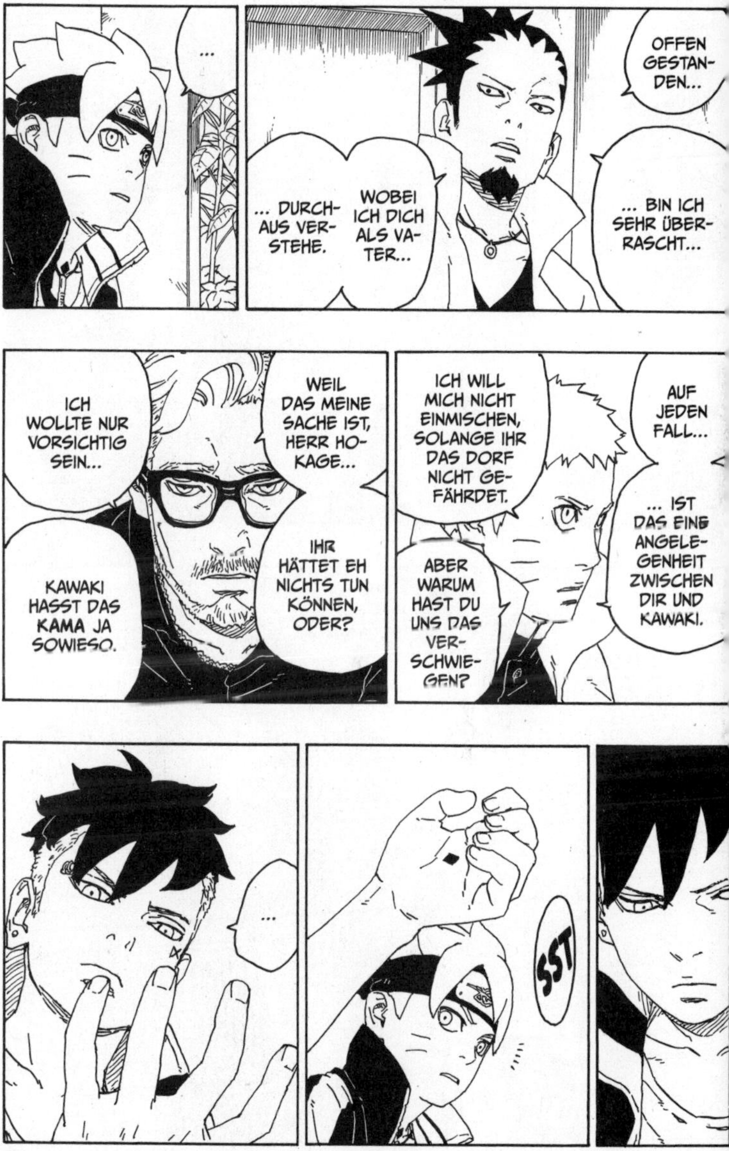
OFFEN GESTANDEN...
... BIN ICH SEHR ÜBERRASCHT...
WOBEI ICH DICH ALS VATER...
... DURCHAUS VERSTEHE.
...
AUF JEDEN FALL...
... IST DAS EINE ANGELEGENHEIT ZWISCHEN DIR UND KAWAKI.
ICH WILL MICH NICHT EINMISCHEN, SOLANGE IHR DAS DORF NICHT GEFÄHRDET.
ABER WARUM HAST DU UNS DAS VERSCHWIEGEN?
WEIL DAS MEINE SACHE IST, HERR HOKAGE...
IHR HÄTTET EH NICHTS TUN KÖNNEN, ODER?
ICH WOLLTE NUR VORSICHTIG SEIN...
KAWAKI HASST DAS KAMA JA SOWIESO.
SST
...

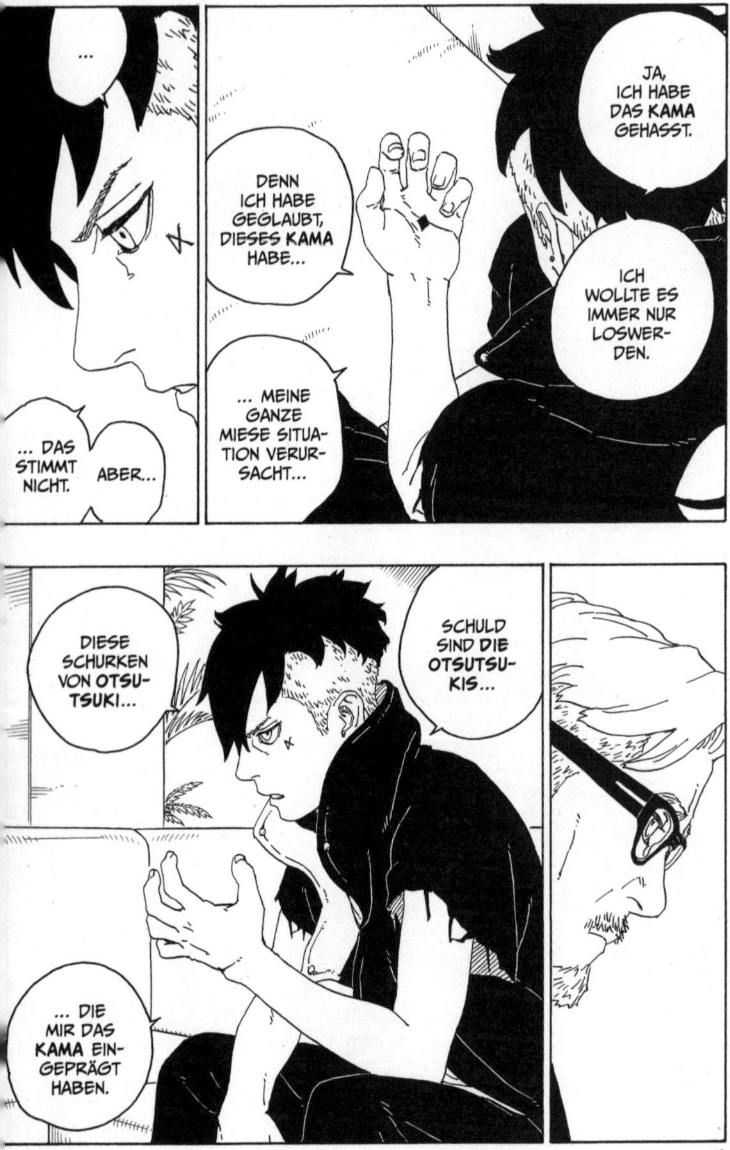
JA, ICH HABE DAS KAMA GEHASST.
ICH WOLLTE ES IMMER NUR LOSWERDEN.
DENN ICH HABE GEGLAUBT, DIESES KAMA HABE...
... MEINE GANZE MIESE SITUATION VERURSACHT...
...
ABER...
... DAS STIMMT NICHT.
SCHULD SIND DIE OTSUTSUKIS...
DIESE SCHURKEN VON OTSUTSUKI...
... DIE MIR DAS KAMA EINGEPRÄGT HABEN.

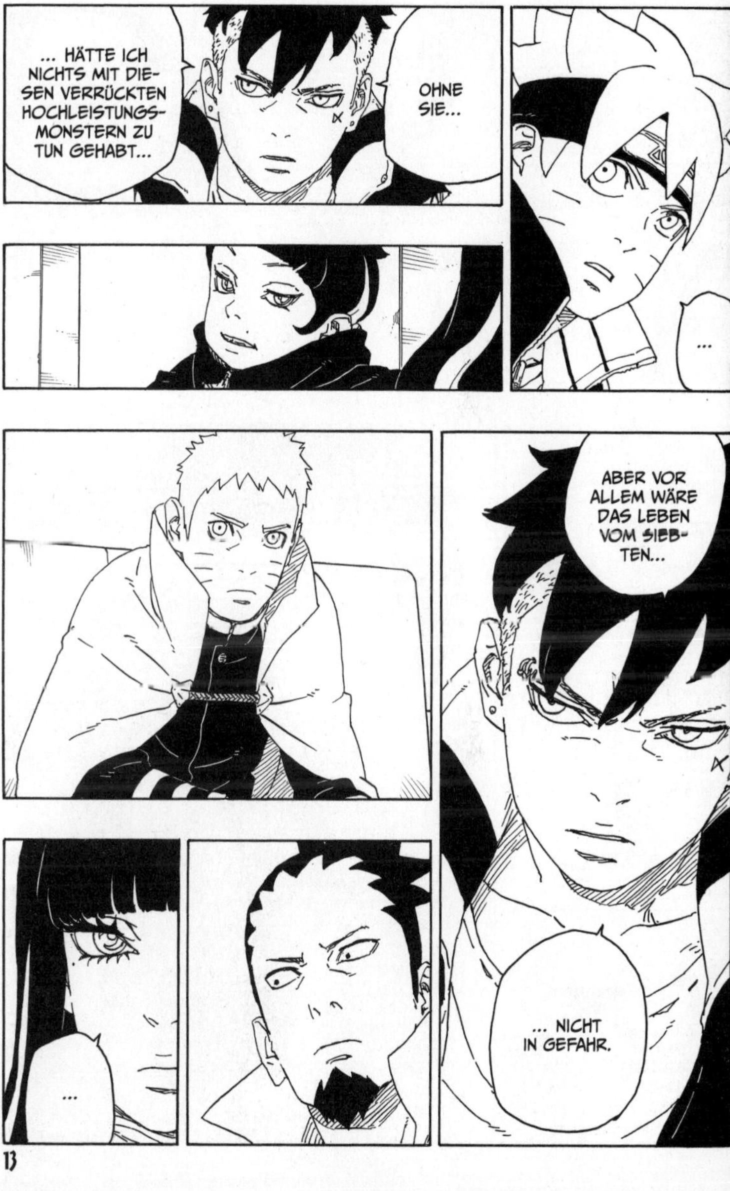

OHNE SIE...
... HÄTTE ICH NICHTS MIT DIESEN VERRÜCKTEN HOCHLEISTUNGS-MONSTERN ZU TUN GEHABT...
...
ABER VOR ALLEM WÄRE DAS LEBEN VOM SIEBTEN...
... NICHT IN GEFAHR.
...

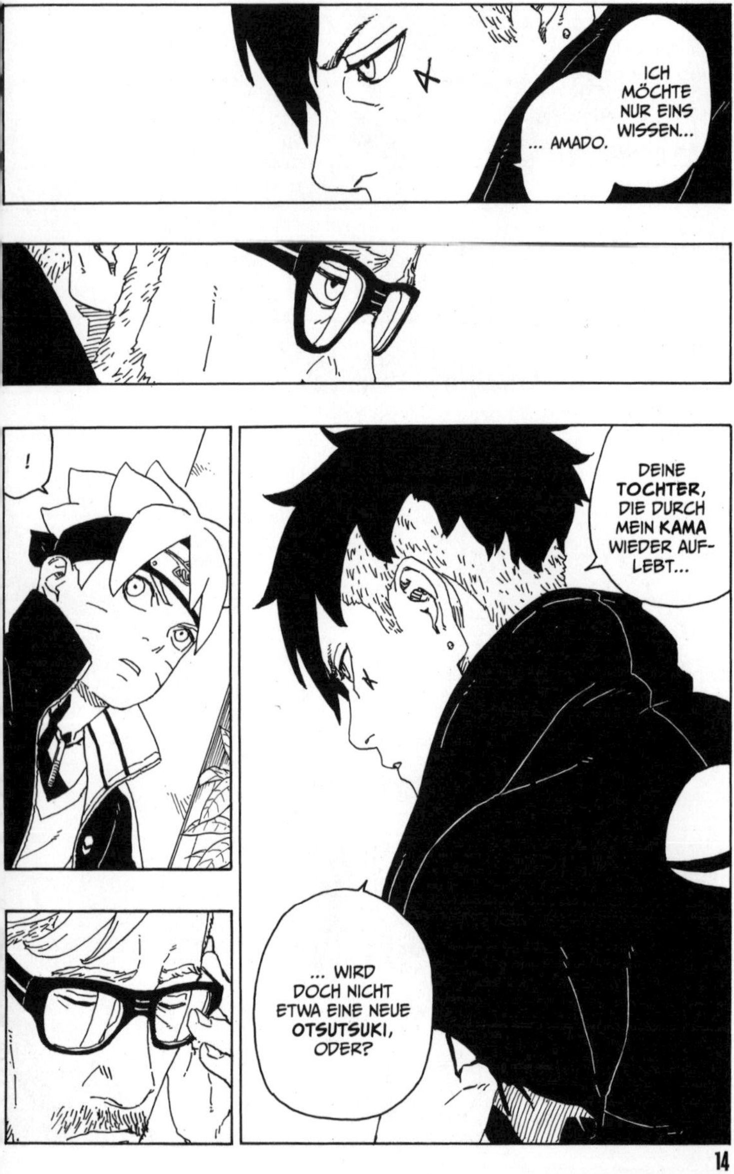
ICH MÖCHTE NUR EINS WISSEN...
... AMADO.
!
DEINE TOCHTER, DIE DURCH MEIN KAMA WIEDER AUF-LEBT...
... WIRD DOCH NICHT ETWA EINE NEUE OTSUTSUKI, ODER?

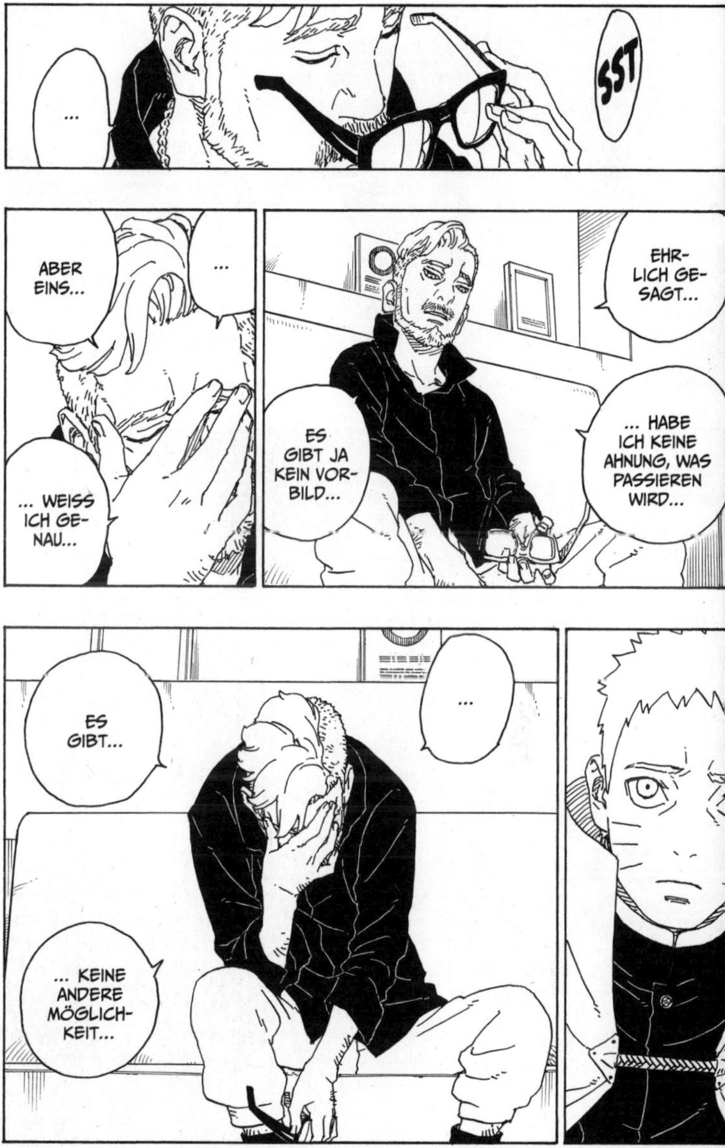
SST
...
EHR-LICH GE-SAGT...
... HABE ICH KEINE AHNUNG, WAS PASSIEREN WIRD...
ES GIBT JA KEIN VOR-BILD...
...
ABER EINS...
... WEISS ICH GE-NAU...
...
ES GIBT...
... KEINE ANDERE MÖGLICH-KEIT...

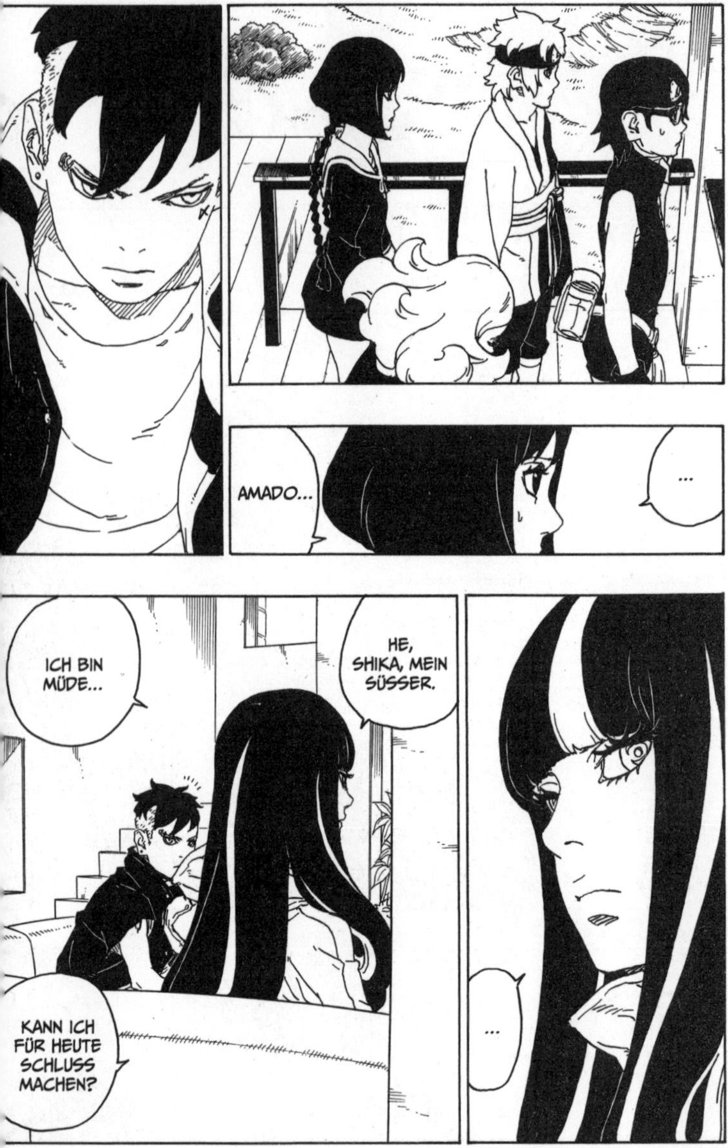
...
AMADO...
...
HE, SHIKA, MEIN SÜSSER.
ICH BIN MÜDE...
KANN ICH FÜR HEUTE SCHLUSS MACHEN?

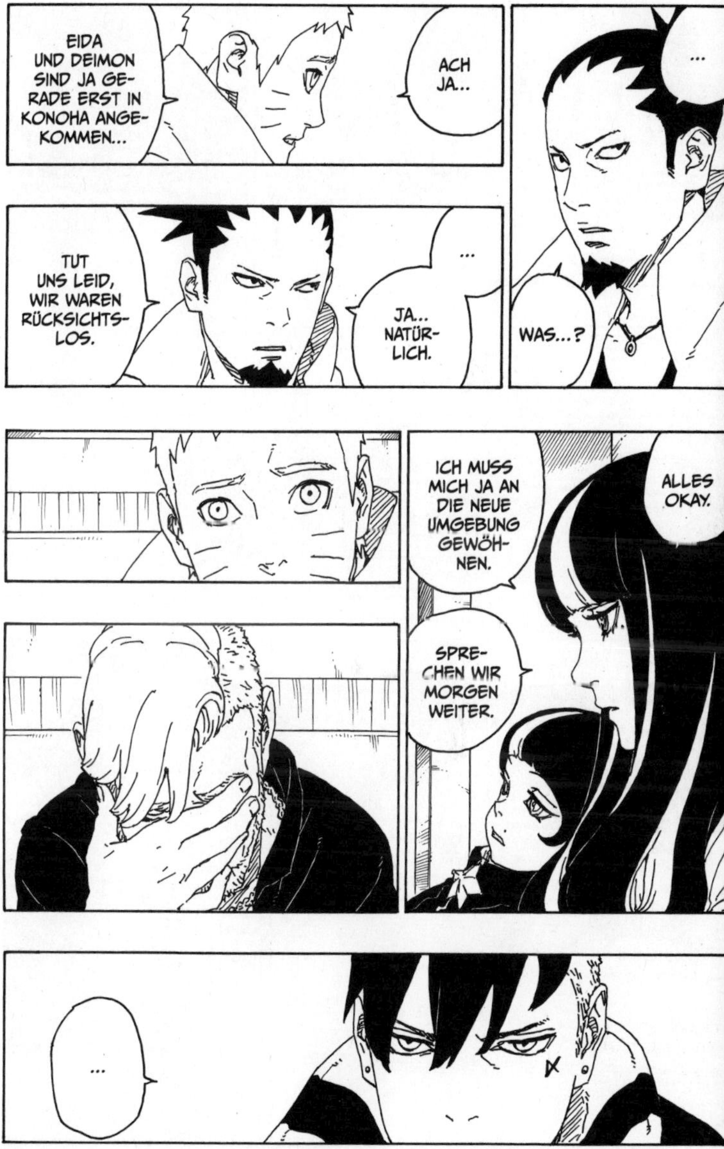
...
WAS...?
ACH JA...
EIDA UND DEIMON SIND JA GERADE ERST IN KONOHA ANGEKOMMEN...
...
JA... NATÜRLICH.
TUT UNS LEID, WIR WAREN RÜCKSICHTSLOS.
ALLES OKAY.
ICH MUSS MICH JA AN DIE NEUE UMGEBUNG GEWÖHNEN.
SPRECHEN WIR MORGEN WEITER.
...

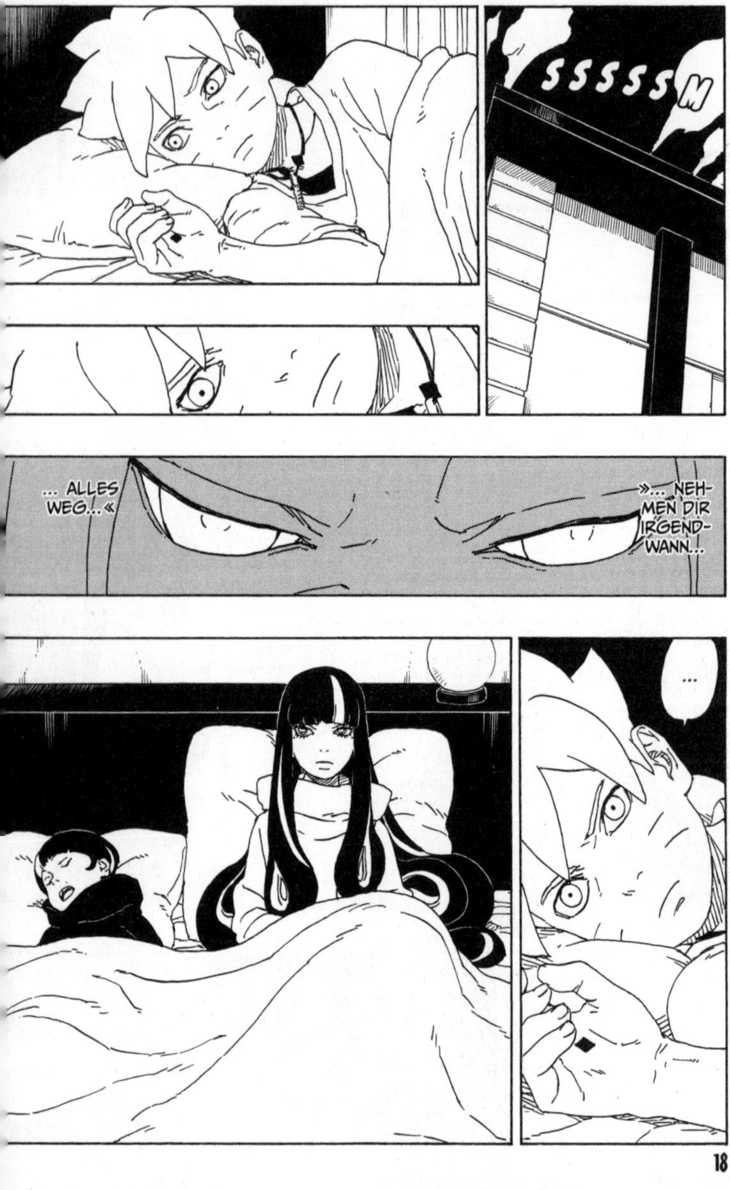
SSSSSM
»... NEHMEN DIR IRGENDWANN...
... ALLES WEG!...«
...

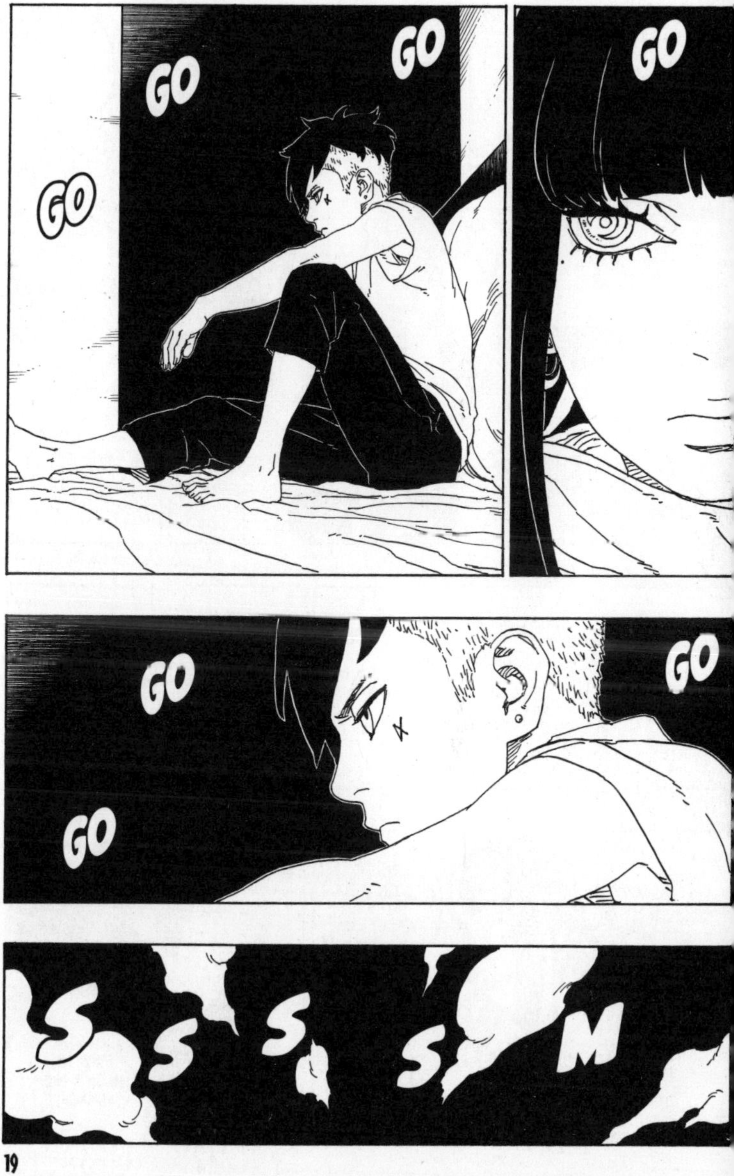
GO
GO
GO
GO
GO
GO
GO
S S S S M

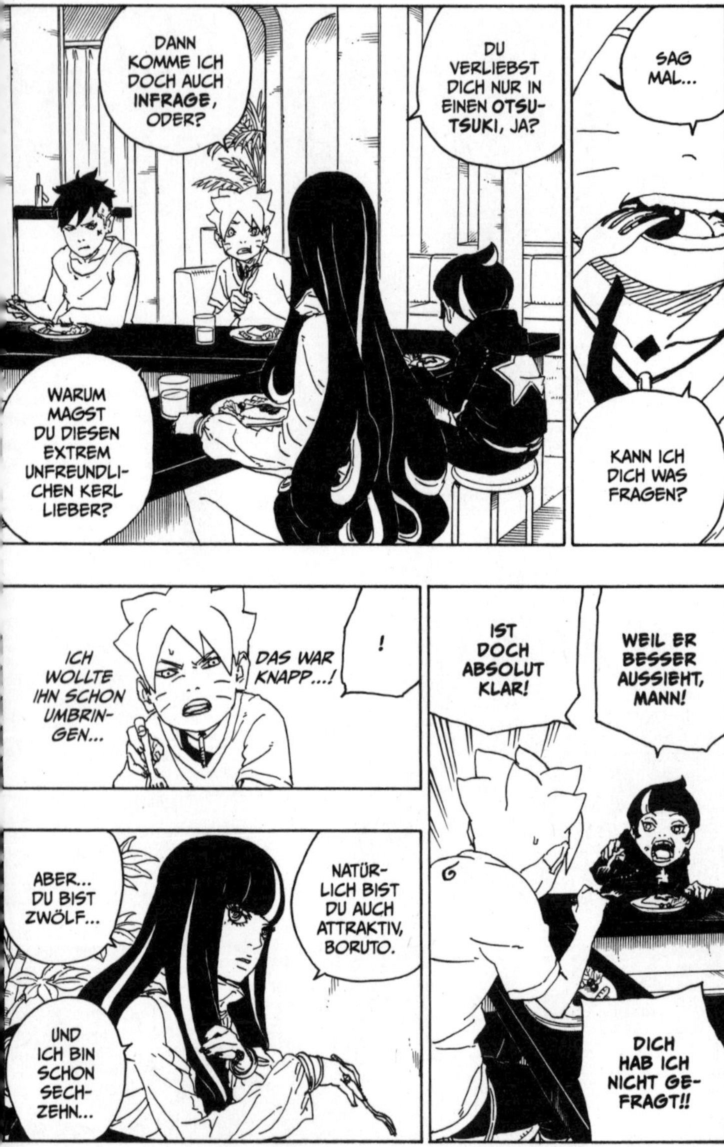
SAG MAL...
KANN ICH DICH WAS FRAGEN?
DU VERLIEBST DICH NUR IN EINEN OTSUTSUKI, JA?
DANN KOMME ICH DOCH AUCH INFRAGE, ODER?
WARUM MAGST DU DIESEN EXTREM UNFREUNDLICHEN KERL LIEBER?
WEIL ER BESSER AUSSIEHT, MANN!
IST DOCH ABSOLUT KLAR!
DICH HAB ICH NICHT GEFRAGT!!
!
DAS WAR KNAPP...!
ICH WOLLTE IHN SCHON UMBRINGEN...
NATÜRLICH BIST DU AUCH ATTRAKTIV, BORUTO.
ABER... DU BIST ZWÖLF...
UND ICH BIN SCHON SECHZEHN...

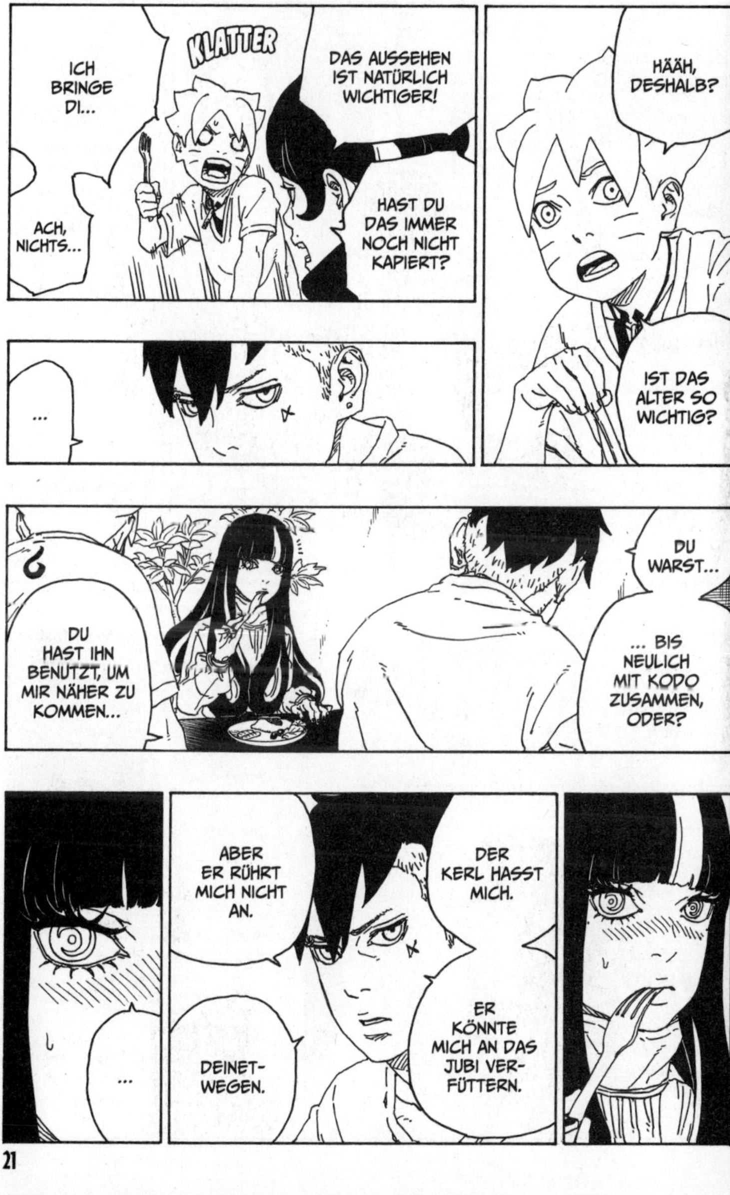
HÄÄH, DESHALB?
IST DAS ALTER SO WICHTIG?
KLATTER
DAS AUSSEHEN IST NATÜRLICH WICHTIGER!
HAST DU DAS IMMER NOCH NICHT KAPIERT?
ICH BRINGE DI...
ACH, NICHTS...
...
DU WARST...
... BIS NEULICH MIT KODO ZUSAMMEN, ODER?
DU HAST IHN BENUTZT, UM MIR NÄHER ZU KOMMEN...
DER KERL HASST MICH.
ER KÖNNTE MICH AN DAS JUBI VERFÜTTERN.
ABER ER RÜHRT MICH NICHT AN.
DEINETWEGEN.
...

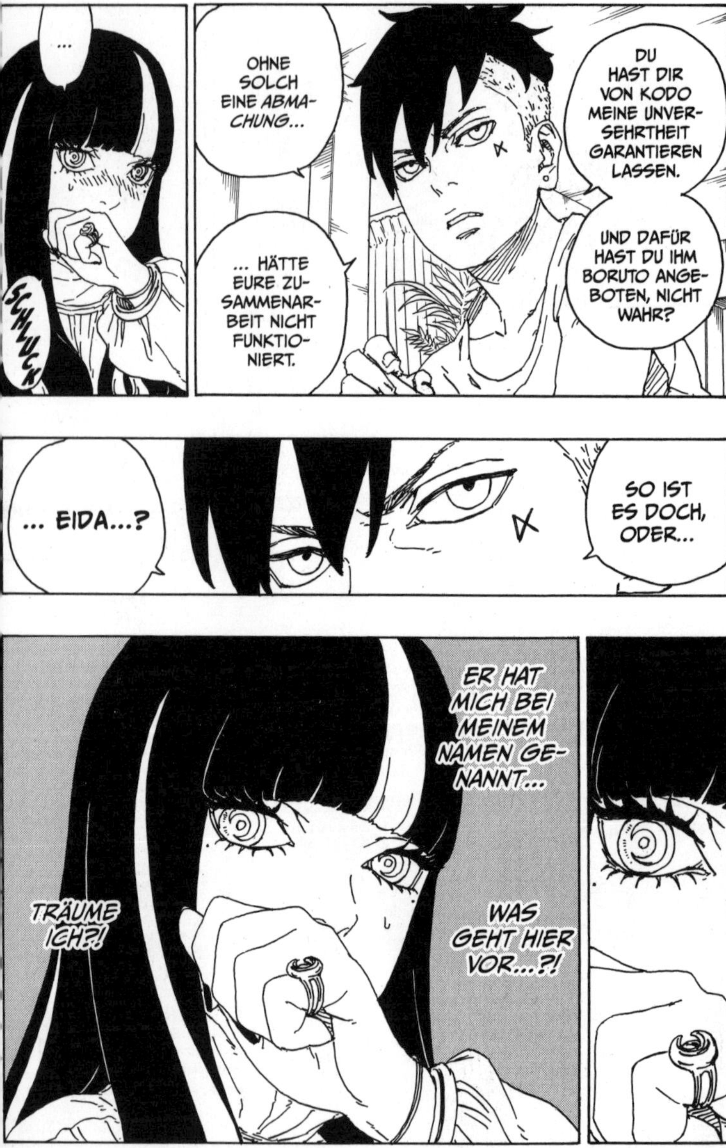
DU HAST DIR VON KODO MEINE UNVERSEHRTHEIT GARANTIEREN LASSEN.
UND DAFÜR HAST DU IHM BORUTO ANGEBOTEN, NICHT WAHR?
OHNE SOLCH EINE *ABMACHUNG*...
... HÄTTE EURE ZUSAMMENARBEIT NICHT FUNKTIONIERT.
...
SCHLUCK
SO IST ES DOCH, ODER...
... EIDA...?
ER HAT MICH BEI MEINEM NAMEN GENANNT...
WAS GEHT HIER VOR...?!
TRÄUME ICH?!

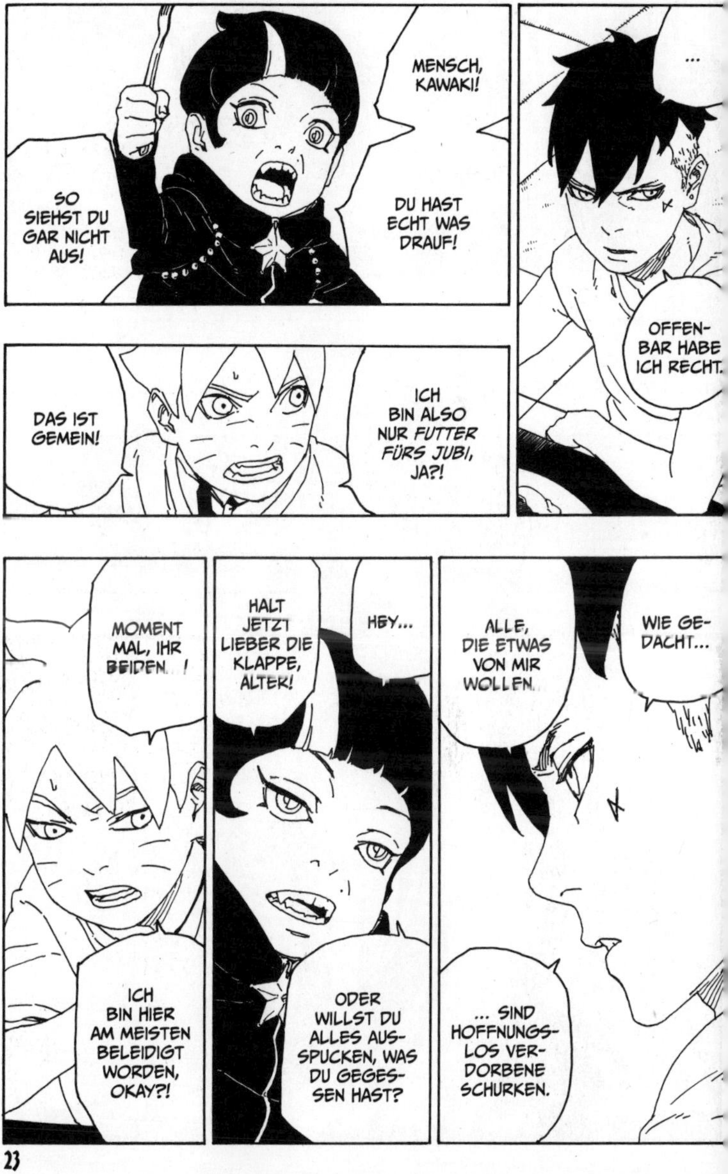
...
OFFENBAR HABE ICH RECHT.
MENSCH, KAWAKI!
DU HAST ECHT WAS DRAUF!
SO SIEHST DU GAR NICHT AUS!
ICH BIN ALSO NUR *FUTTER FÜRS JUBI*, JA?!
DAS IST GEMEIN!
WIE GEDACHT...
ALLE, DIE ETWAS VON MIR WOLLEN...
... SIND HOFFNUNGSLOS VERDORBENE SCHURKEN.
HEY...
HALT JETZT LIEBER DIE KLAPPE, ALTER!
ODER WILLST DU ALLES AUSSPUCKEN, WAS DU GEGESSEN HAST?
MOMENT MAL, IHR BEIDEN...!
ICH BIN HIER AM MEISTEN BELEIDIGT WORDEN, OKAY?!

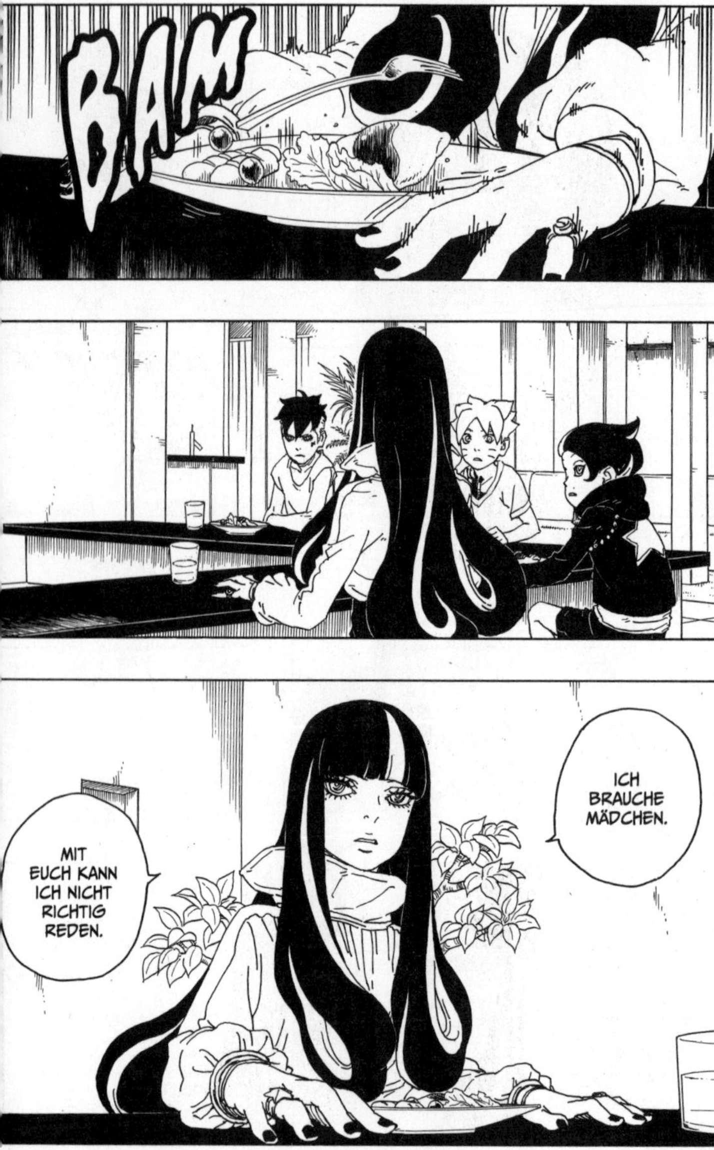
BAM
ICH BRAUCHE MÄDCHEN.
MIT EUCH KANN ICH NICHT RICHTIG REDEN.

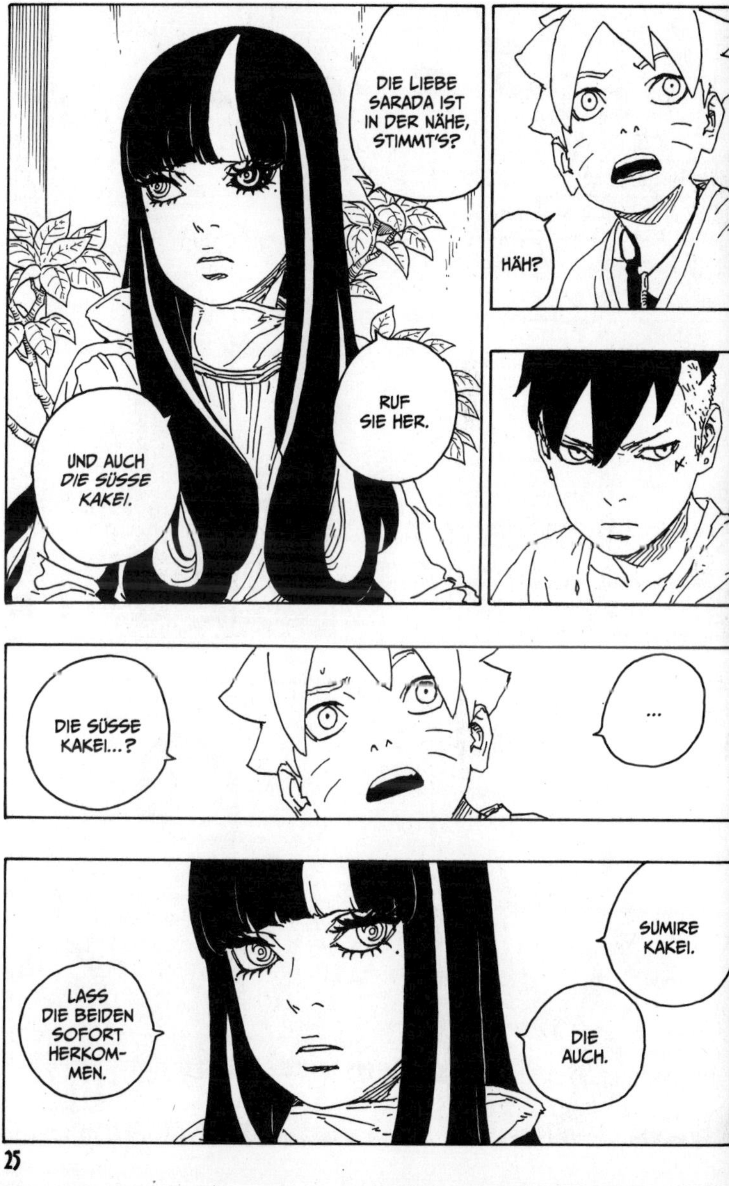

DIE LIEBE SARADA IST IN DER NÄHE, STIMMT'S?
HÄH?
RUF SIE HER.
UND AUCH DIE SÜSSE KAKEI.
...
DIE SÜSSE KAKEI...?
SUMIRE KAKEI.
DIE AUCH.
LASS DIE BEIDEN SOFORT HERKOMMEN.

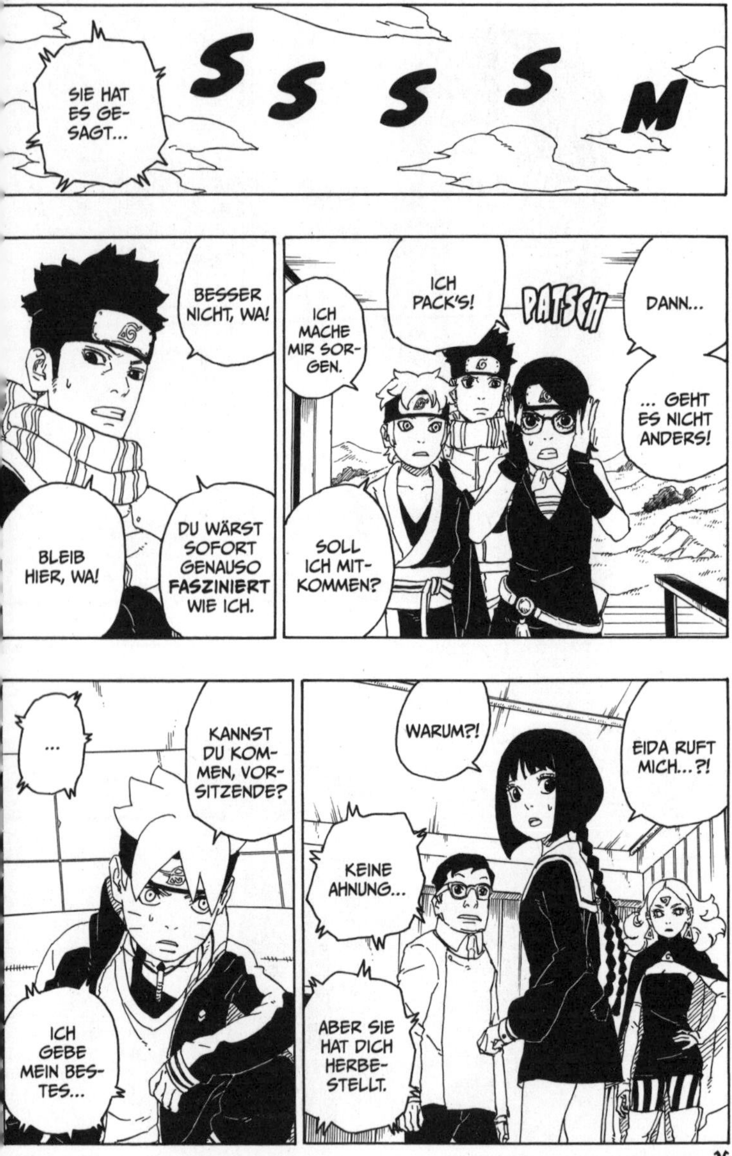
SIE HAT ES GESAGT...
SSSSM
DANN...
... GEHT ES NICHT ANDERS!
PATSCH
ICH PACK'S!
ICH MACHE MIR SORGEN.
SOLL ICH MITKOMMEN?
BESSER NICHT, WA!
DU WÄRST SOFORT GENAUSO FASZINIERT WIE ICH.
BLEIB HIER, WA!
EIDA RUFT MICH...?!
WARUM?!
KEINE AHNUNG...
ABER SIE HAT DICH HERBESTELLT.
KANNST DU KOMMEN, VORSITZENDE?
...
ICH GEBE MEIN BESTES...

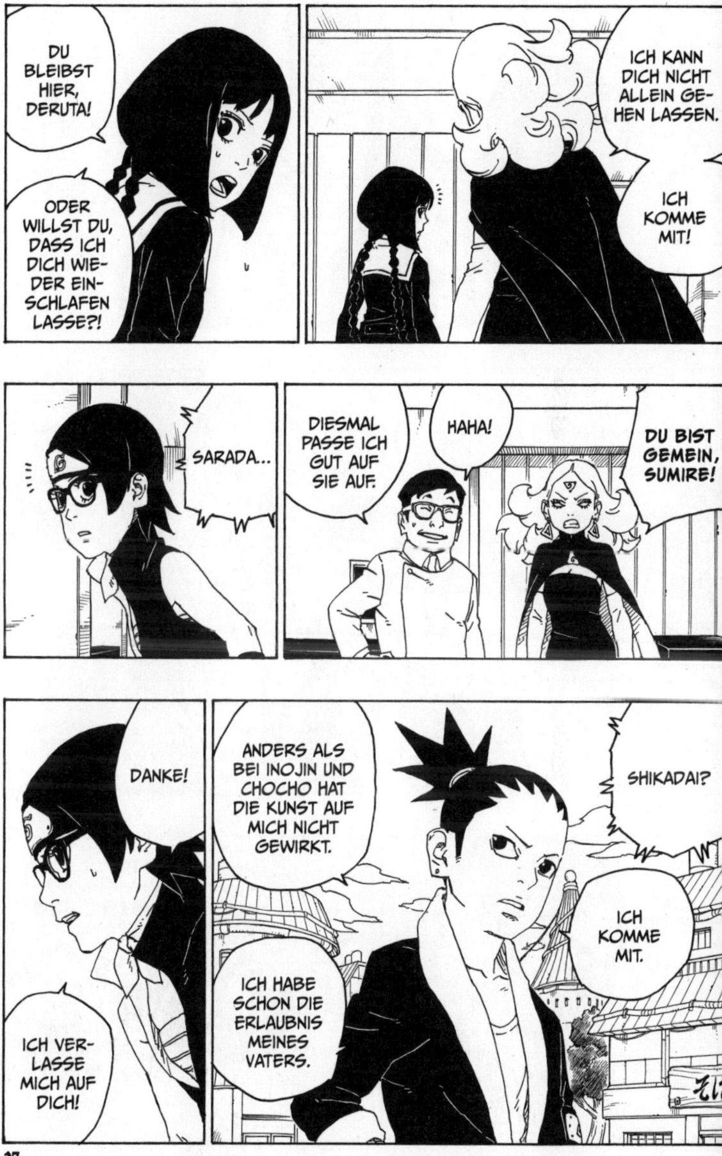
ICH KANN DICH NICHT ALLEIN GEHEN LASSEN.
ICH KOMME MIT!
DU BLEIBST HIER, DERUTA!
ODER WILLST DU, DASS ICH DICH WIEDER EINSCHLAFEN LASSE?!
DU BIST GEMEIN, SUMIRE!
HAHA!
DIESMAL PASSE ICH GUT AUF SIE AUF.
SARADA...
SHIKADAI?
ICH KOMME MIT.
ANDERS ALS BEI INOJIN UND CHOCHO HAT DIE KUNST AUF MICH NICHT GEWIRKT.
ICH HABE SCHON DIE ERLAUBNIS MEINES VATERS.
DANKE!
ICH VERLASSE MICH AUF DICH!

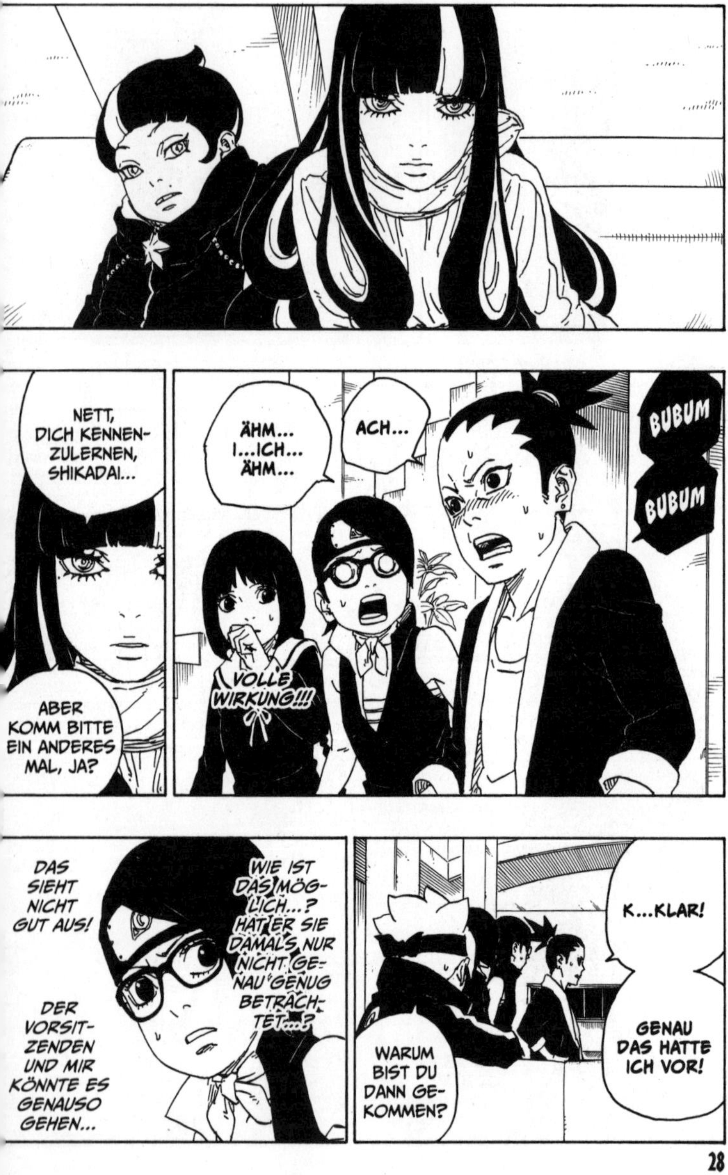
BUBUM
BUBUM
ACH...
ÄHM... I...ICH... ÄHM...
VOLLE WIRKUNG!!!
NETT, DICH KENNEN-ZULERNEN, SHIKADAI...
ABER KOMM BITTE EIN ANDERES MAL, JA?
K...KLAR!
GENAU DAS HATTE ICH VOR!
WARUM BIST DU DANN GE-KOMMEN?
WIE IST DAS MÖG-LICH...? HAT ER SIE DAMALS NUR NICHT GE-NAU GENUG BETRACH-TET...?
DAS SIEHT NICHT GUT AUS!
DER VORSIT-ZENDEN UND MIR KÖNNTE ES GENAUSO GEHEN...

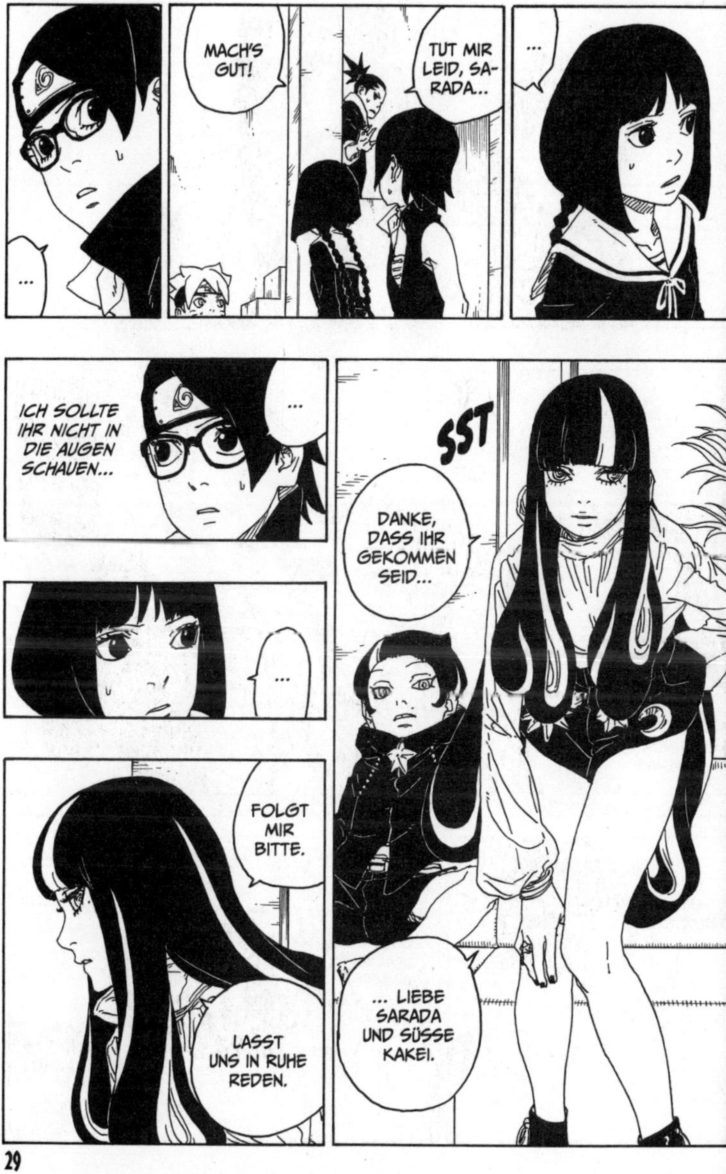
...
TUT MIR LEID, SA-RADA...
MACH'S GUT!
...
SST
DANKE, DASS IHR GEKOMMEN SEID...
... LIEBE SARADA UND SÜSSE KAKEI.
ICH SOLLTE IHR NICHT IN DIE AUGEN SCHAUEN...
...
...
FOLGT MIR BITTE.
LASST UNS IN RUHE REDEN.

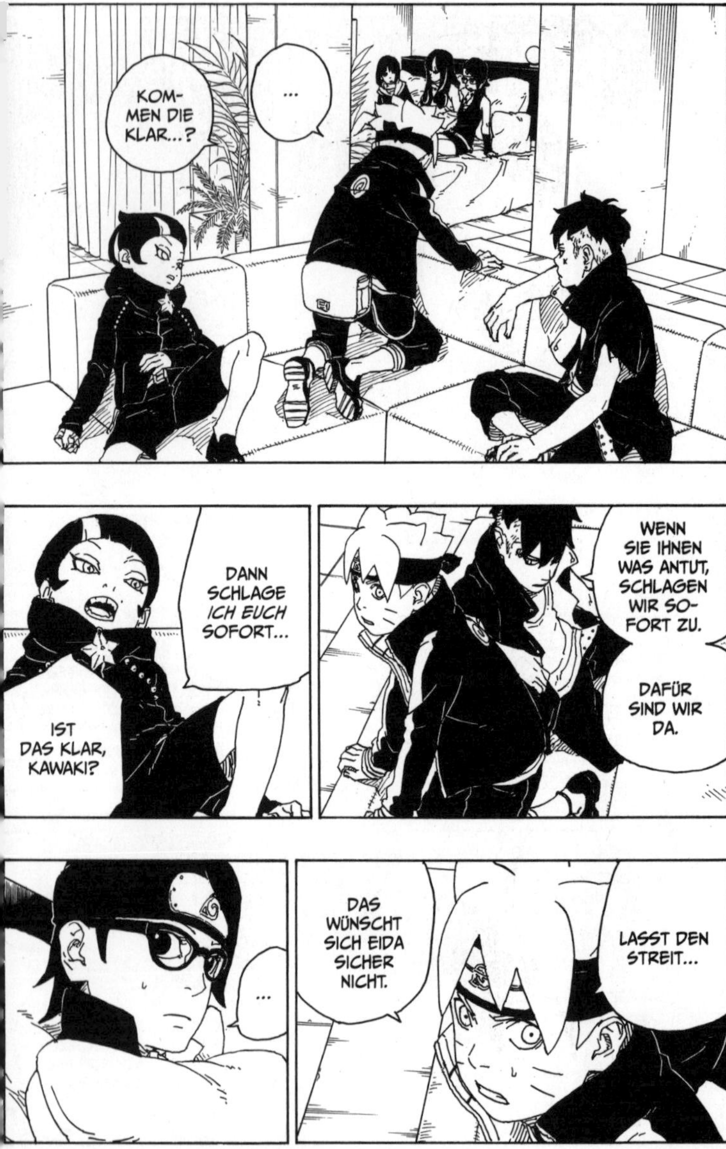
...
KOM-MEN DIE KLAR...?
WENN SIE IHNEN WAS ANTUT, SCHLAGEN WIR SO-FORT ZU.
DAFÜR SIND WIR DA.
DANN SCHLAGE ICH EUCH SOFORT...
IST DAS KLAR, KAWAKI?
LASST DEN STREIT...
DAS WÜNSCHT SICH EIDA SICHER NICHT.
...

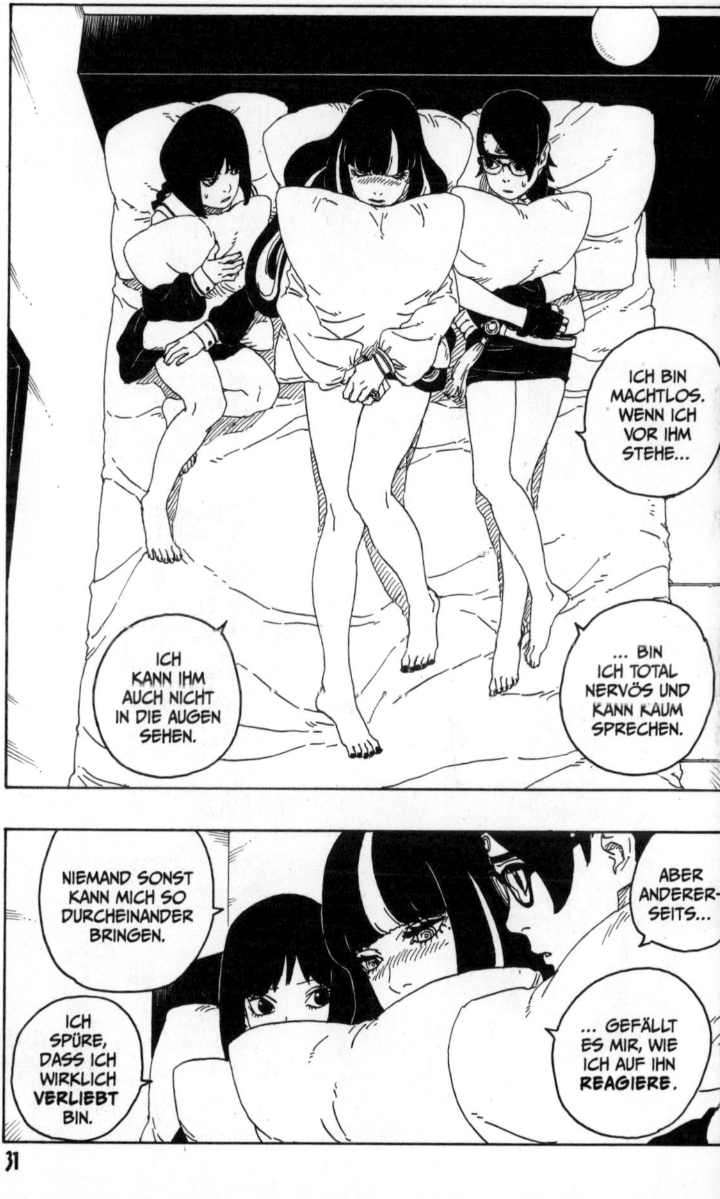
ICH BIN MACHTLOS. WENN ICH VOR IHM STEHE...
... BIN ICH TOTAL NERVÖS UND KANN KAUM SPRECHEN.
ICH KANN IHM AUCH NICHT IN DIE AUGEN SEHEN.
ABER ANDERERSEITS...
... GEFÄLLT ES MIR, WIE ICH AUF IHN REAGIERE.
NIEMAND SONST KANN MICH SO DURCHEINANDER BRINGEN.
ICH SPÜRE, DASS ICH WIRKLICH VERLIEBT BIN.

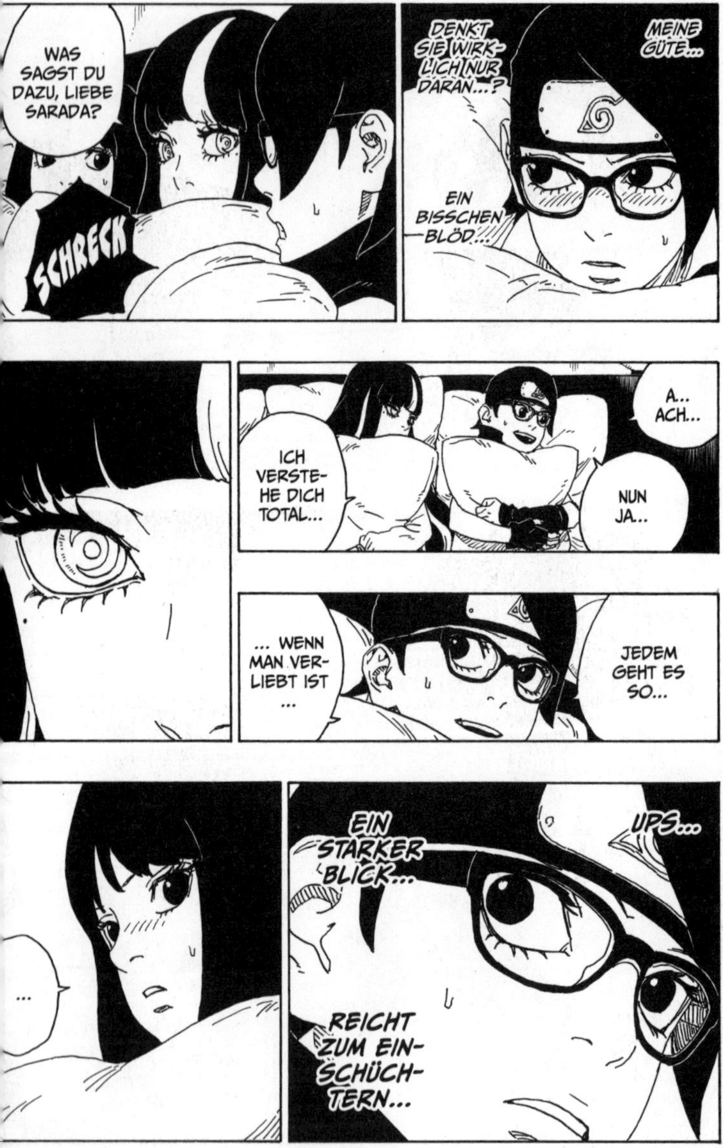
MEINE GÜTE...
DENKT SIE WIRKLICH NUR DARAN...?
EIN BISSCHEN BLÖD...
WAS SAGST DU DAZU, LIEBE SARADA?
SCHRECK
A... ACH...
NUN JA...
ICH VERSTEHE DICH TOTAL...
JEDEM GEHT ES SO...
... WENN MAN VERLIEBT IST ...
UPS...
EIN STARKER BLICK...
REICHT ZUM EINSCHÜCHTERN...
...

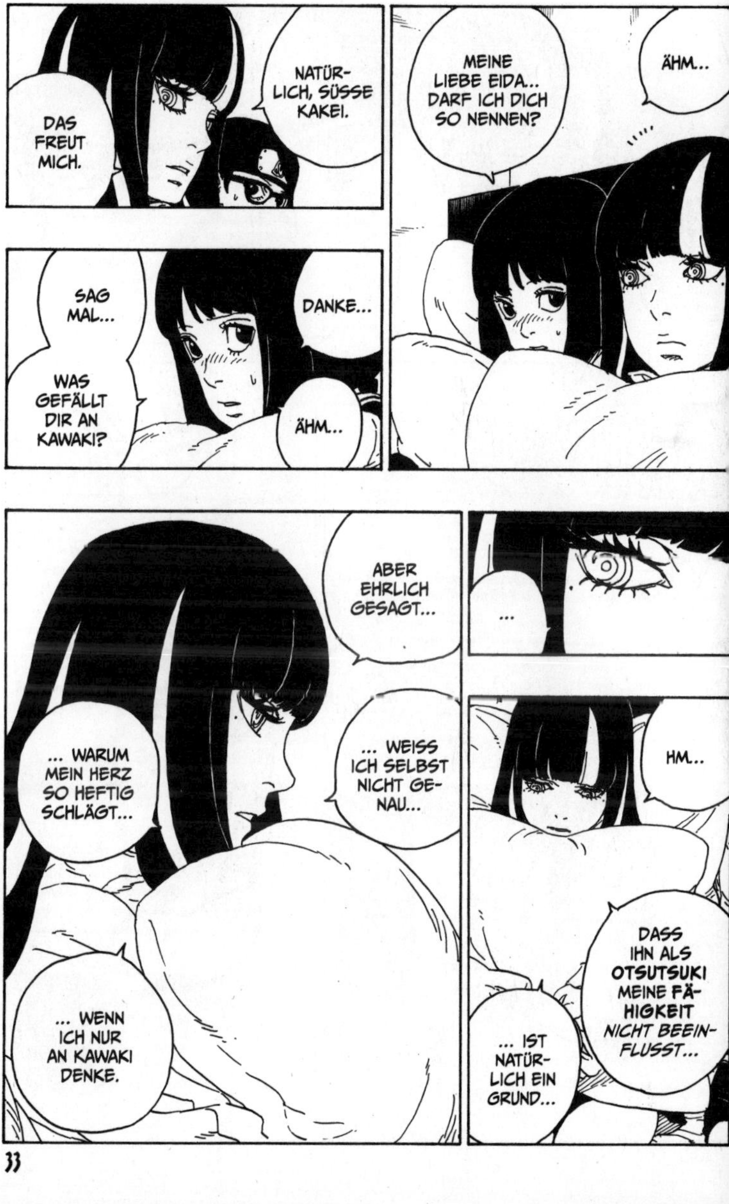

ÄHM...
MEINE LIEBE EIDA... DARF ICH DICH SO NENNEN?
NATÜR-LICH, SÜSSE KAKEI.
DAS FREUT MICH.
DANKE...
ÄHM...
SAG MAL...
WAS GEFÄLLT DIR AN KAWAKI?
...
HM...
DASS IHN ALS OTSUTSUKI MEINE FÄHIGKEIT NICHT BEEINFLUSST...
... IST NATÜRLICH EIN GRUND...
ABER EHRLICH GESAGT...
... WEISS ICH SELBST NICHT GENAU...
... WARUM MEIN HERZ SO HEFTIG SCHLÄGT...
... WENN ICH NUR AN KAWAKI DENKE.

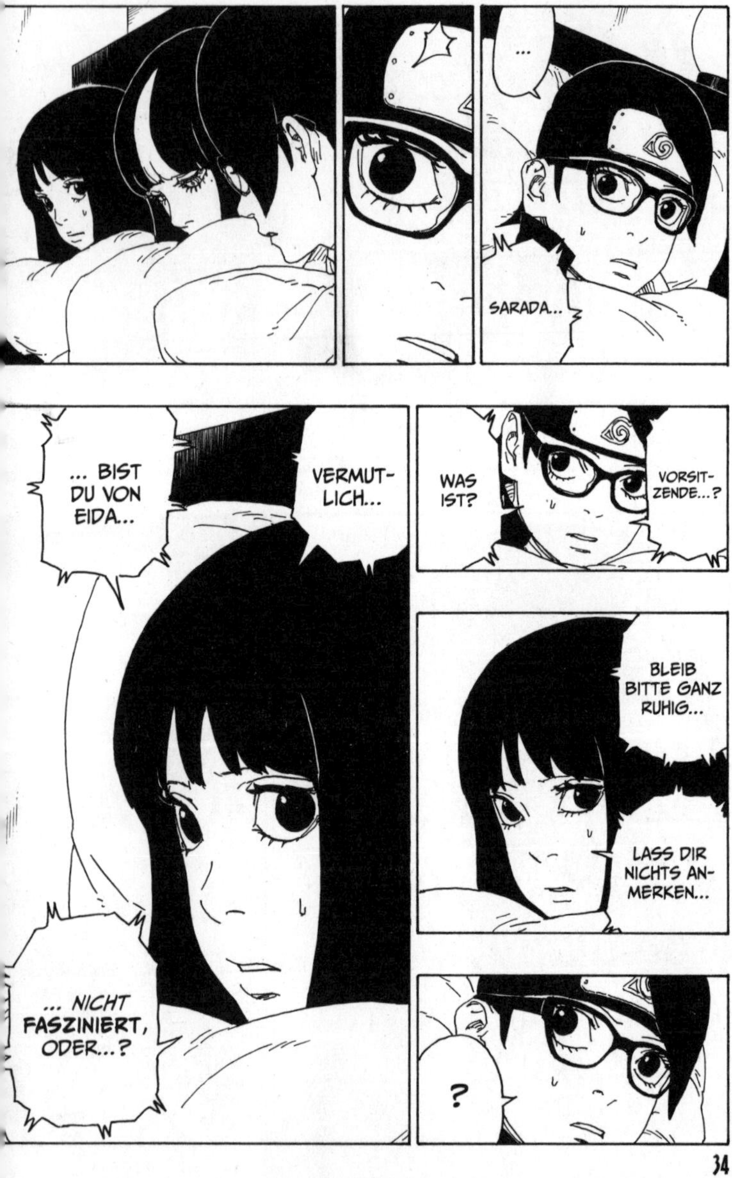
...
SARADA...
VORSIT-ZENDE...?
WAS IST?
BLEIB BITTE GANZ RUHIG...
LASS DIR NICHTS AN-MERKEN...
?
VERMUT-LICH...
... BIST DU VON EIDA...
... NICHT FASZINIERT, ODER...?

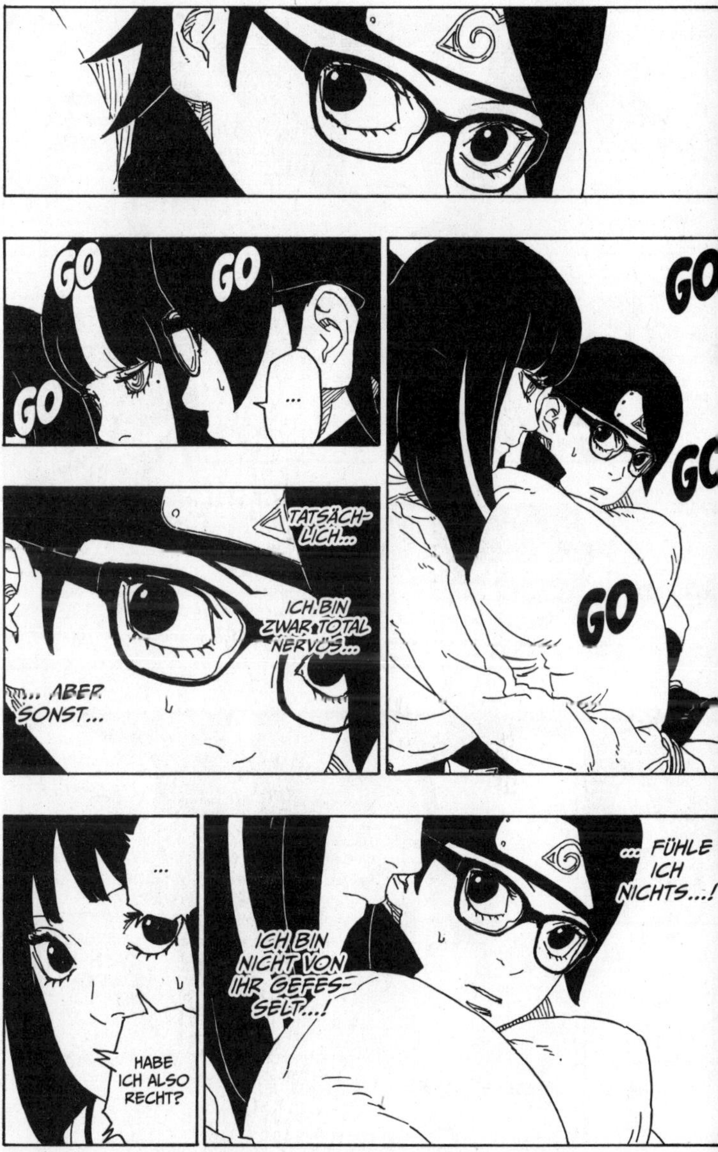
GO
GO
GO
GO
GO
GO
GO
...
TATSÄCH-
LICH...
ICH BIN
ZWAR TOTAL
NERVÖS...
... ABER
SONST...
... FÜHLE
ICH
NICHTS...!
ICH BIN
NICHT VON
IHR GEFES-
SELT...!
...
HABE
ICH ALSO
RECHT?

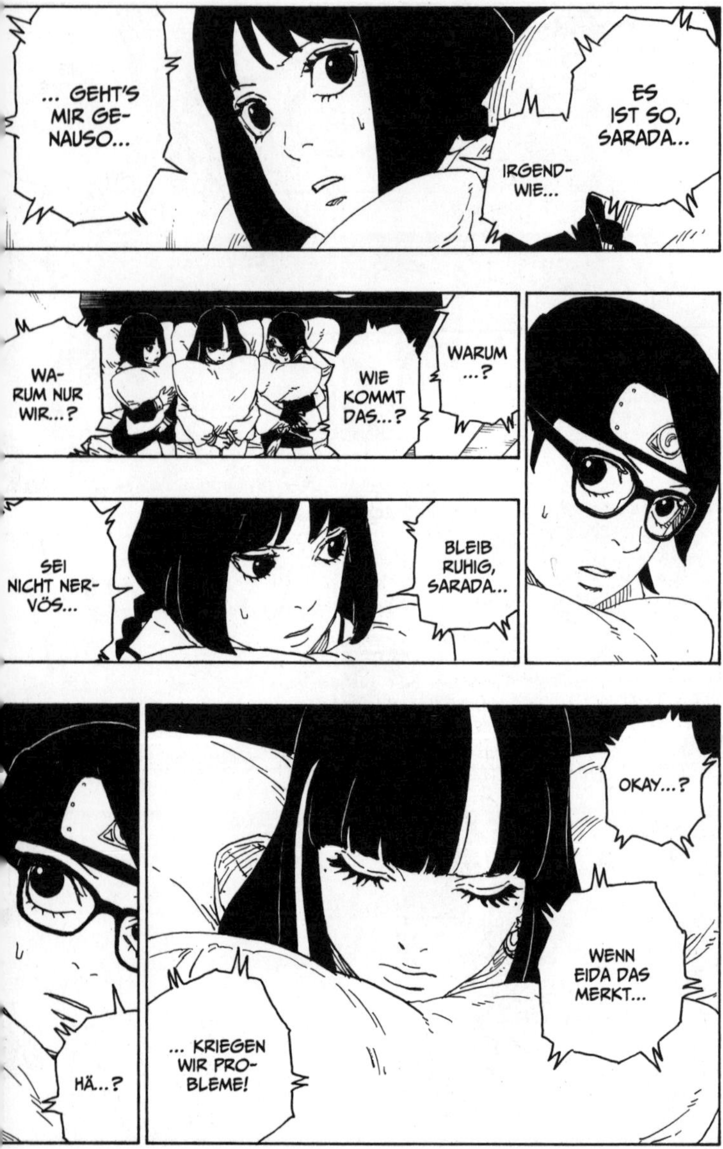
ES IST SO, SARADA...
IRGENDWIE...
... GEHT'S MIR GENAUSO...
WARUM ...?
WIE KOMMT DAS...?
WARUM NUR WIR...?
BLEIB RUHIG, SARADA...
SEI NICHT NERVÖS...
OKAY...?
WENN EIDA DAS MERKT...
... KRIEGEN WIR PROBLEME!
HÄ...?

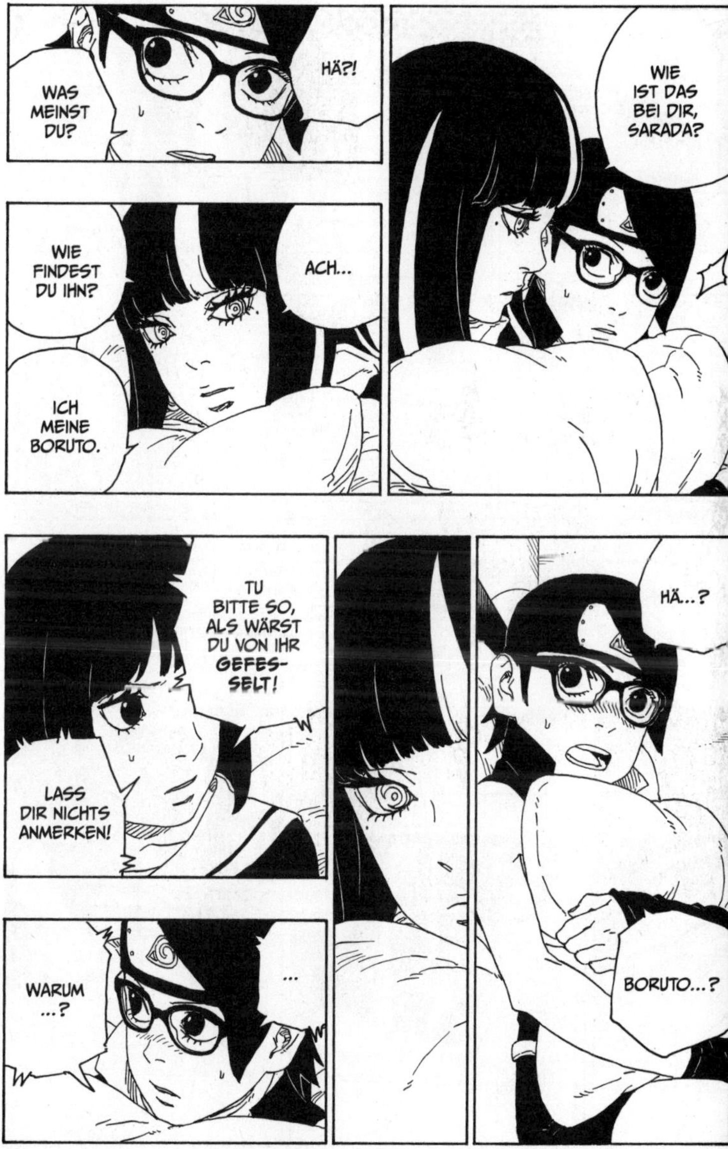
WIE IST DAS BEI DIR, SARADA?
HÄ?!
WAS MEINST DU?
ACH...
WIE FINDEST DU IHN?
ICH MEINE BORUTO.
HÄ...?
BORUTO...?
TU BITTE SO, ALS WÄRST DU VON IHR GEFES-SELT!
LASS DIR NICHTS ANMERKEN!
...
WARUM ...?

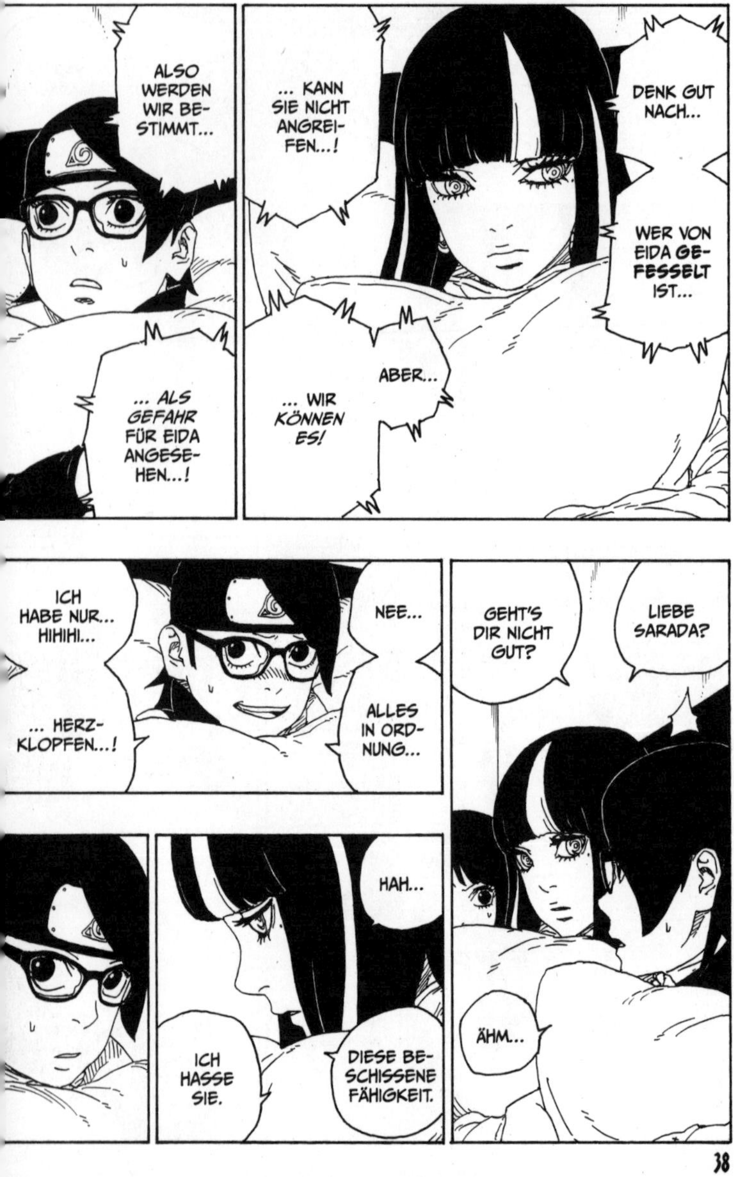
DENK GUT NACH...
WER VON EIDA GEFESSELT IST...
... KANN SIE NICHT ANGREIFEN...!
ABER...
... WIR KÖNNEN ES!
ALSO WERDEN WIR BESTIMMT...
... ALS GEFAHR FÜR EIDA ANGESEHEN...!
LIEBE SARADA?
GEHT'S DIR NICHT GUT?
ÄHM...
NEE...
ALLES IN ORDNUNG...
ICH HABE NUR... HIHIHI...
... HERZKLOPFEN...!
HAH...
DIESE BESCHISSENE FÄHIGKEIT.
ICH HASSE SIE.

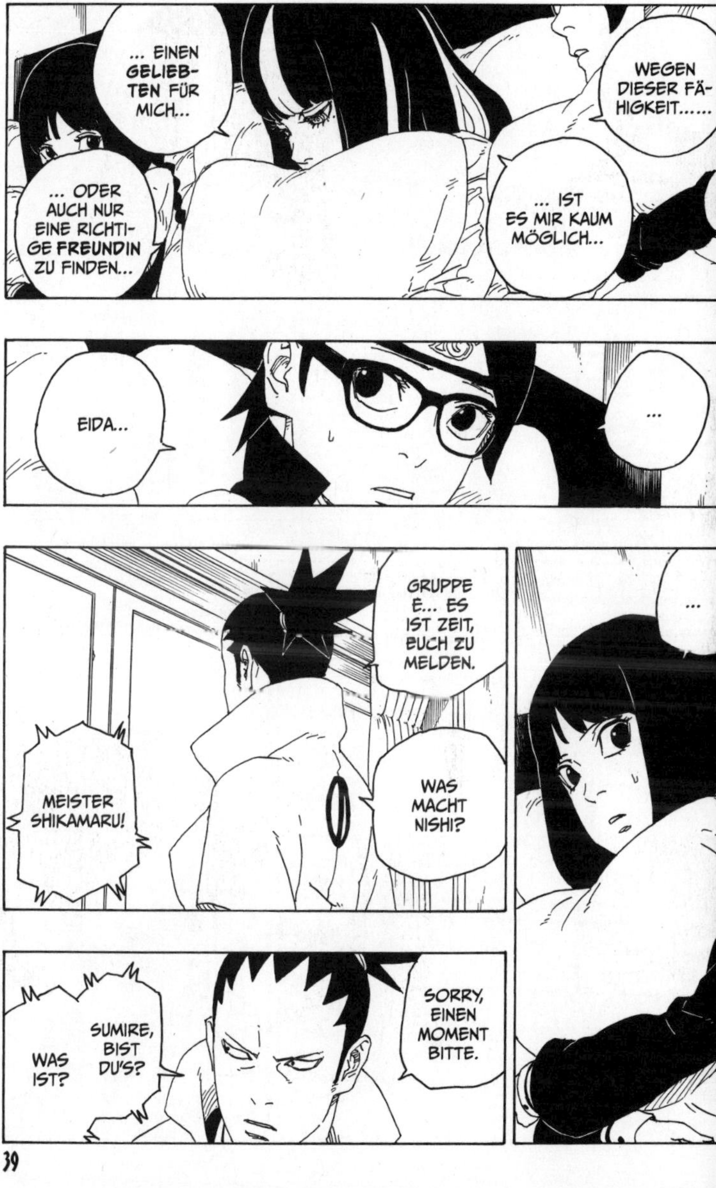
WEGEN DIESER FÄHIGKEIT......
... IST ES MIR KAUM MÖGLICH...
... EINEN GELIEBTEN FÜR MICH...
... ODER AUCH NUR EINE RICHTIGE FREUNDIN ZU FINDEN...
...
EIDA...
...
GRUPPE E... ES IST ZEIT, BUCH ZU MELDEN.
WAS MACHT NISHI?
MEISTER SHIKAMARU!
SORRY, EINEN MOMENT BITTE.
SUMIRE, BIST DU'S?
WAS IST?

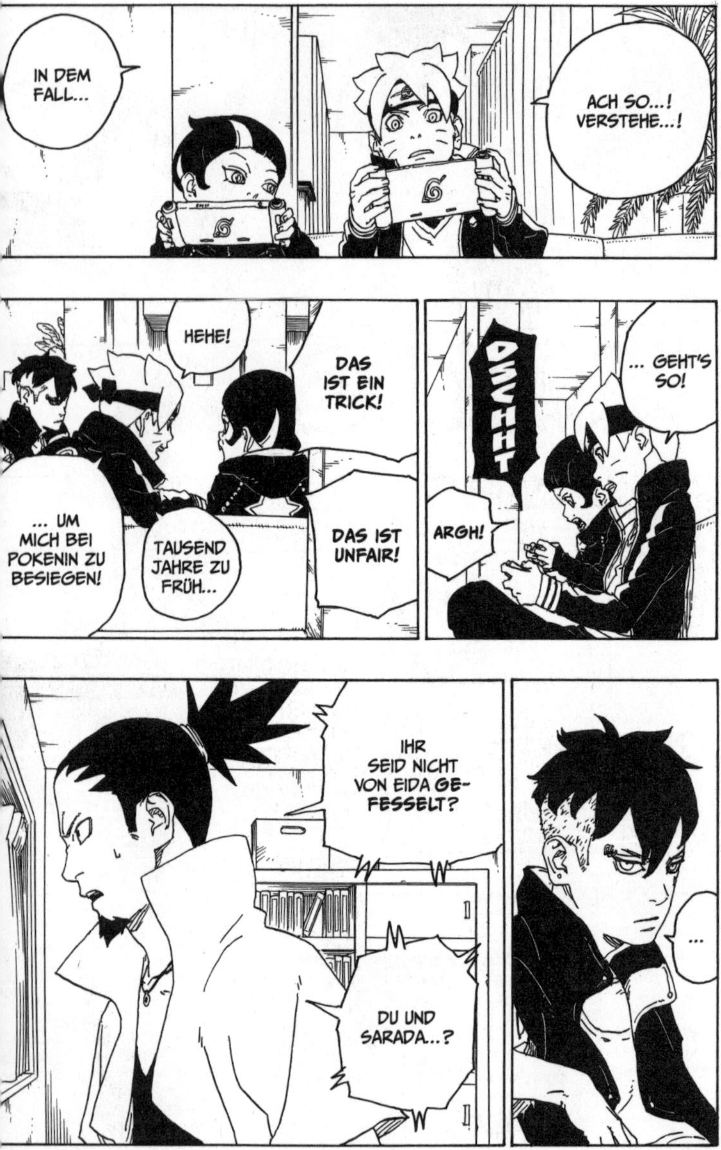
ACH SO...! VERSTEHE...!
IN DEM FALL...
... GEHT'S SO!
DSCHHT
ARGH!
DAS IST EIN TRICK!
HEHE!
DAS IST UNFAIR!
TAUSEND JAHRE ZU FRÜH...
... UM MICH BEI POKENIN ZU BESIEGEN!
...
IHR SEID NICHT VON EIDA GE-FESSELT?
DU UND SARADA...?

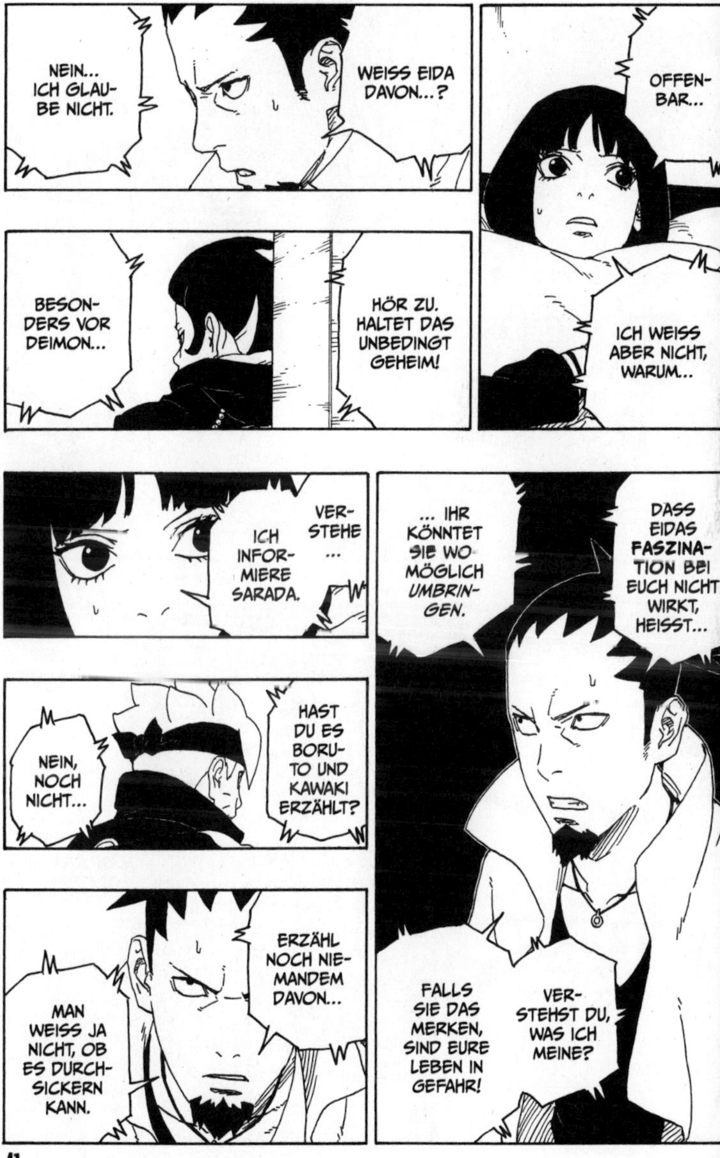
OFFEN-BAR...
ICH WEISS ABER NICHT, WARUM...
WEISS EIDA DAVON...?
NEIN... ICH GLAU-BE NICHT.
HÖR ZU. HALTET DAS UNBEDINGT GEHEIM!
BESON-DERS VOR DEIMON...
DASS EIDAS FASZINA-TION BEI EUCH NICHT WIRKT, HEISST...
... IHR KÖNNTET SIE WO-MÖGLICH UMBRIN-GEN.
VER-STEHST DU, WAS ICH MEINE?
FALLS SIE DAS MERKEN, SIND EURE LEBEN IN GEFAHR!
VER-STEHE ...
ICH INFOR-MIERE SARADA.
HAST DU ES BORU-TO UND KAWAKI ERZÄHLT?
NEIN, NOCH NICHT...
ERZÄHL NOCH NIE-MANDEM DAVON...
MAN WEISS JA NICHT, OB ES DURCH-SICKERN KANN.

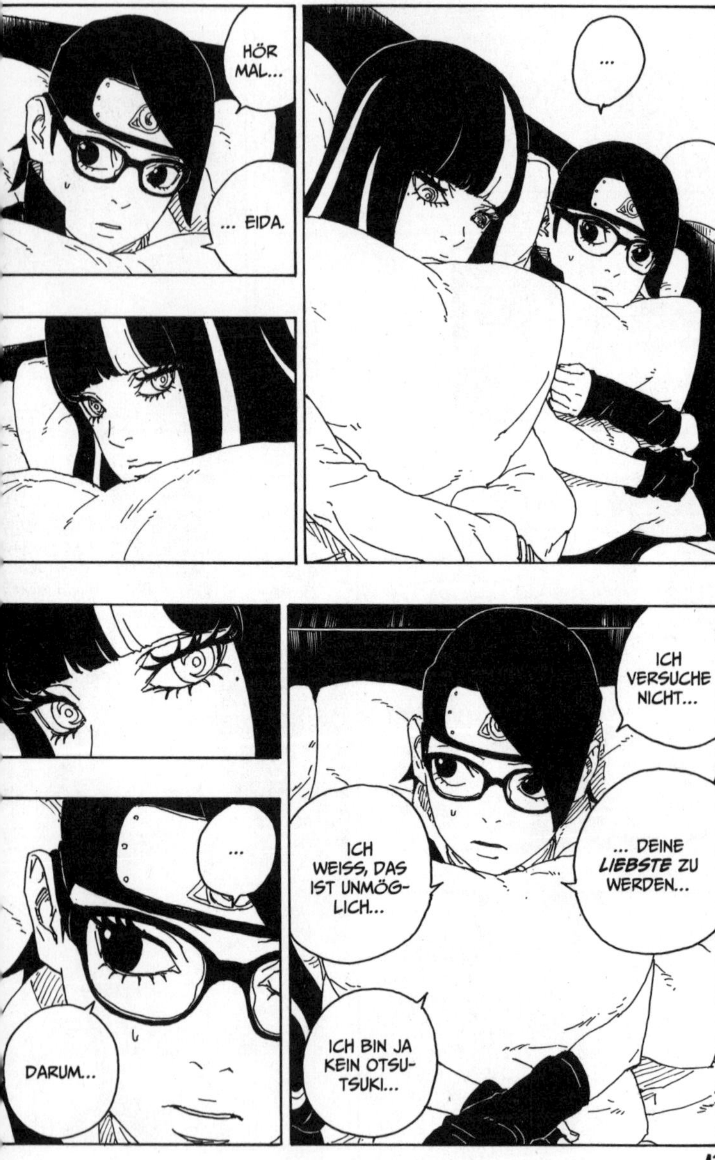
...
HÖR MAL...
... EIDA.
ICH VERSUCHE NICHT...
... DEINE *LIEBSTE* ZU WERDEN...
ICH WEISS, DAS IST UNMÖGLICH...
ICH BIN JA KEIN OTSUTSUKI...
...
DARUM...

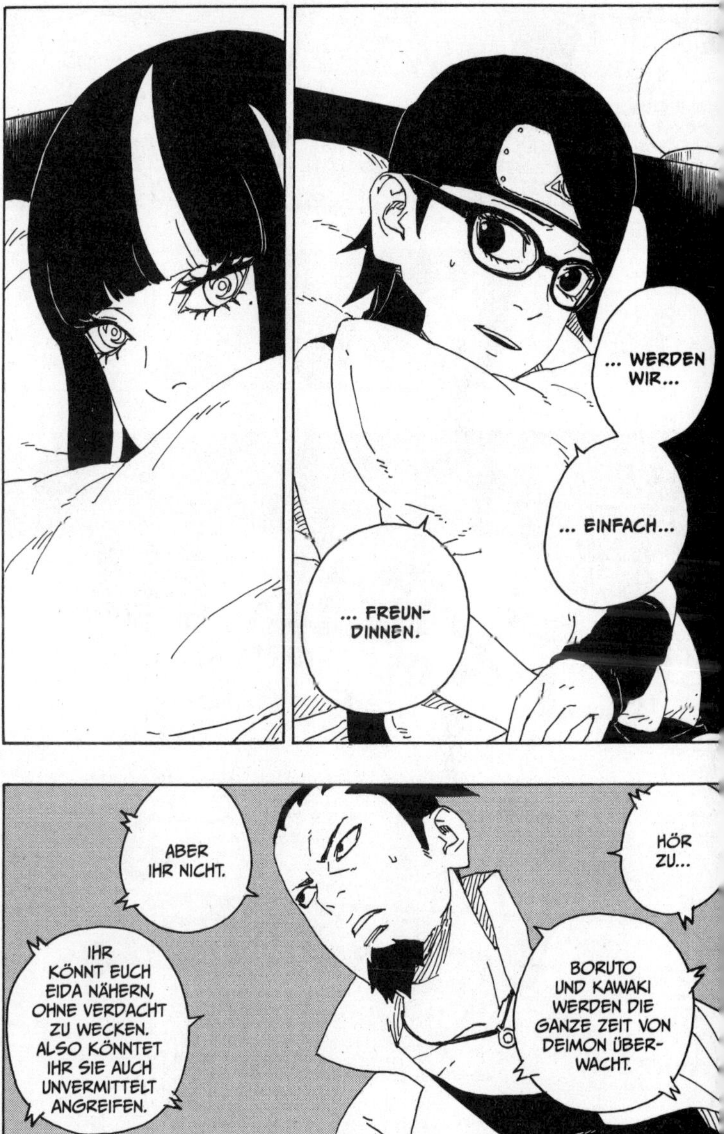
... WERDEN WIR...
... EINFACH...
... FREUN-DINNEN.
HÖR ZU...
BORUTO UND KAWAKI WERDEN DIE GANZE ZEIT VON DEIMON ÜBER-WACHT.
ABER IHR NICHT.
IHR KÖNNT EUCH EIDA NÄHERN, OHNE VERDACHT ZU WECKEN. ALSO KÖNNTET IHR SIE AUCH UNVERMITTELT ANGREIFEN.

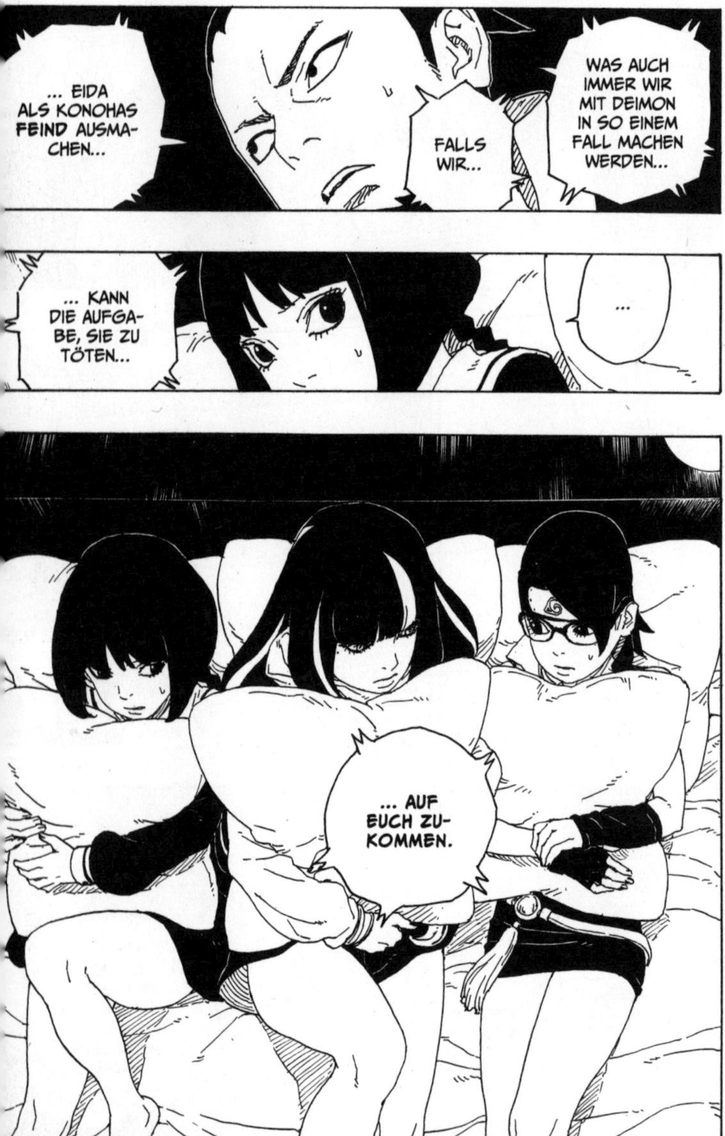
WAS AUCH IMMER WIR MIT DEIMON IN SO EINEM FALL MACHEN WERDEN...
FALLS WIR...
... EIDA ALS KONOHAS FEIND AUSMA-CHEN...
...
... KANN DIE AUFGA-BE, SIE ZU TÖTEN...
... AUF EUCH ZU-KOMMEN.

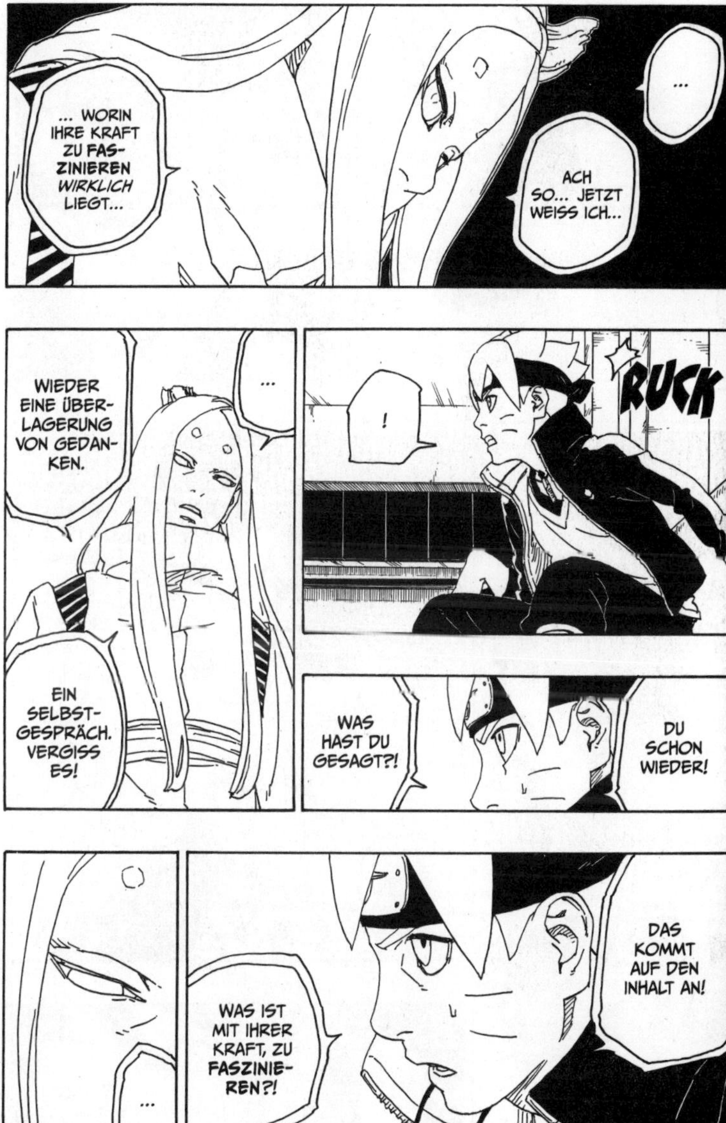
...
ACH SO... JETZT WEISS ICH...
... WORIN IHRE KRAFT ZU FASZINIEREN *WIRKLICH* LIEGT...
RUCK
!
DU SCHON WIEDER!
WAS HAST DU GESAGT?!
...
WIEDER EINE ÜBERLAGERUNG VON GEDANKEN.
EIN SELBSTGESPRÄCH. VERGISS ES!
DAS KOMMT AUF DEN INHALT AN!
WAS IST MIT IHRER KRAFT, ZU FASZINIEREN?!
...

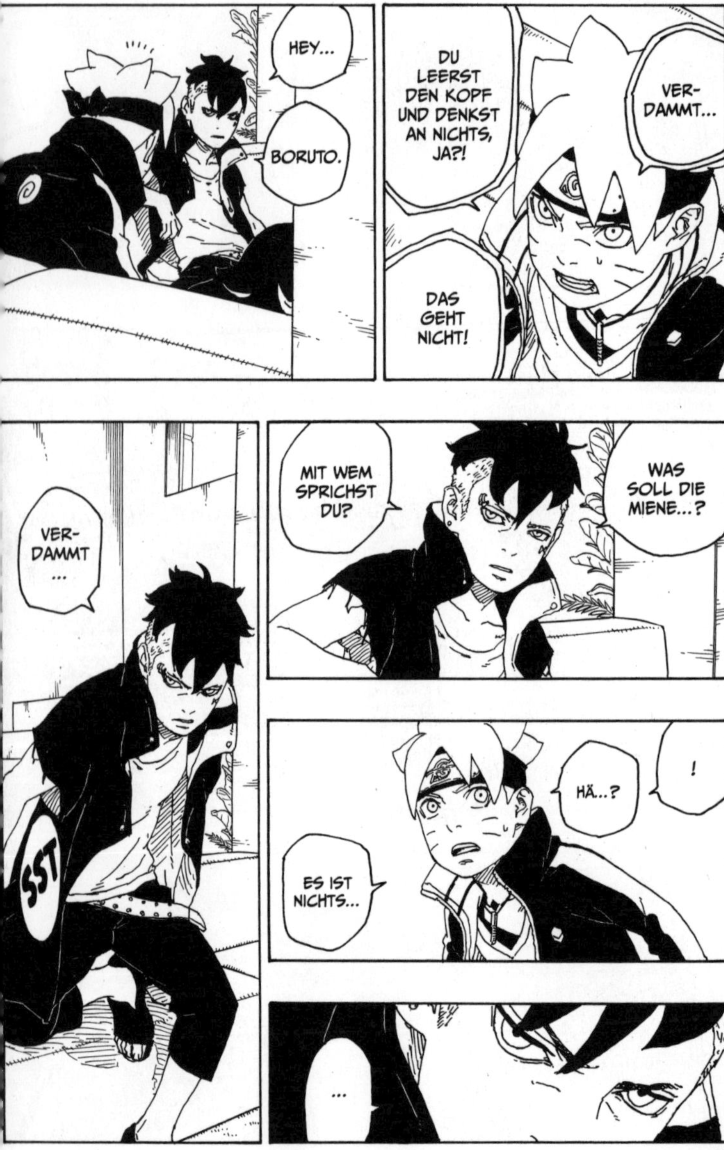
VER-DAMMT...
DU LEERST DEN KOPF UND DENKST AN NICHTS, JA?!
DAS GEHT NICHT!
HEY...
BORUTO.
WAS SOLL DIE MIENE...?
MIT WEM SPRICHST DU?
!
HÄ...?
ES IST NICHTS...
...
VER-DAMMT ...
SST

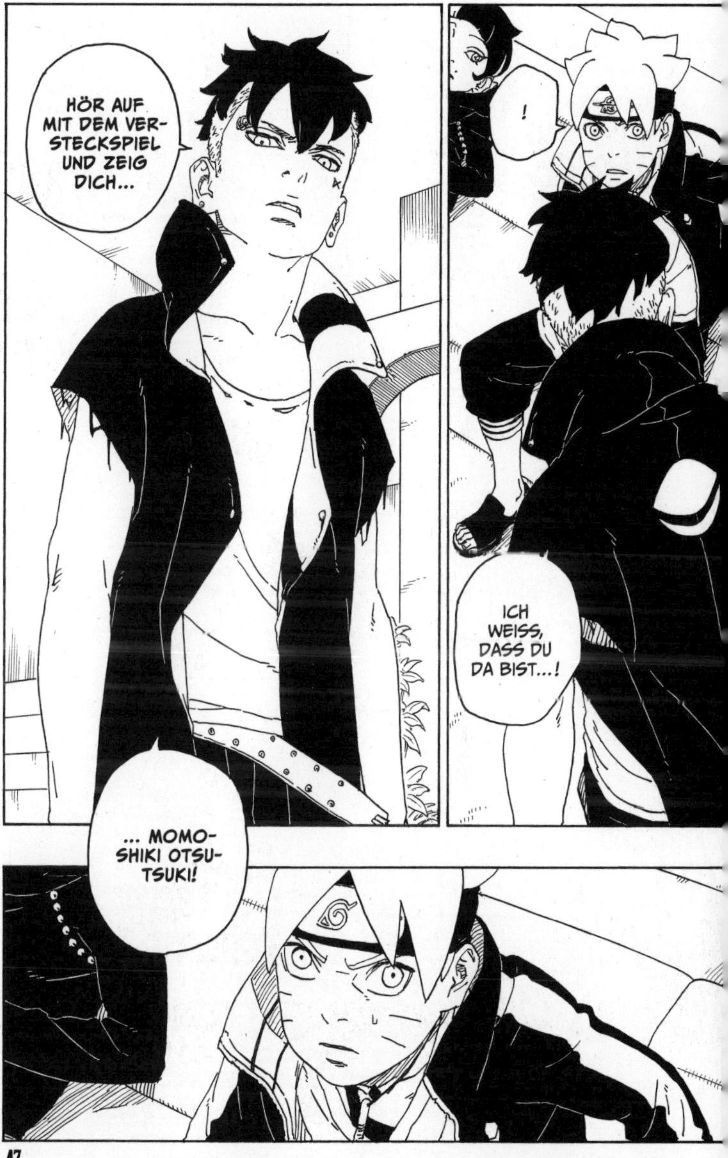
!
HÖR AUF MIT DEM VERSTECKSPIEL UND ZEIG DICH...
ICH WEISS, DASS DU DA BIST...!
... MOMOSHIKI OTSUTSUKI!

BORUTO

-NARUTO NEXT GENERATIONS-

77: Die Zeit rückt heran

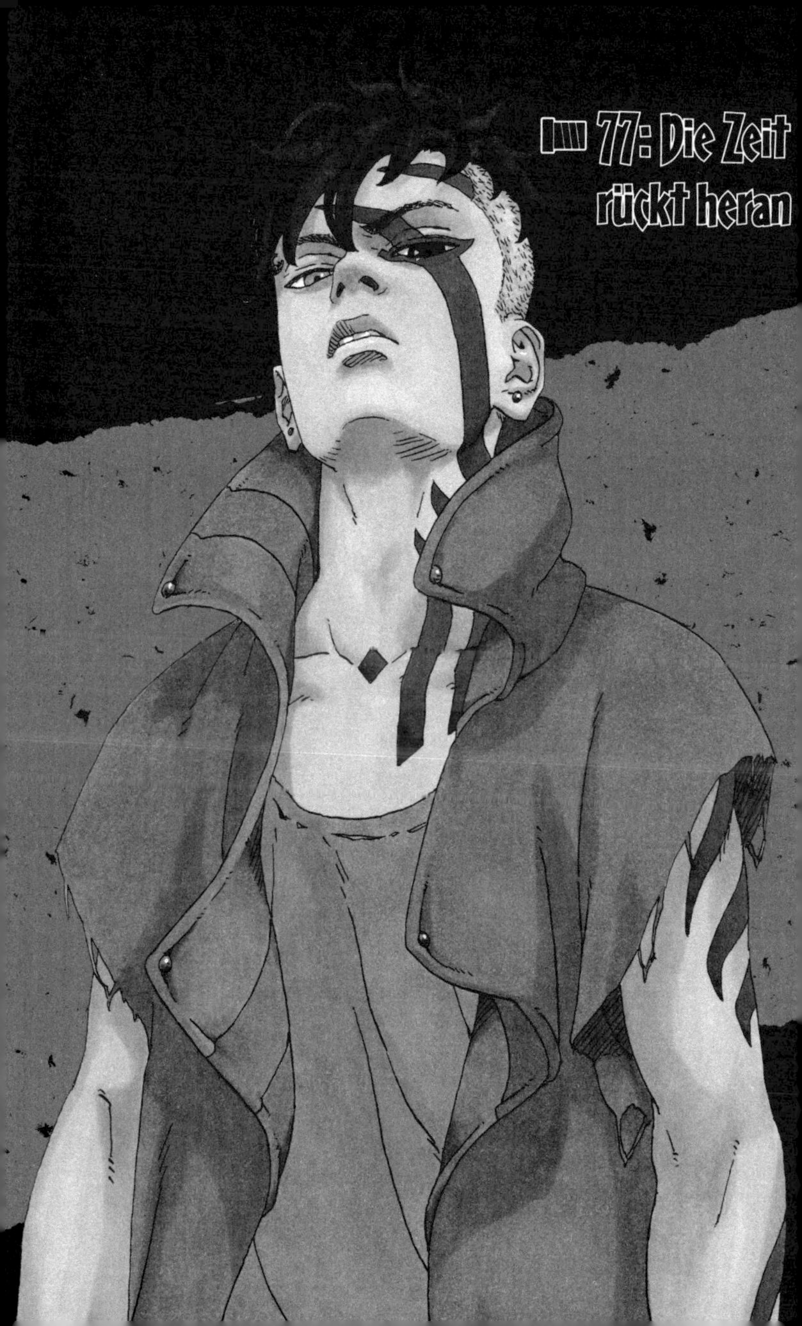

BORUTO

-NARUTO NEXT GENERATIONS-

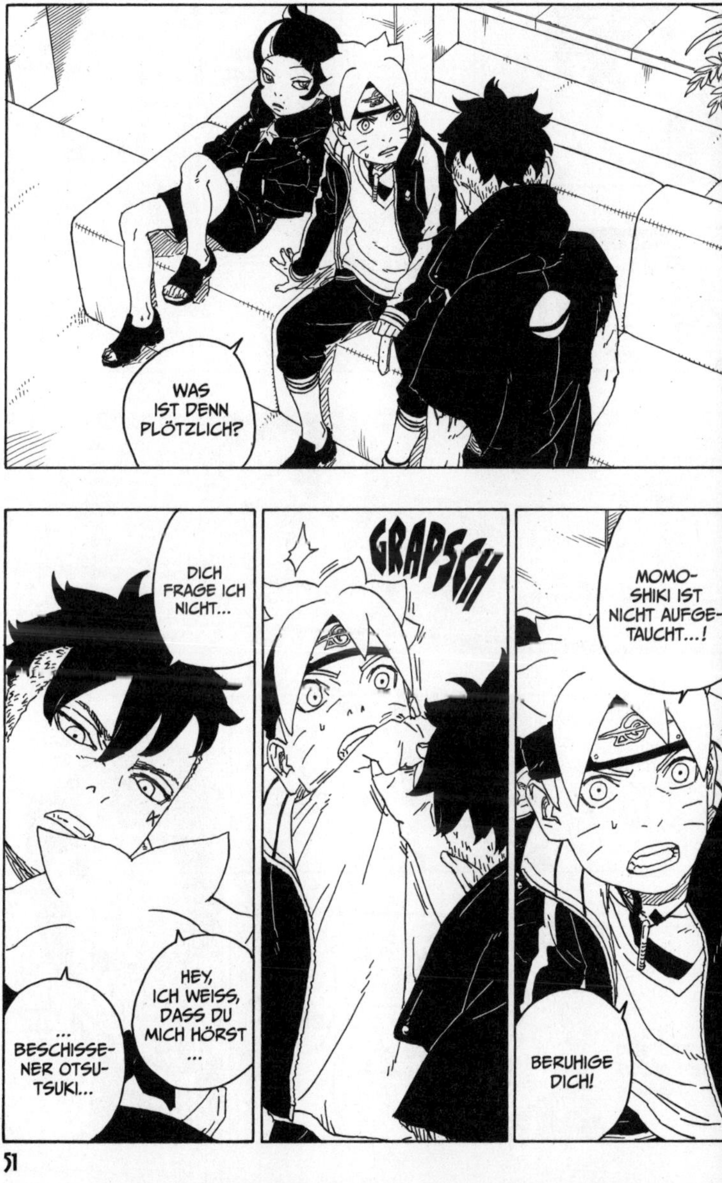
WAS IST DENN PLÖTZLICH?
MOMO-SHIKI IST NICHT AUFGE-TAUCHT...!
BERUHIGE DICH!
GRAPSCH
DICH FRAGE ICH NICHT...
HEY, ICH WEISS, DASS DU MICH HÖRST ...
... BESCHISSE-NER OTSU-TSUKI...

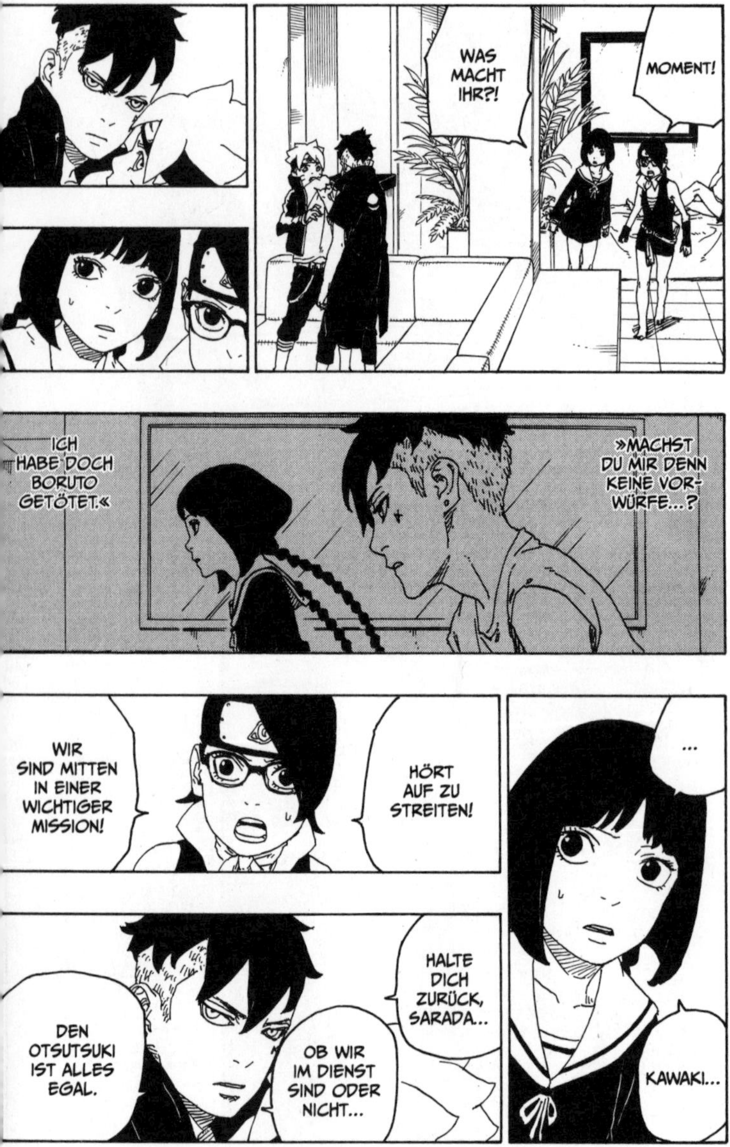
MOMENT!
WAS MACHT IHR?!
»MACHST DU MIR DENN KEINE VOR-WÜRFE...?
ICH HABE DOCH BORUTO GETÖTET.«
...
HÖRT AUF ZU STREITEN!
WIR SIND MITTEN IN EINER WICHTIGER MISSION!
KAWAKI...
HALTE DICH ZURÜCK, SARADA...
OB WIR IM DIENST SIND ODER NICHT...
DEN OTSUTSUKI IST ALLES EGAL.

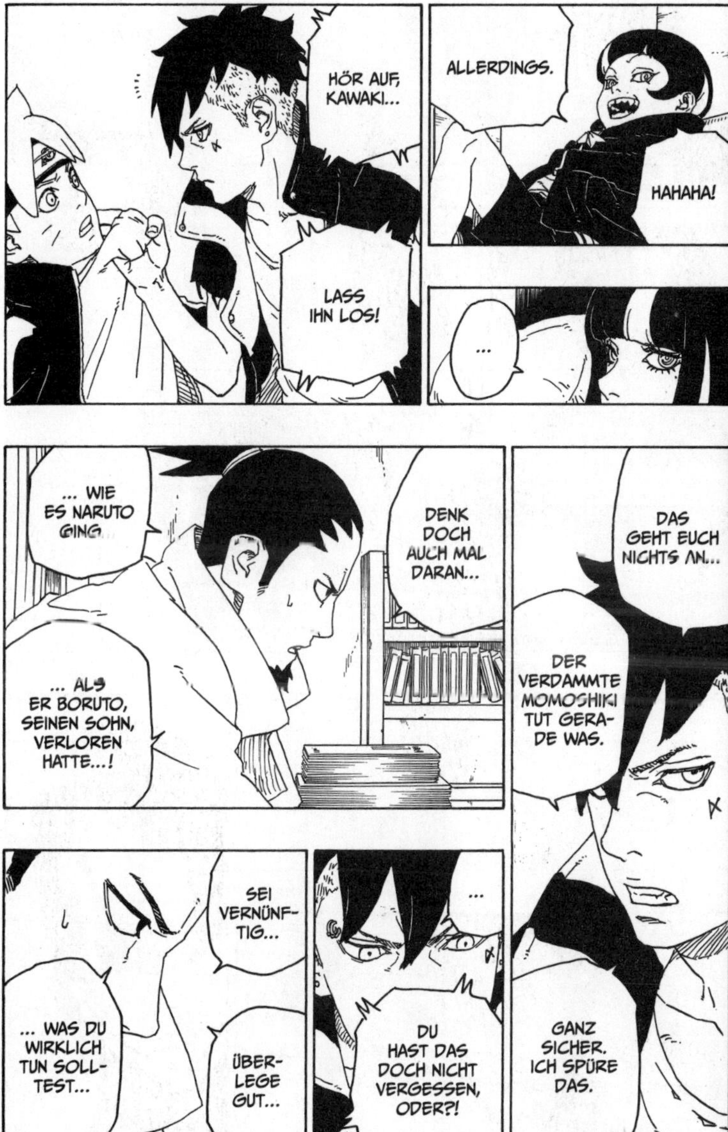
ALLERDINGS.
HAHAHA!
...
HÖR AUF, KAWAKI...
LASS IHN LOS!
DAS GEHT EUCH NICHTS AN...
DER VERDAMMTE MOMOSHIKI TUT GERADE WAS.
DENK DOCH AUCH MAL DARAN...
... WIE ES NARUTO GING...
... ALS ER BORUTO, SEINEN SOHN, VERLOREN HATTE...!
GANZ SICHER. ICH SPÜRE DAS.
...
DU HAST DAS DOCH NICHT VERGESSEN, ODER?!
SEI VERNÜNFTIG...
ÜBERLEGE GUT...
... WAS DU WIRKLICH TUN SOLLTEST...

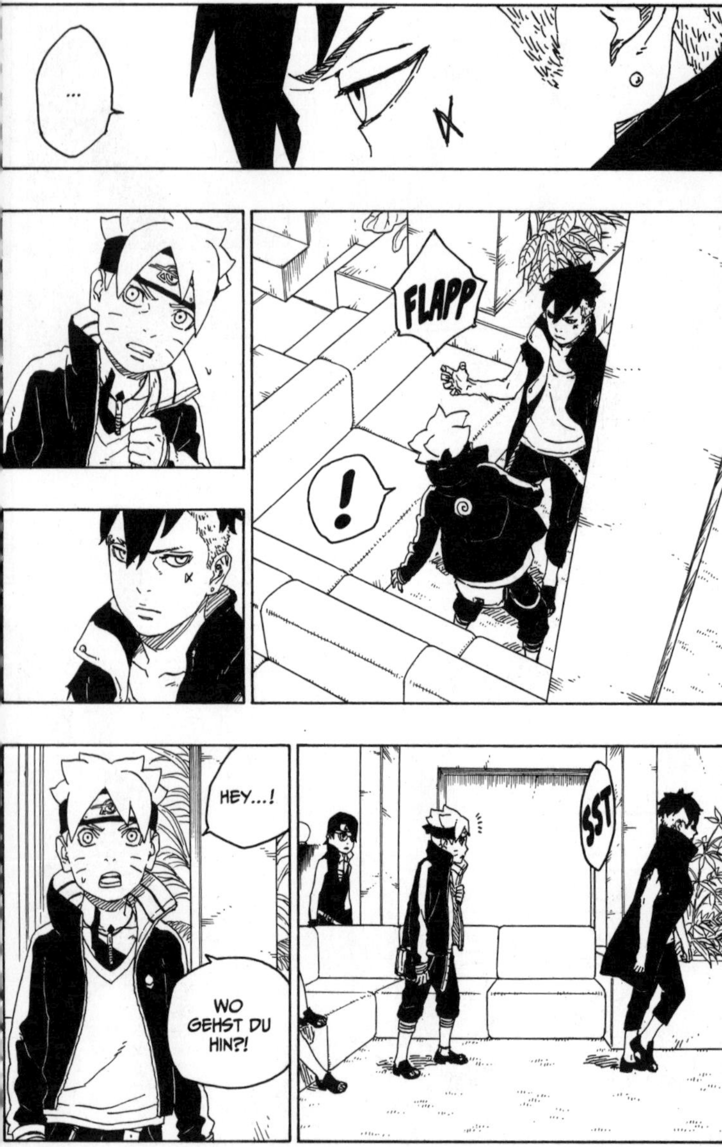

...
FLAPP
!
HEY...!
WO GEHST DU HIN?!
SST

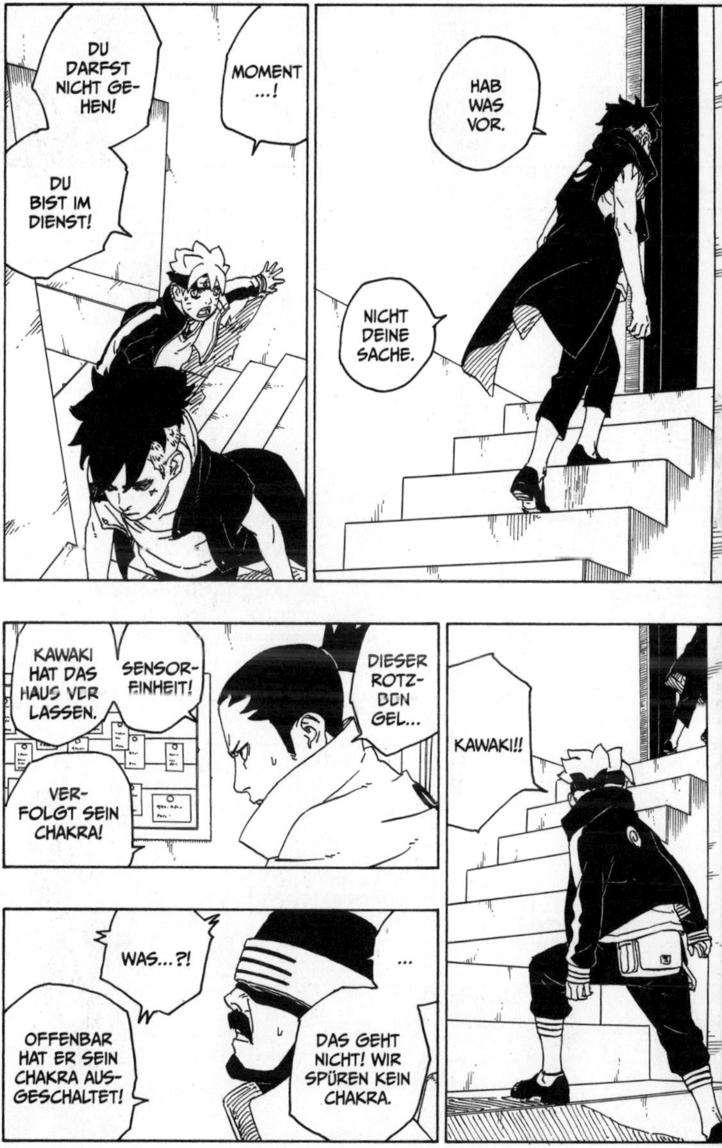
HAB WAS VOR.
NICHT DEINE SACHE.
MOMENT ...!
DU DARFST NICHT GEHEN!
DU BIST IM DIENST!
KAWAKI!!
DIESER ROTZBENGEL...
SENSOREINHEIT!
KAWAKI HAT DAS HAUS VERLASSEN.
VERFOLGT SEIN CHAKRA!
...
DAS GEHT NICHT! WIR SPÜREN KEIN CHAKRA.
WAS...?!
OFFENBAR HAT ER SEIN CHAKRA AUSGESCHALTET!

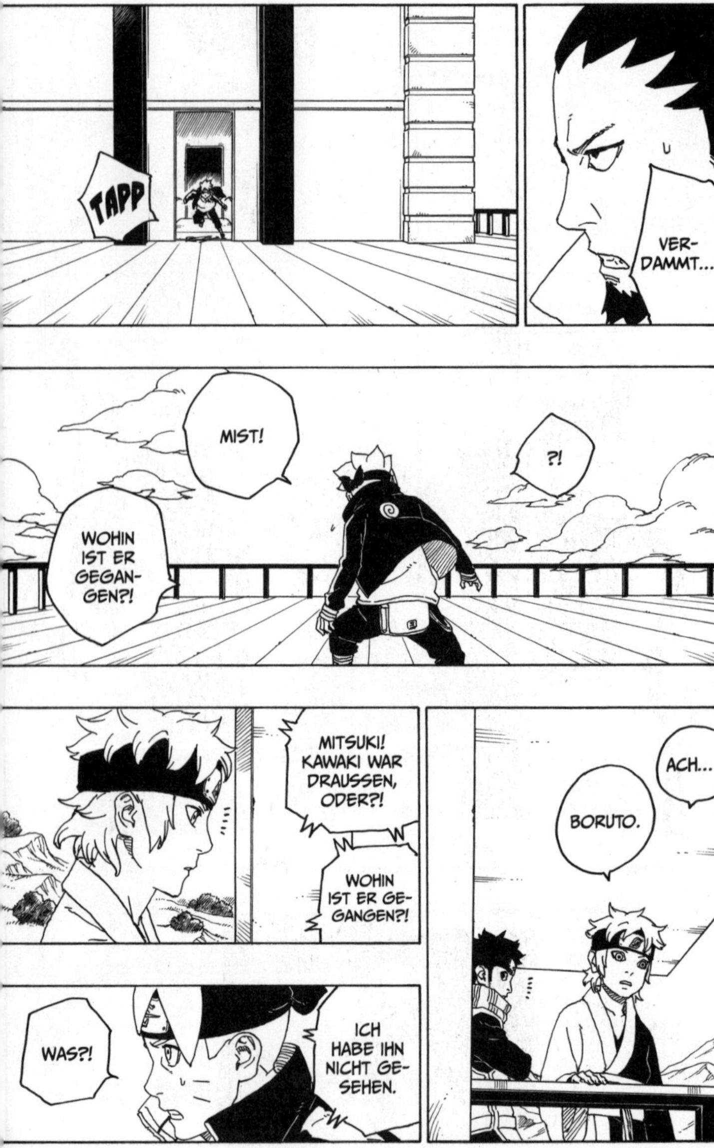
VER-
DAMMT…
TAPP
?!
MIST!
WOHIN IST ER GEGANGEN?!
ACH…
BORUTO.
MITSUKI! KAWAKI WAR DRAUSSEN, ODER?!
WOHIN IST ER GEGANGEN?!
ICH HABE IHN NICHT GESEHEN.
WAS?!

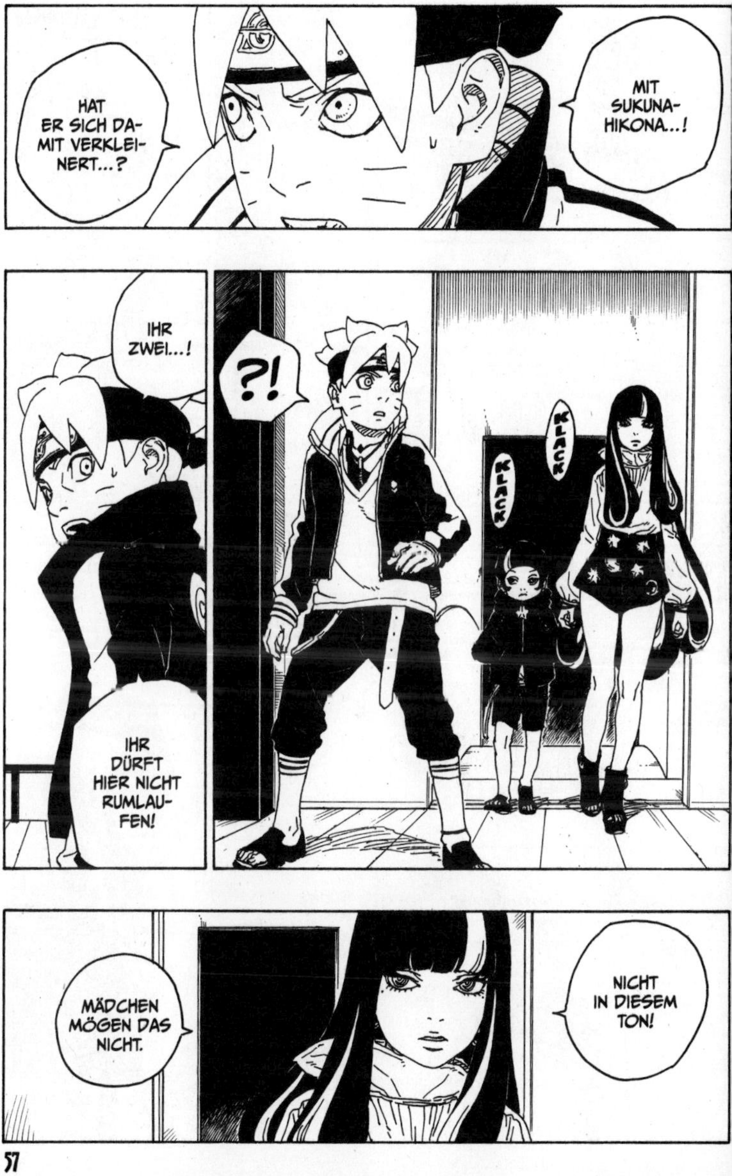
MIT SUKUNA-HIKONA...!
HAT ER SICH DAMIT VERKLEINERT...?
KLACK
KLACK
?!
IHR ZWEI...!
IHR DÜRFT HIER NICHT RUMLAUFEN!
NICHT IN DIESEM TON!
MÄDCHEN MÖGEN DAS NICHT.

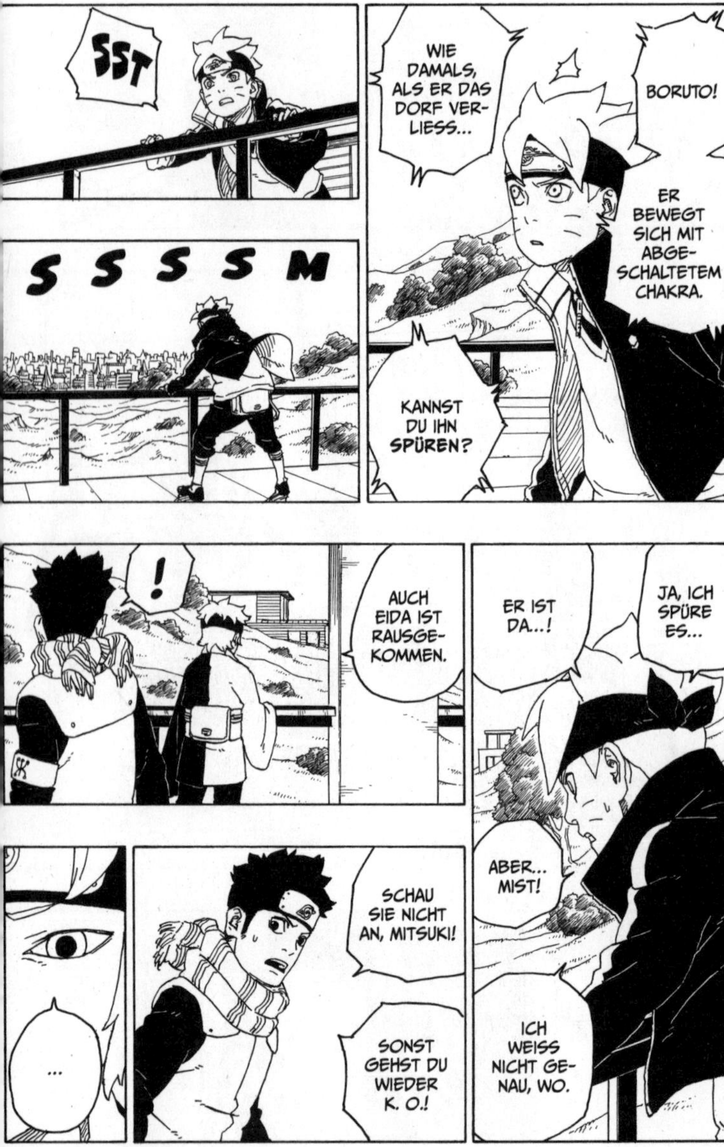
BORUTO!
WIE DAMALS, ALS ER DAS DORF VERLIESS...
ER BEWEGT SICH MIT ABGESCHALTETEM CHAKRA.
KANNST DU IHN SPÜREN?
SST
SSSSM
JA, ICH SPÜRE ES...
ER IST DA...!
ABER... MIST!
ICH WEISS NICHT GENAU, WO.
AUCH EIDA IST RAUSGEKOMMEN.
!
SCHAU SIE NICHT AN, MITSUKI!
SONST GEHST DU WIEDER K. O.!
...

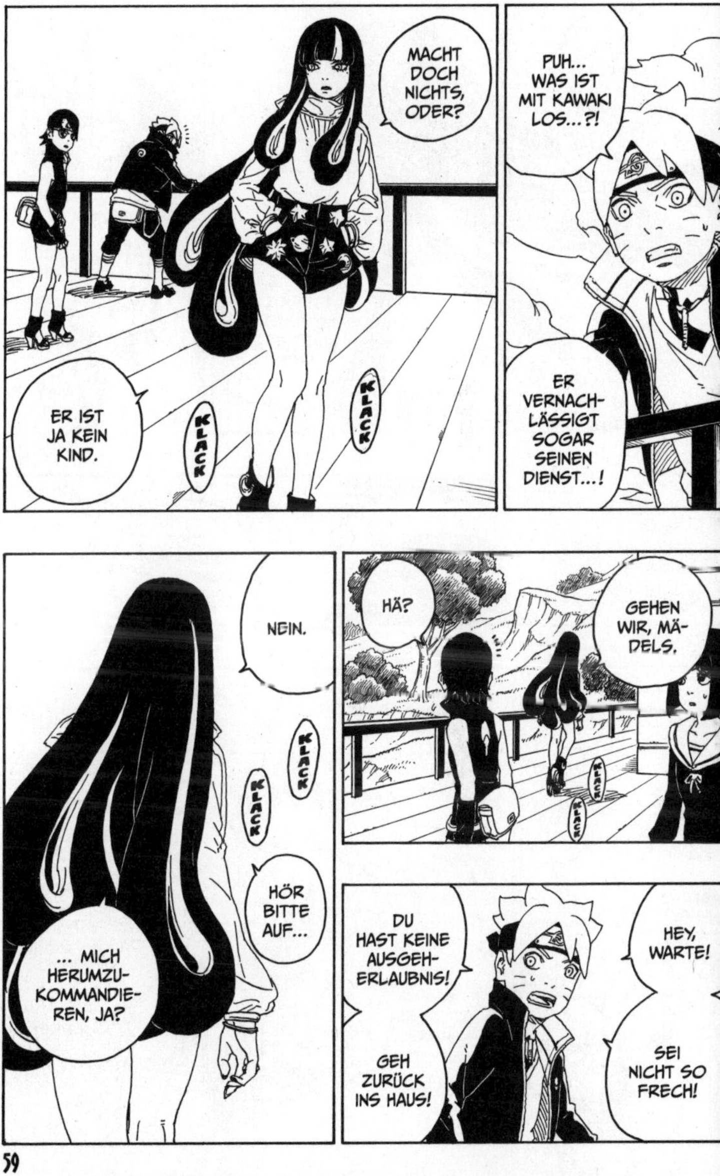
PUH... WAS IST MIT KAWAKI LOS...?!
ER VERNACH-LÄSSIGT SOGAR SEINEN DIENST...!
MACHT DOCH NICHTS, ODER?
KLACK
KLACK
ER IST JA KEIN KIND.
GEHEN WIR, MÄ-DELS.
HÄ?
KLACK
KLACK
HEY, WARTE!
SEI NICHT SO FRECH!
DU HAST KEINE AUSGEH-ERLAUBNIS!
GEH ZURÜCK INS HAUS!
NEIN.
KLACK
KLACK
HÖR BITTE AUF...
... MICH HERUMZU-KOMMANDIE-REN, JA?

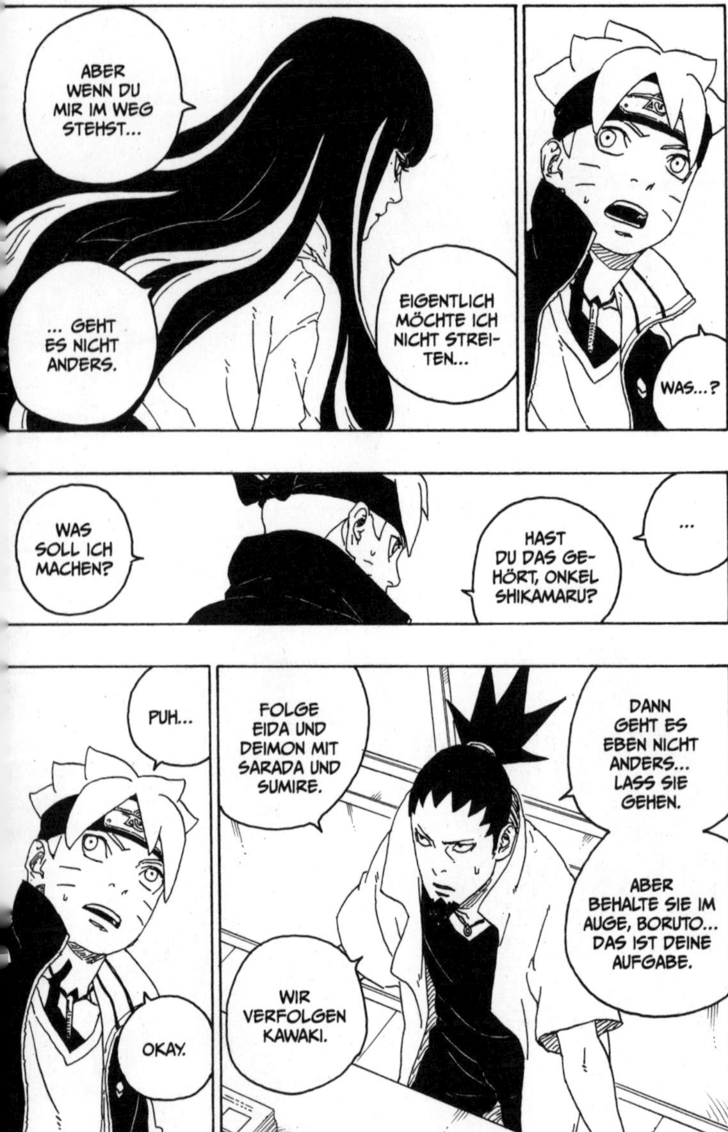
EIGENTLICH MÖCHTE ICH NICHT STREI-TEN...
ABER WENN DU MIR IM WEG STEHST...
... GEHT ES NICHT ANDERS.
WAS...?
...
HAST DU DAS GE-HÖRT, ONKEL SHIKAMARU?
WAS SOLL ICH MACHEN?
DANN GEHT ES EBEN NICHT ANDERS... LASS SIE GEHEN.
ABER BEHALTE SIE IM AUGE, BORUTO... DAS IST DEINE AUFGABE.
FOLGE EIDA UND DEIMON MIT SARADA UND SUMIRE.
WIR VERFOLGEN KAWAKI.
PUH...
OKAY.

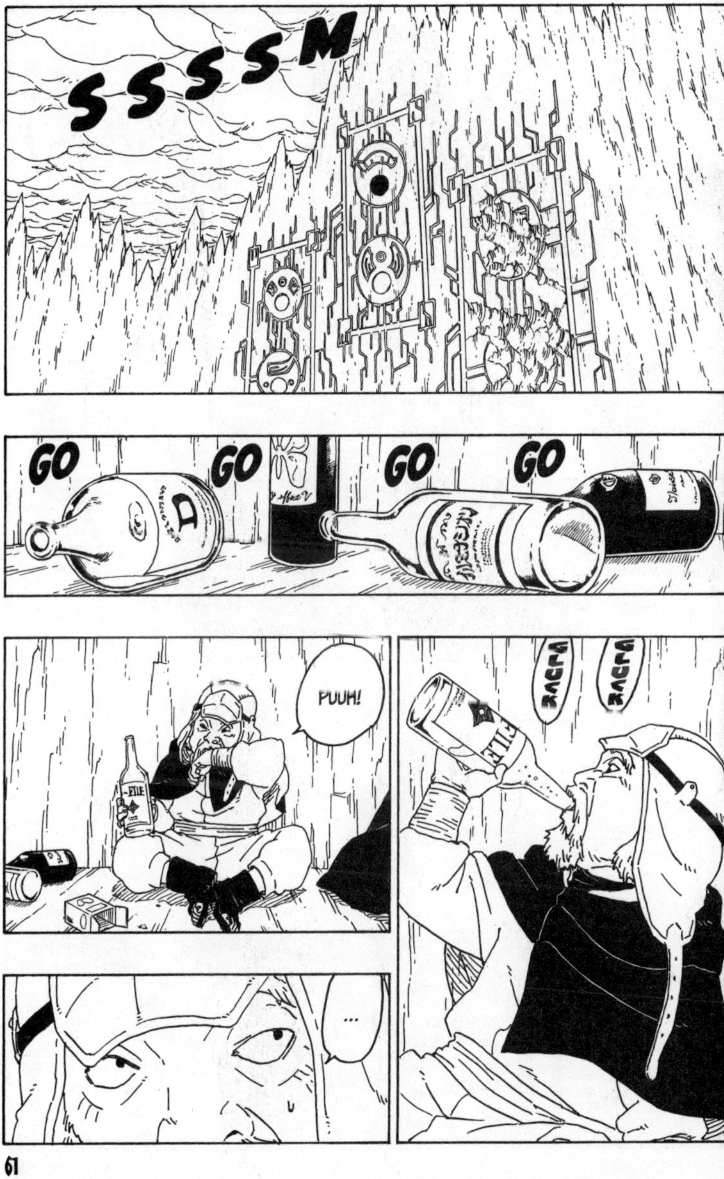
SSSSM
GO
GO
GO
GO
GLUCK
GLUCK
PUUH!
...

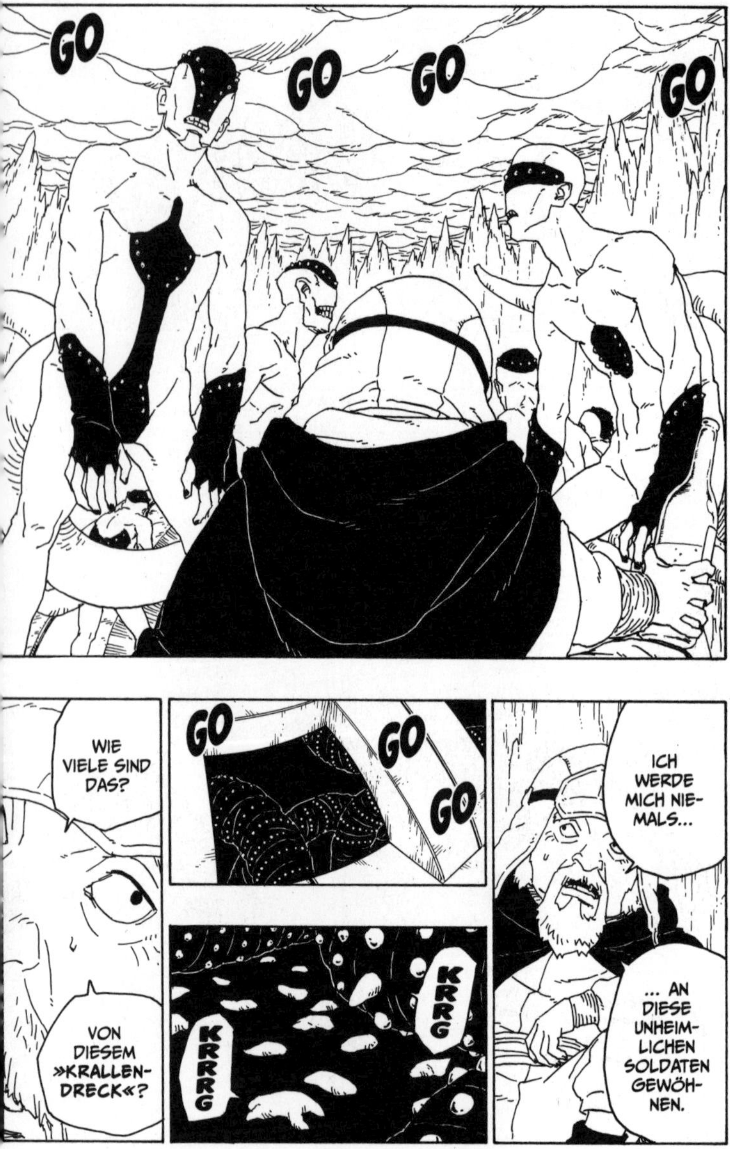
GO
GO
GO
GO
ICH WERDE MICH NIE-MALS...
... AN DIESE UNHEIM-LICHEN SOLDATEN GEWÖH-NEN.
GO
GO
GO
KRRG
KRRRG
WIE VIELE SIND DAS?
VON DIESEM »KRALLEN-DRECK«?

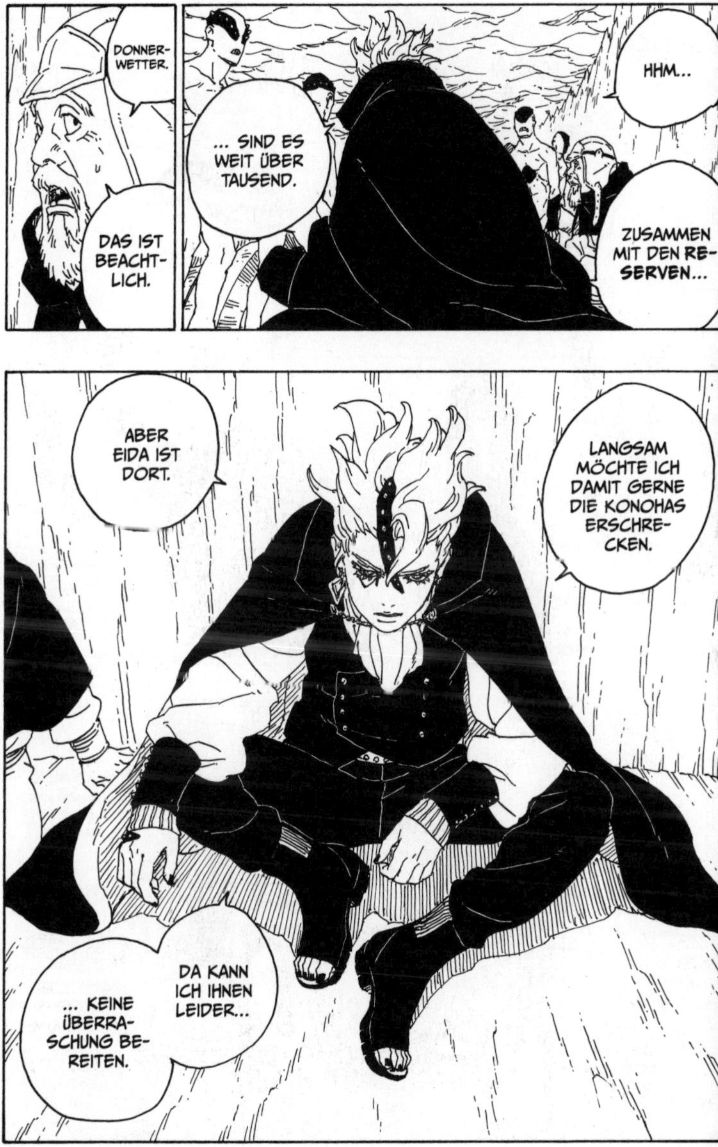
HHM...
ZUSAMMEN MIT DEN RESERVEN...
... SIND ES WEIT ÜBER TAUSEND.
DONNERWETTER.
DAS IST BEACHTLICH.
LANGSAM MÖCHTE ICH DAMIT GERNE DIE KONOHAS ERSCHRECKEN.
ABER EIDA IST DORT.
DA KANN ICH IHNEN LEIDER...
... KEINE ÜBERRASCHUNG BEREITEN.

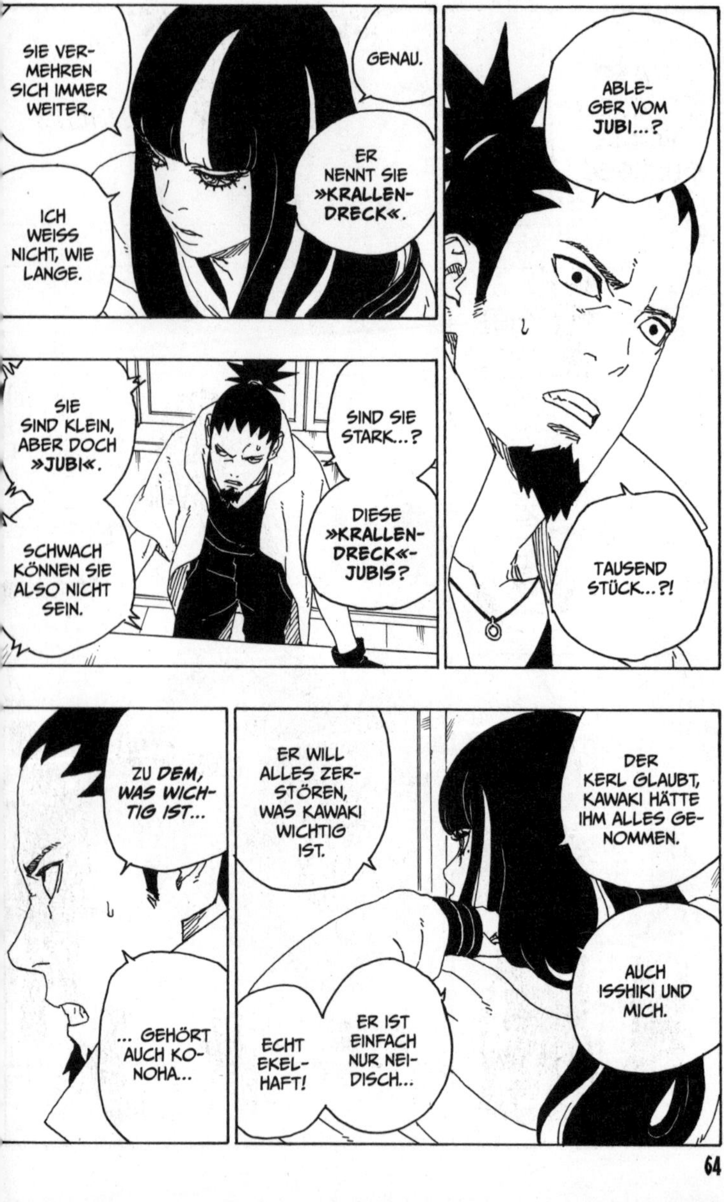
ABLEGER VOM JUBI...?
TAUSEND STÜCK...?!
GENAU.
ER NENNT SIE »KRALLENDRECK«.
SIE VERMEHREN SICH IMMER WEITER.
ICH WEISS NICHT, WIE LANGE.
SIND SIE STARK...?
DIESE »KRALLENDRECK«-JUBIS?
SIE SIND KLEIN, ABER DOCH »JUBI«.
SCHWACH KÖNNEN SIE ALSO NICHT SEIN.
DER KERL GLAUBT, KAWAKI HÄTTE IHM ALLES GENOMMEN.
AUCH ISSHIKI UND MICH.
ER WILL ALLES ZERSTÖREN, WAS KAWAKI WICHTIG IST.
ER IST EINFACH NUR NEIDISCH...
ECHT EKELHAFT!
ZU DEM, WAS WICHTIG IST...
... GEHÖRT AUCH KONOHA...

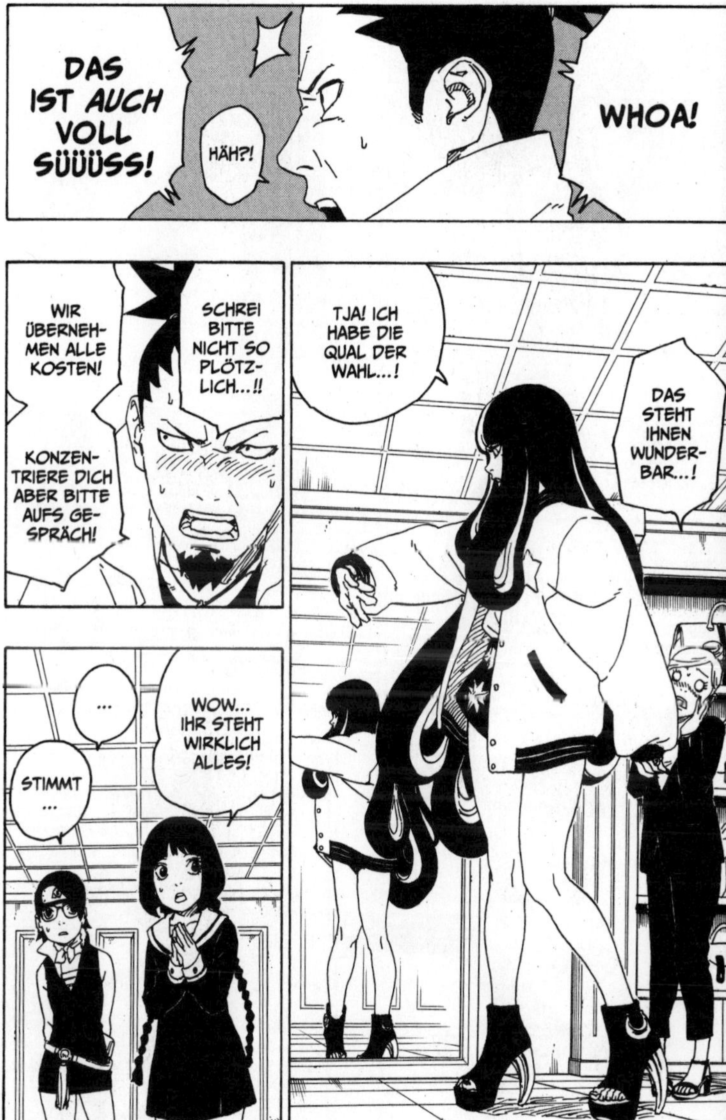
WHOA!
HÄH?!
DAS IST AUCH VOLL SÜÜÜSS!
DAS STEHT IHNEN WUNDERBAR...!
TJA! ICH HABE DIE QUAL DER WAHL...!
SCHREI BITTE NICHT SO PLÖTZLICH...!!
WIR ÜBERNEHMEN ALLE KOSTEN!
KONZENTRIERE DICH ABER BITTE AUFS GESPRÄCH!
WOW... IHR STEHT WIRKLICH ALLES!
...
STIMMT ...

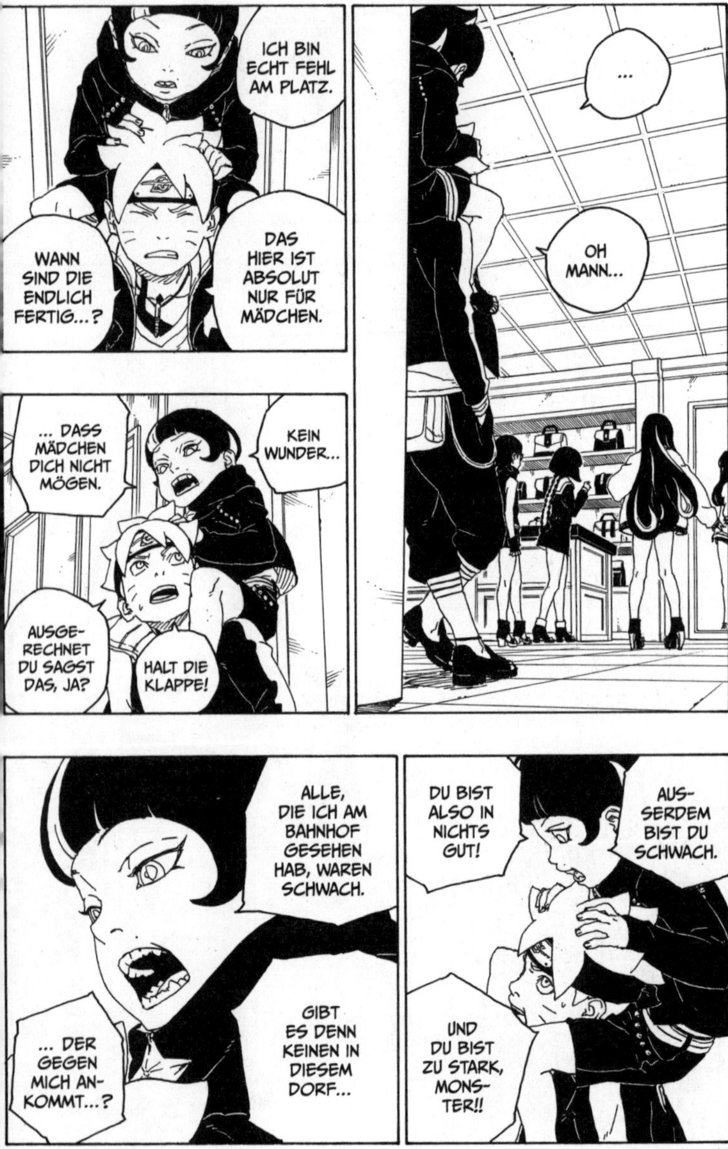
...
OH MANN...
ICH BIN ECHT FEHL AM PLATZ.
DAS HIER IST ABSOLUT NUR FÜR MÄDCHEN.
WANN SIND DIE ENDLICH FERTIG...?
KEIN WUNDER...
... DASS MÄDCHEN DICH NICHT MÖGEN.
AUSGERECHNET DU SAGST DAS, JA?
HALT DIE KLAPPE!
AUSSERDEM BIST DU SCHWACH.
DU BIST ALSO IN NICHTS GUT!
UND DU BIST ZU STARK, MONSTER!!
ALLE, DIE ICH AM BAHNHOF GESEHEN HAB, WAREN SCHWACH.
GIBT ES DENN KEINEN IN DIESEM DORF...
... DER GEGEN MICH ANKOMMT...?

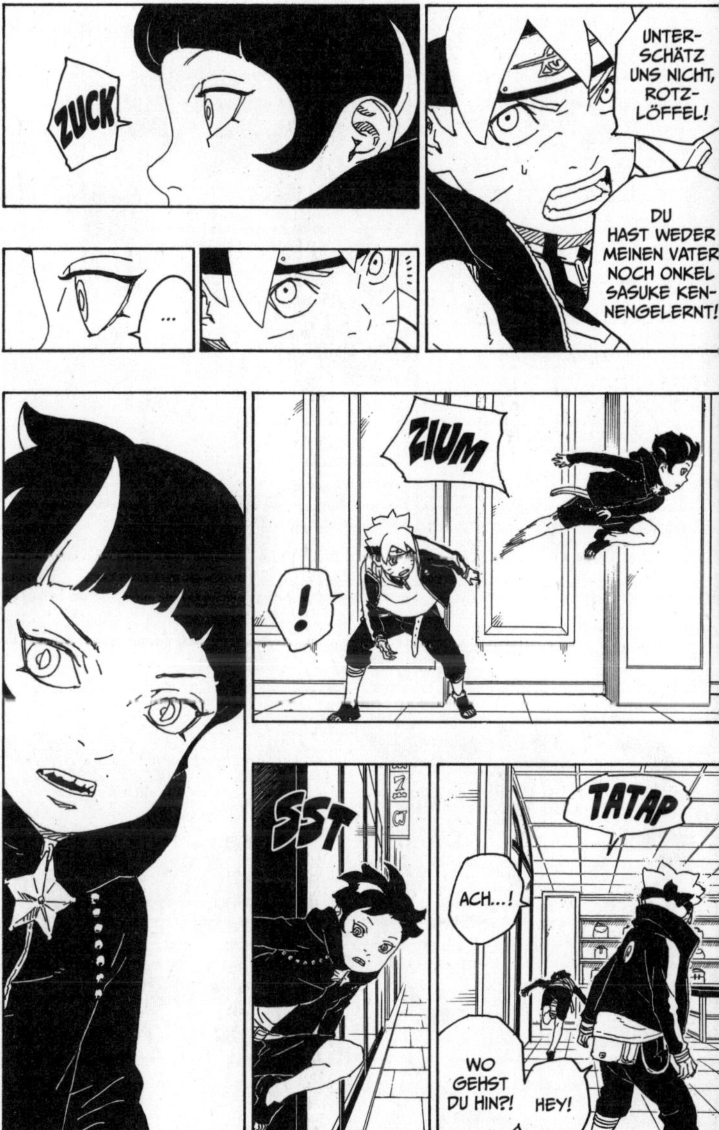
UNTER-
SCHÄTZ
UNS NICHT,
ROTZ-
LÖFFEL!
DU
HAST WEDER
MEINEN VATER
NOCH ONKEL
SASUKE KEN-
NENGELERNT!
ZUCK
...
ZIUM
!
TATAP
ACH...!
HEY!
WO
GEHST
DU HIN?!
SST

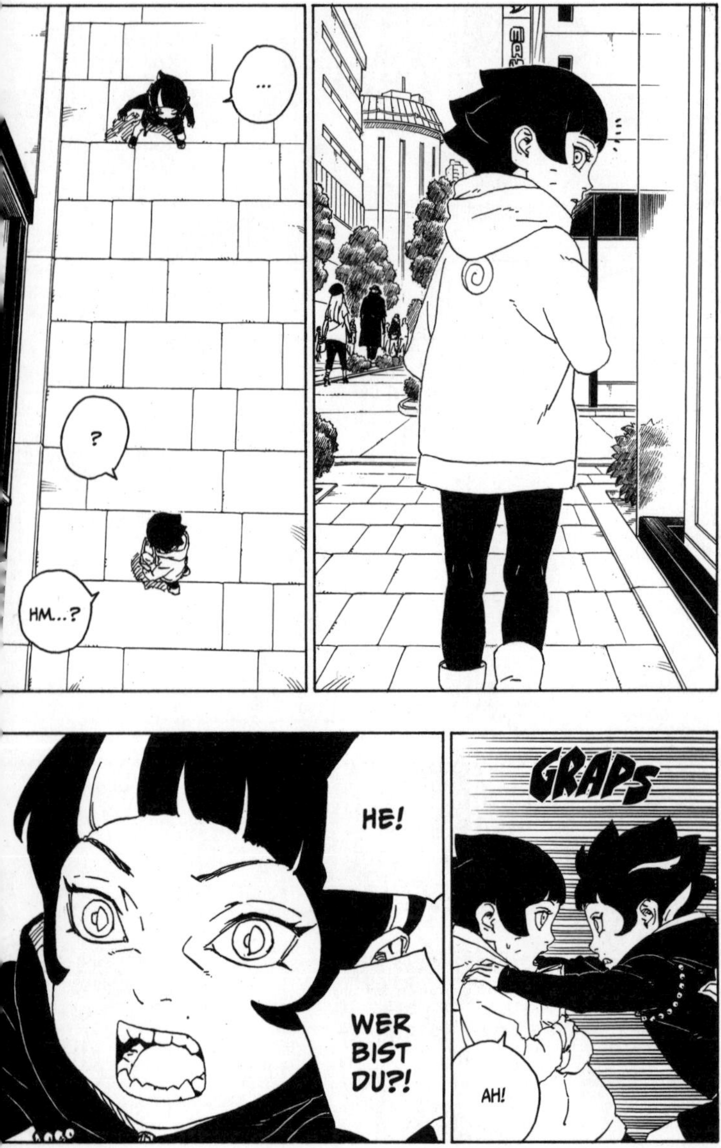
...
?
HM..?
GRAPS
AH!
HE!
WER BIST DU?!

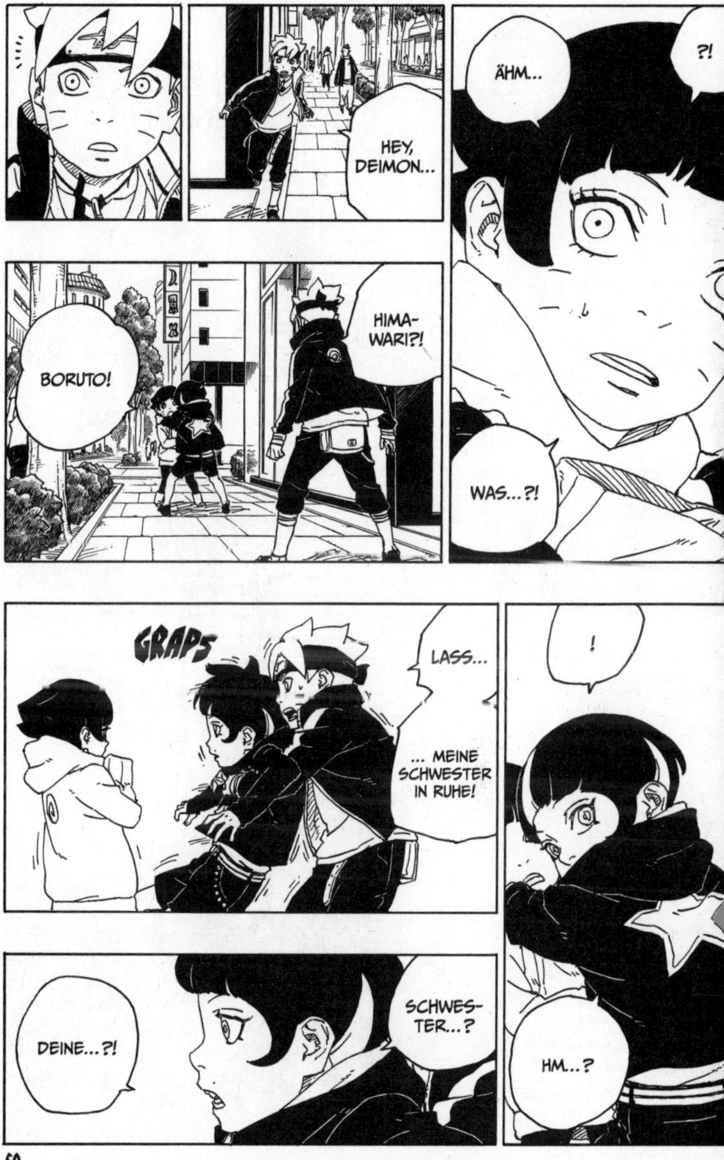
?!
ÄHM...
WAS...?!
HEY, DEIMON...
HIMA-WARI?!
BORUTO!
!
HM...?
GRAPS
LASS...
... MEINE SCHWESTER IN RUHE!
SCHWES-TER...?
DEINE...?!

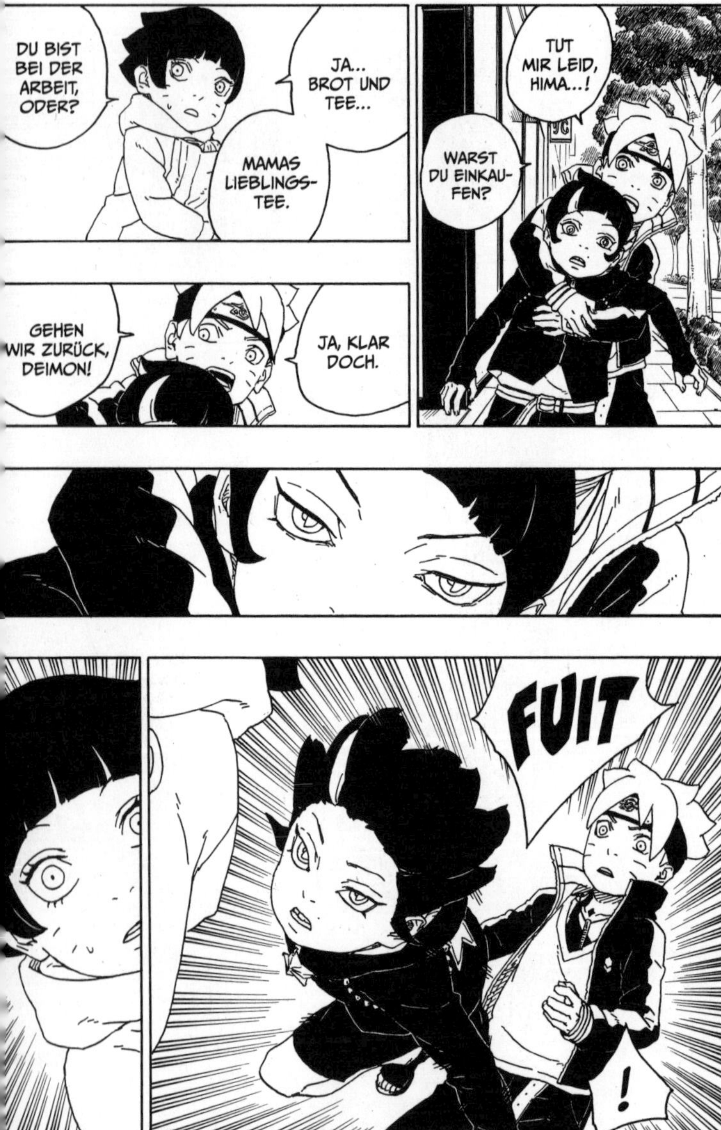
TUT MIR LEID, HIMA...!
WARST DU EINKAUFEN?
JA... BROT UND TEE...
MAMAS LIEBLINGS-TEE.
DU BIST BEI DER ARBEIT, ODER?
JA, KLAR DOCH.
GEHEN WIR ZURÜCK, DEIMON!
FUIT
!

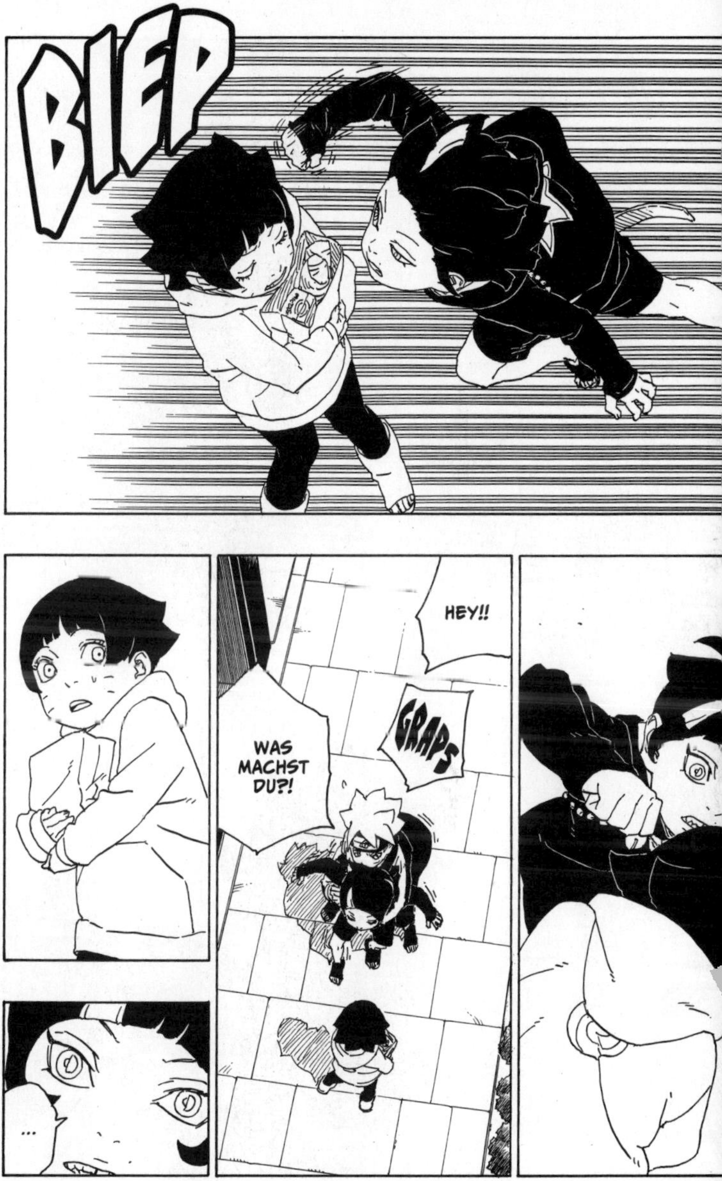
BIEP
HEY!!
GRAPS
WAS MACHST DU?!
...

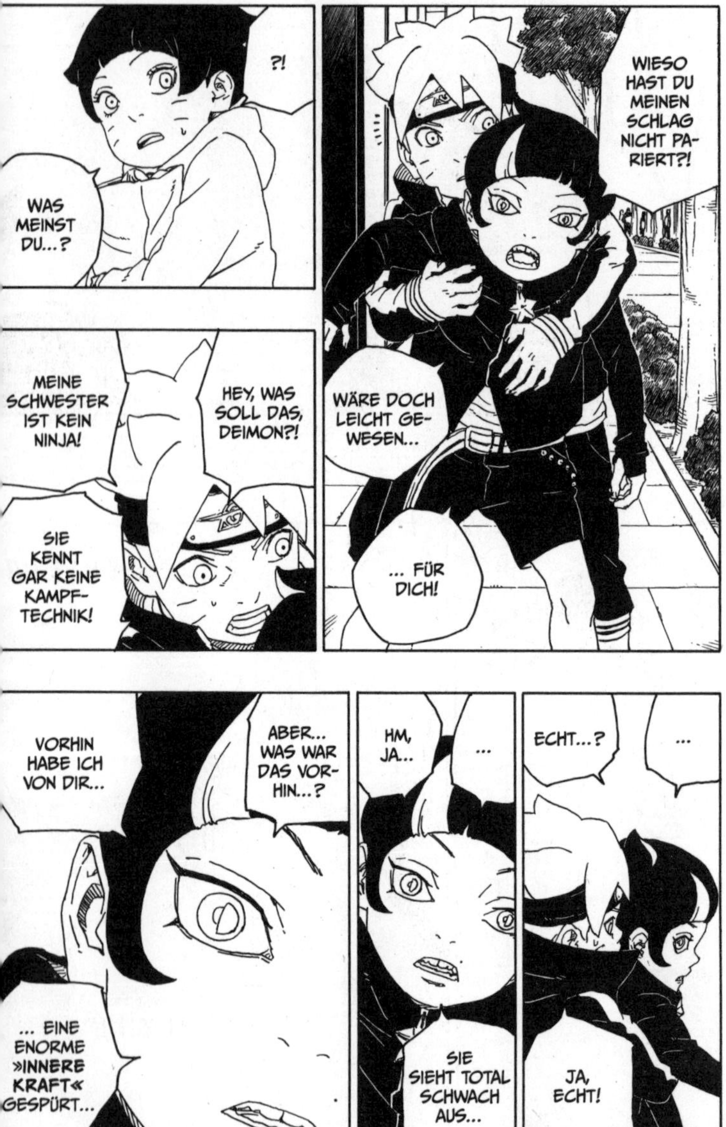
WIESO HAST DU MEINEN SCHLAG NICHT PARIERT?!
WÄRE DOCH LEICHT GEWESEN...
... FÜR DICH!
?!
WAS MEINST DU...?
HEY, WAS SOLL DAS, DEIMON?!
MEINE SCHWESTER IST KEIN NINJA!
SIE KENNT GAR KEINE KAMPFTECHNIK!
...
ECHT...?
JA, ECHT!
...
HM, JA...
SIE SIEHT TOTAL SCHWACH AUS...
ABER... WAS WAR DAS VORHIN...?
VORHIN HABE ICH VON DIR...
... EINE ENORME »INNERE KRAFT« GESPÜRT...

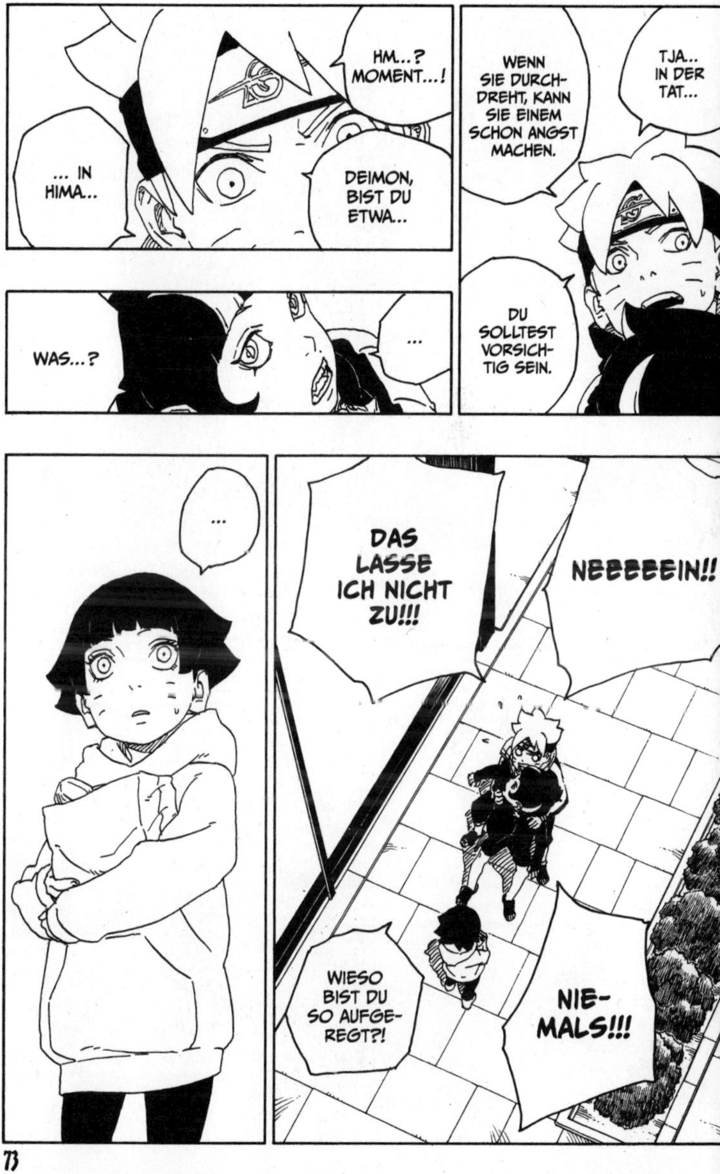
TJA... IN DER TAT...
WENN SIE DURCH-DREHT, KANN SIE EINEM SCHON ANGST MACHEN.
DU SOLLTEST VORSICH-TIG SEIN.
HM...? MOMENT...!
DEIMON, BIST DU ETWA...
... IN HIMA...
...
WAS...?
NEEEEEIN!!
DAS LASSE ICH NICHT ZU!!!
NIE-MALS!!!
WIESO BIST DU SO AUFGE-REGT?!
...

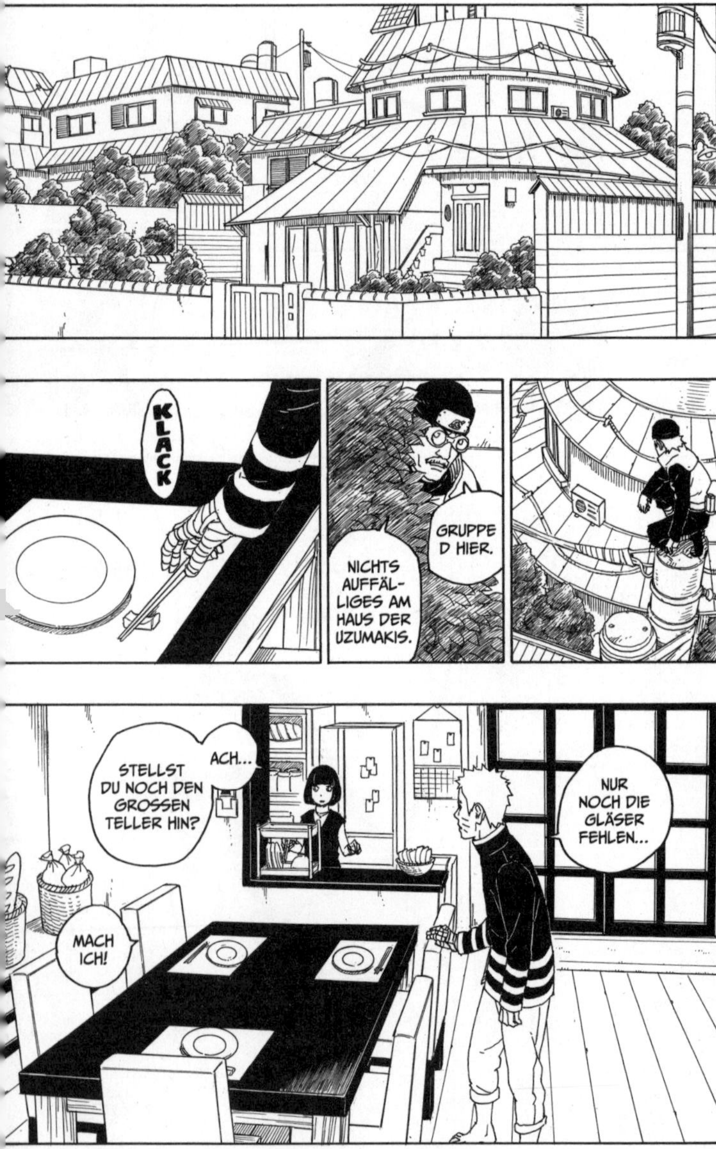
KLACK
GRUPPE D HIER.
NICHTS AUFFÄL-LIGES AM HAUS DER UZUMAKIS.
NUR NOCH DIE GLÄSER FEHLEN...
ACH...
STELLST DU NOCH DEN GROSSEN TELLER HIN?
MACH ICH!

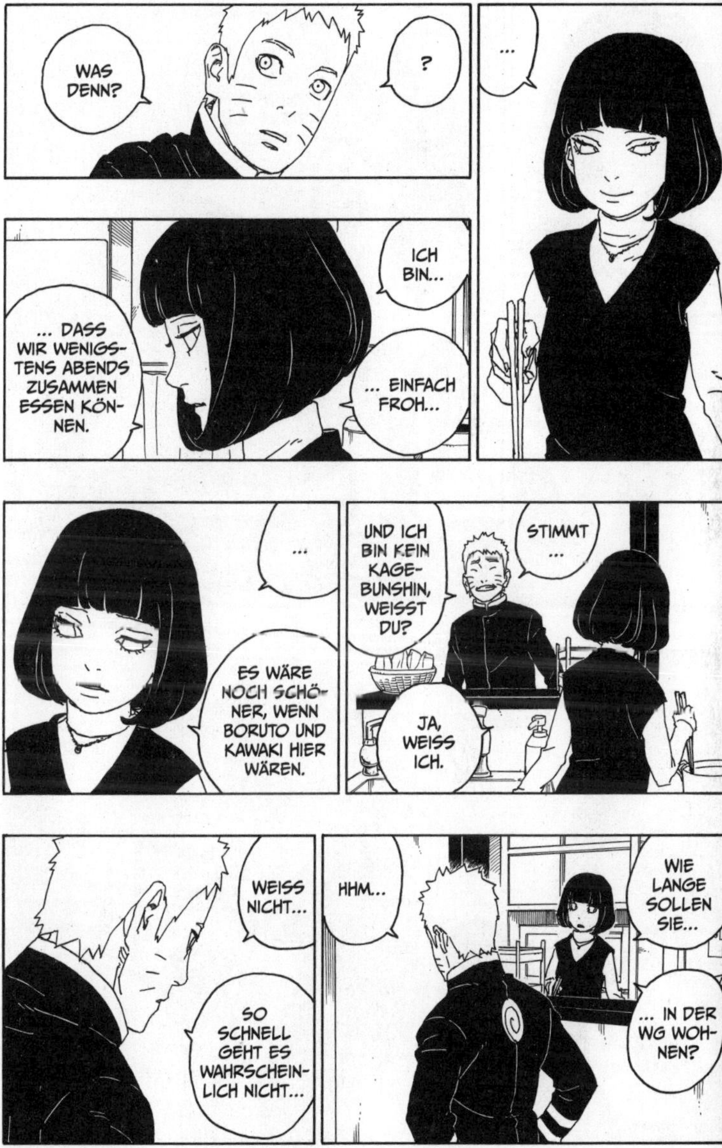
...
?
WAS DENN?
ICH BIN...
... EINFACH FROH...
... DASS WIR WENIGSTENS ABENDS ZUSAMMEN ESSEN KÖNNEN.
STIMMT ...
UND ICH BIN KEIN KAGEBUNSHIN, WEISST DU?
JA, WEISS ICH.
...
ES WÄRE NOCH SCHÖNER, WENN BORUTO UND KAWAKI HIER WÄREN.
WIE LANGE SOLLEN SIE...
... IN DER WG WOHNEN?
HHM...
WEISS NICHT...
SO SCHNELL GEHT ES WAHRSCHEINLICH NICHT...

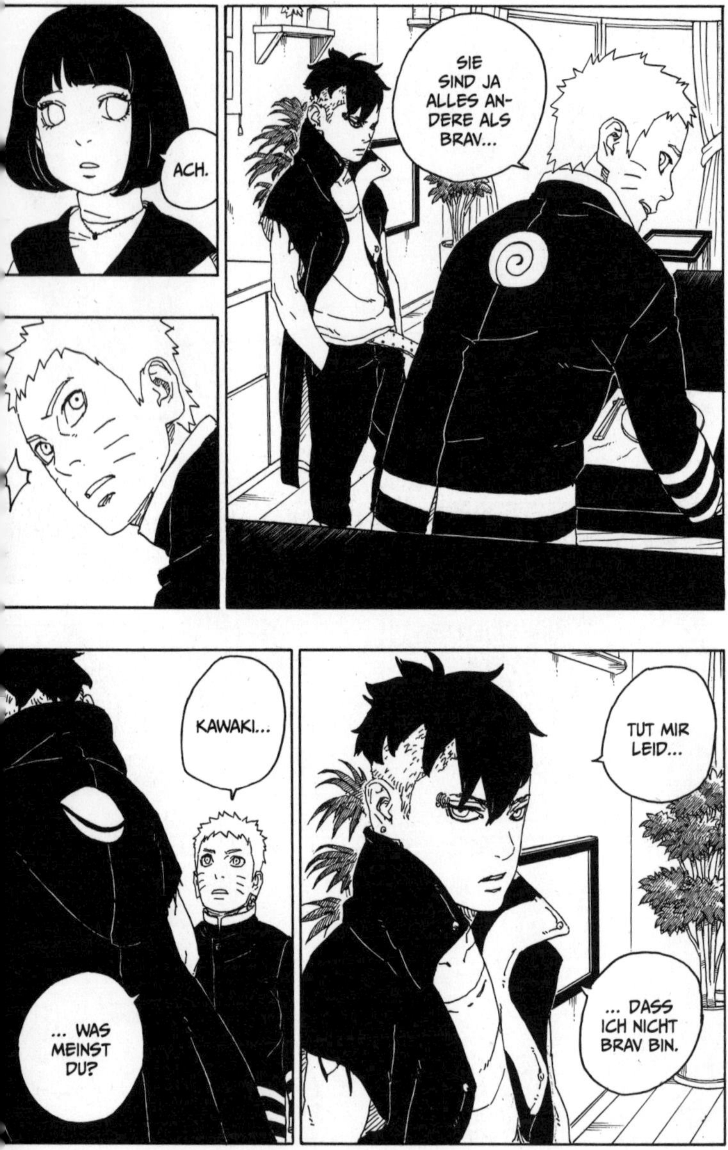
SIE SIND JA ALLES ANDERE ALS BRAV...
ACH.
TUT MIR LEID...
... DASS ICH NICHT BRAV BIN.
KAWAKI...
... WAS MEINST DU?

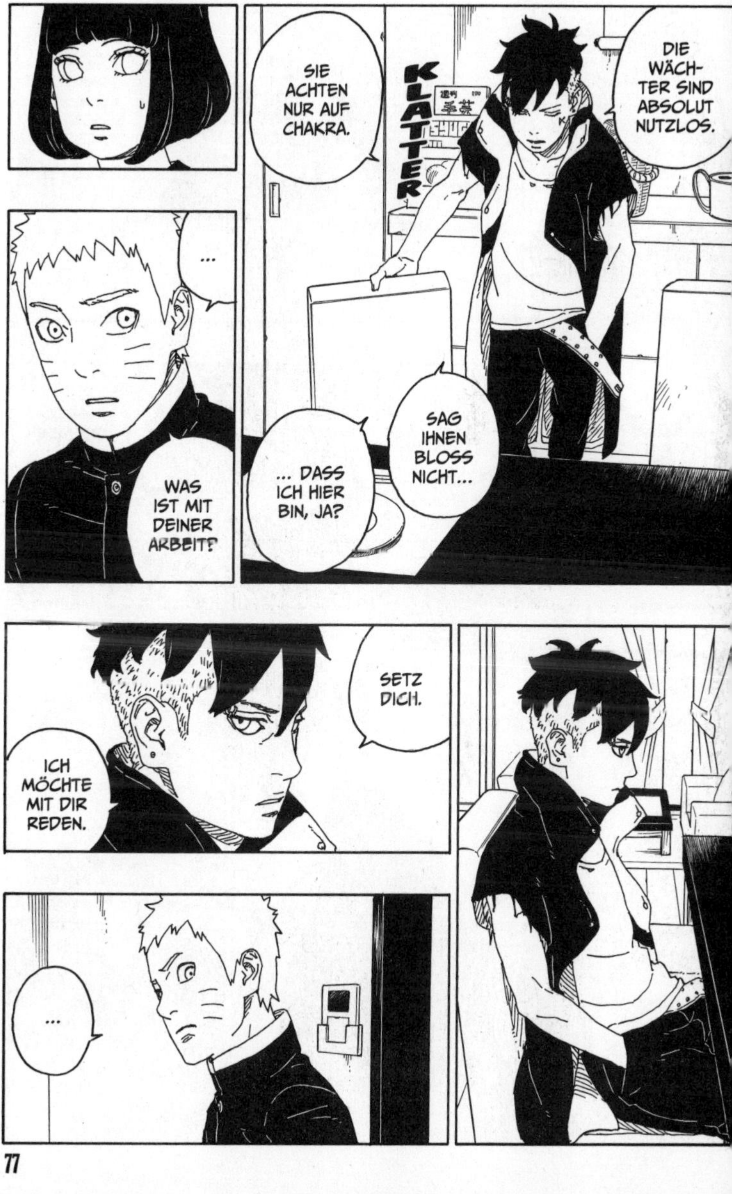
DIE WÄCHTER SIND ABSOLUT NUTZLOS.
SIE ACHTEN NUR AUF CHAKRA.
KLATTER
...
WAS IST MIT DEINER ARBEIT?
SAG IHNEN BLOSS NICHT...
... DASS ICH HIER BIN, JA?
SETZ DICH.
ICH MÖCHTE MIT DIR REDEN.
...

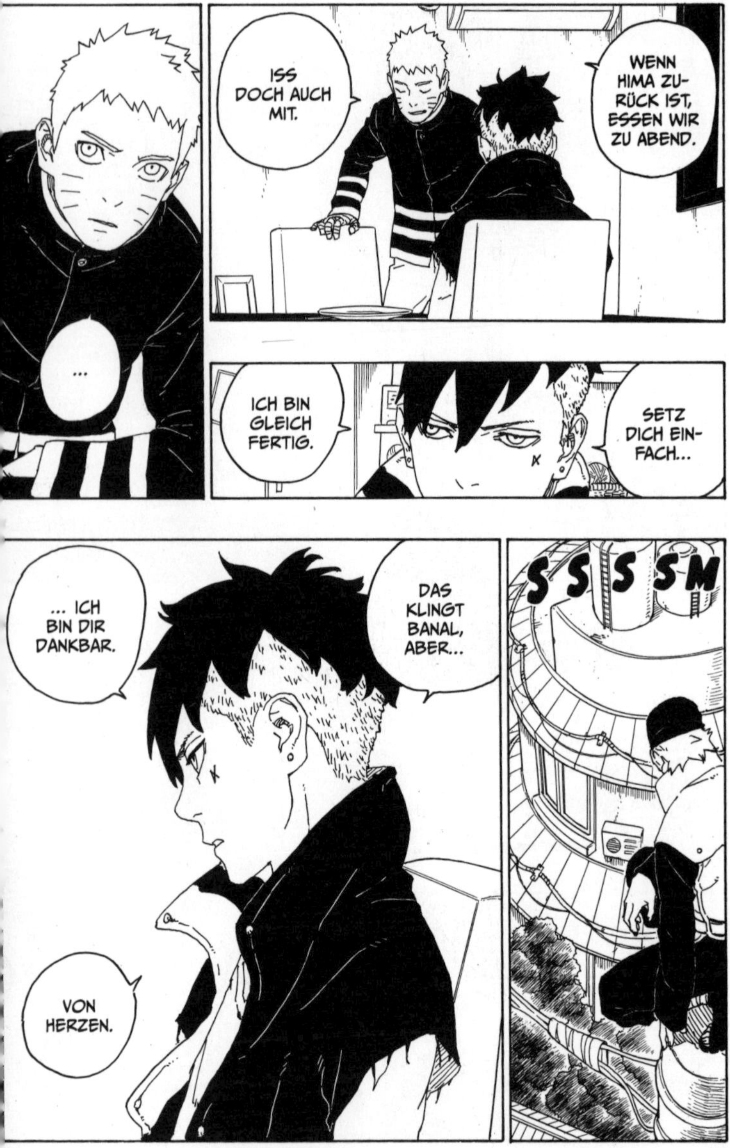
WENN HIMA ZURÜCK IST, ESSEN WIR ZU ABEND.
ISS DOCH AUCH MIT.
SETZ DICH EINFACH...
ICH BIN GLEICH FERTIG.
...
SSSSM
DAS KLINGT BANAL, ABER...
... ICH BIN DIR DANKBAR.
VON HERZEN.

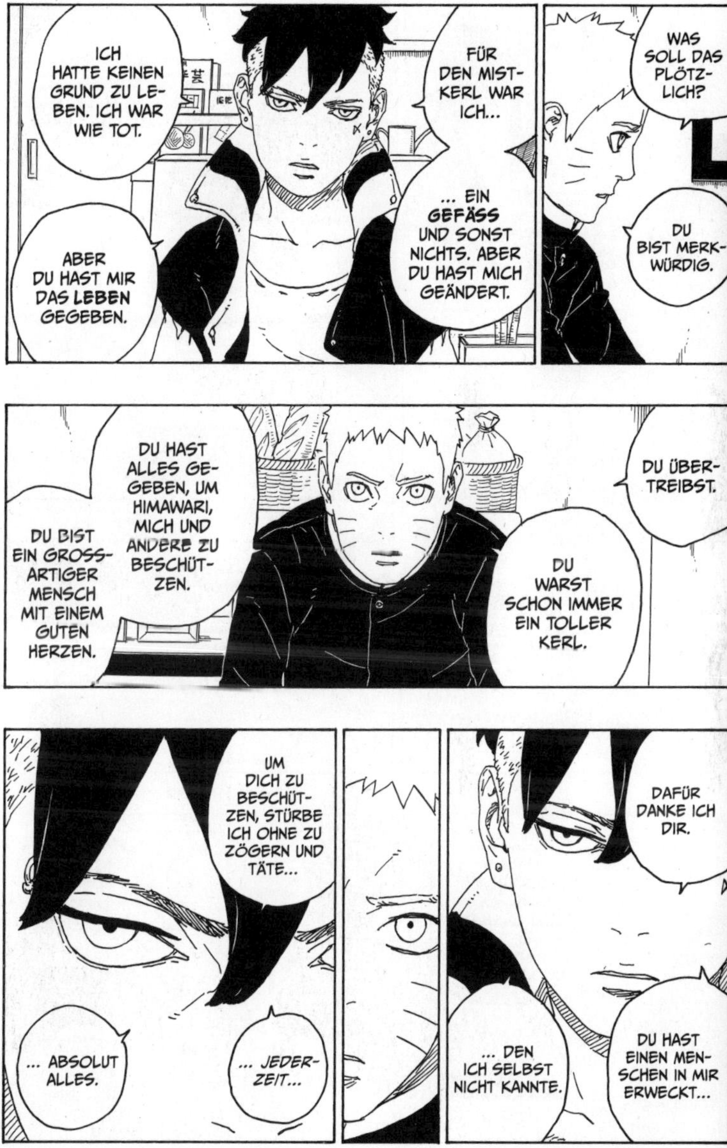
WAS SOLL DAS PLÖTZLICH?
DU BIST MERKWÜRDIG.
FÜR DEN MISTKERL WAR ICH...
... EIN GEFÄSS UND SONST NICHTS. ABER DU HAST MICH GEÄNDERT.
ICH HATTE KEINEN GRUND ZU LEBEN. ICH WAR WIE TOT.
ABER DU HAST MIR DAS LEBEN GEGEBEN.
DU ÜBERTREIBST.
DU WARST SCHON IMMER EIN TOLLER KERL.
DU HAST ALLES GEGEBEN, UM HIMAWARI, MICH UND ANDERE ZU BESCHÜTZEN.
DU BIST EIN GROSSARTIGER MENSCH MIT EINEM GUTEN HERZEN.
DAFÜR DANKE ICH DIR.
DU HAST EINEN MENSCHEN IN MIR ERWECKT...
... DEN ICH SELBST NICHT KANNTE.
UM DICH ZU BESCHÜTZEN, STÜRBE ICH OHNE ZU ZÖGERN UND TÄTE...
... JEDERZEIT...
... ABSOLUT ALLES.

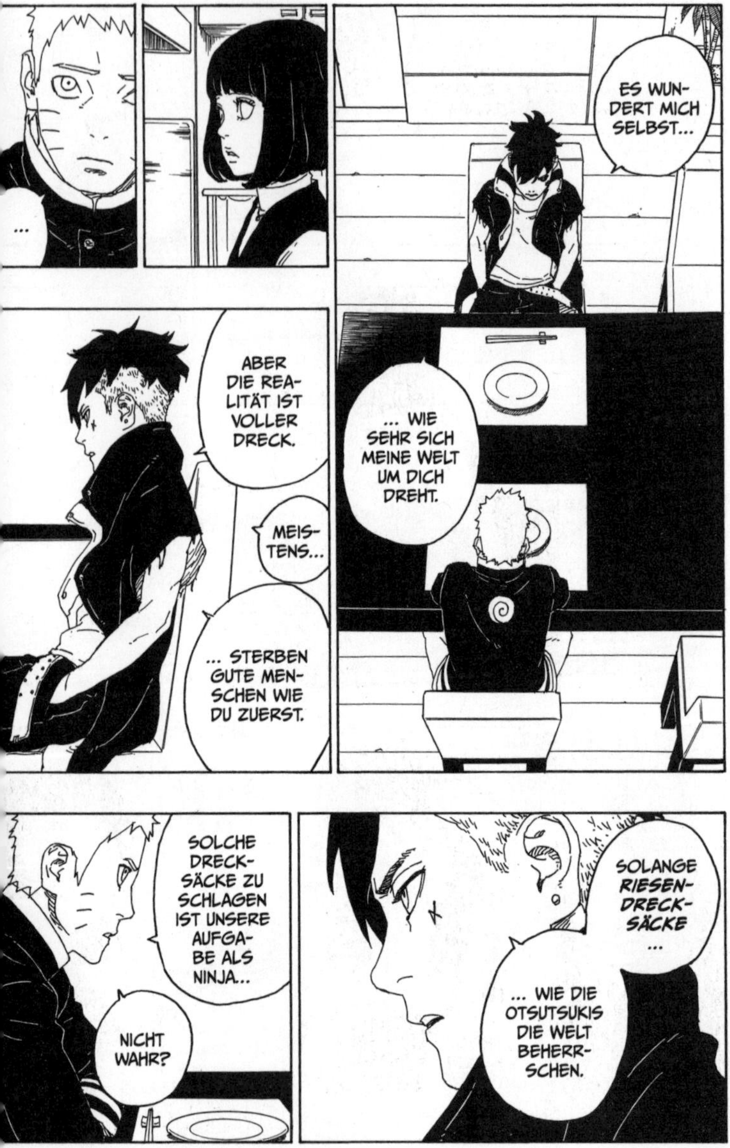
ES WUNDERT MICH SELBST...
...
... WIE SEHR SICH MEINE WELT UM DICH DREHT.
ABER DIE REALITÄT IST VOLLER DRECK.
MEISTENS...
... STERBEN GUTE MENSCHEN WIE DU ZUERST.
SOLANGE RIESENDRECKSÄCKE ...
... WIE DIE OTSUTSUKIS DIE WELT BEHERRSCHEN.
SOLCHE DRECKSÄCKE ZU SCHLAGEN IST UNSERE AUFGABE ALS NINJA...
NICHT WAHR?

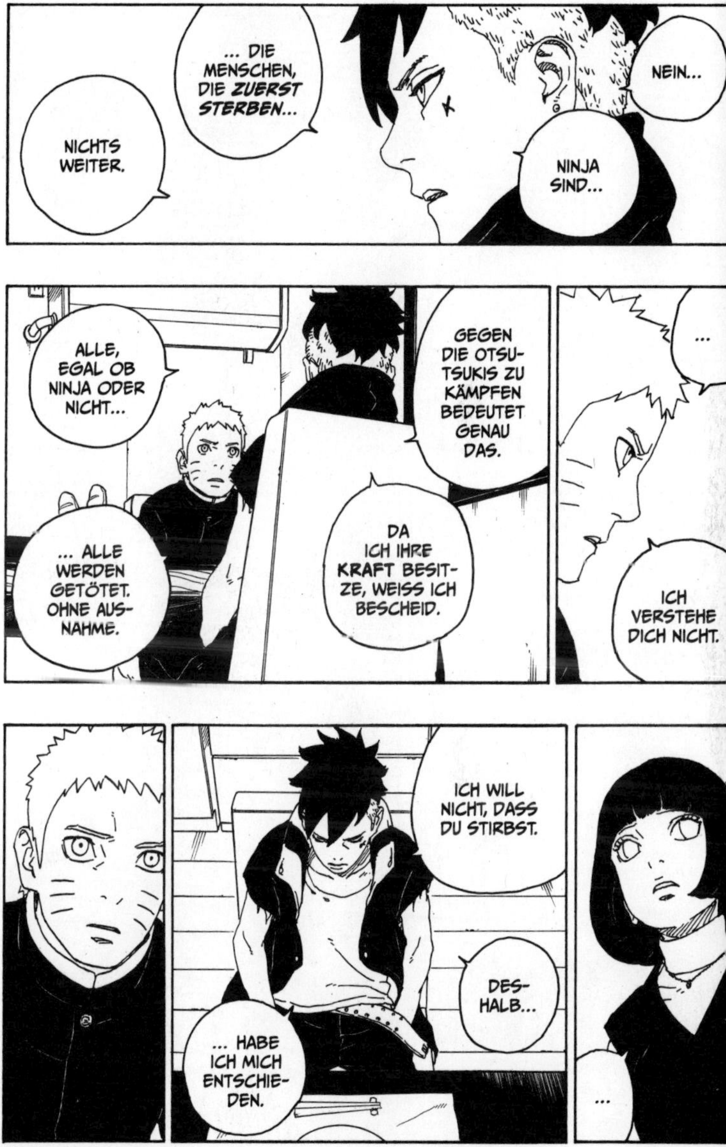
NEIN...
NINJA SIND...
... DIE MENSCHEN, DIE *ZUERST STERBEN*...
NICHTS WEITER.
...
ICH VERSTEHE DICH NICHT.
GEGEN DIE OTSUTSUKIS ZU KÄMPFEN BEDEUTET GENAU DAS.
DA ICH IHRE KRAFT BESITZE, WEISS ICH BESCHEID.
ALLE, EGAL OB NINJA ODER NICHT...
... ALLE WERDEN GETÖTET. OHNE AUSNAHME.
...
ICH WILL NICHT, DASS DU STIRBST.
DESHALB...
... HABE ICH MICH ENTSCHIEDEN.

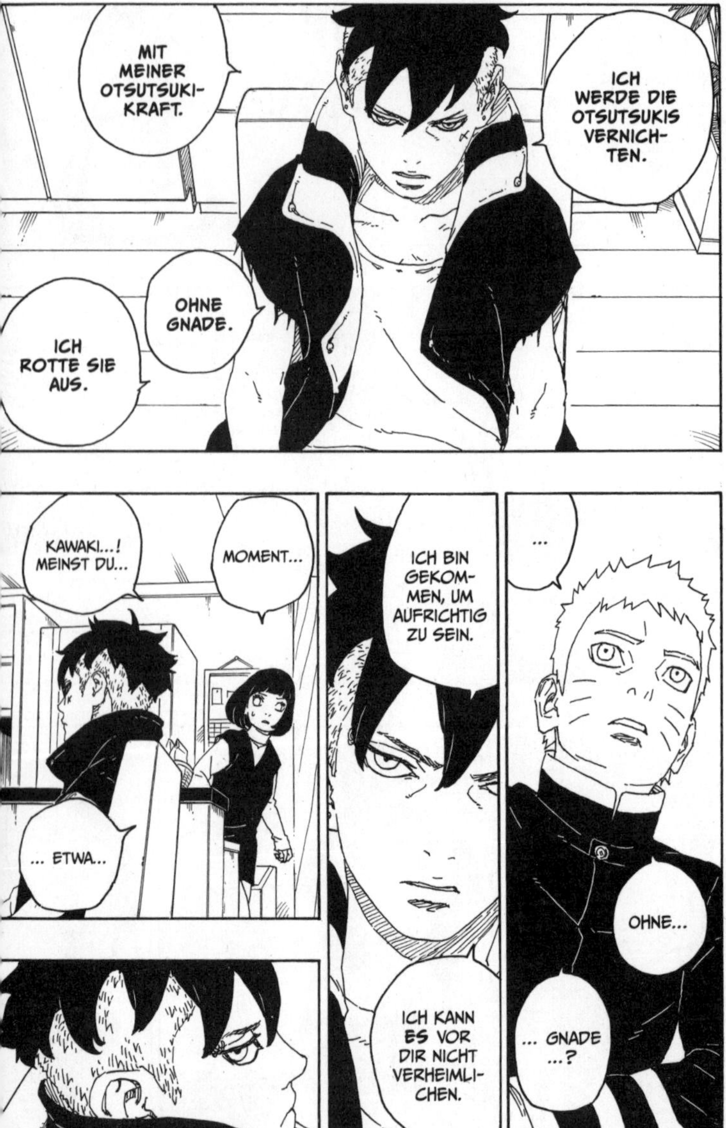
ICH WERDE DIE OTSUTSUKIS VERNICHTEN.
MIT MEINER OTSUTSUKI-KRAFT.
OHNE GNADE.
ICH ROTTE SIE AUS.
...
OHNE...
... GNADE ...?
ICH BIN GEKOMMEN, UM AUFRICHTIG ZU SEIN.
ICH KANN ES VOR DIR NICHT VERHEIMLICHEN.
MOMENT...
KAWAKI...! MEINST DU...
... ETWA...

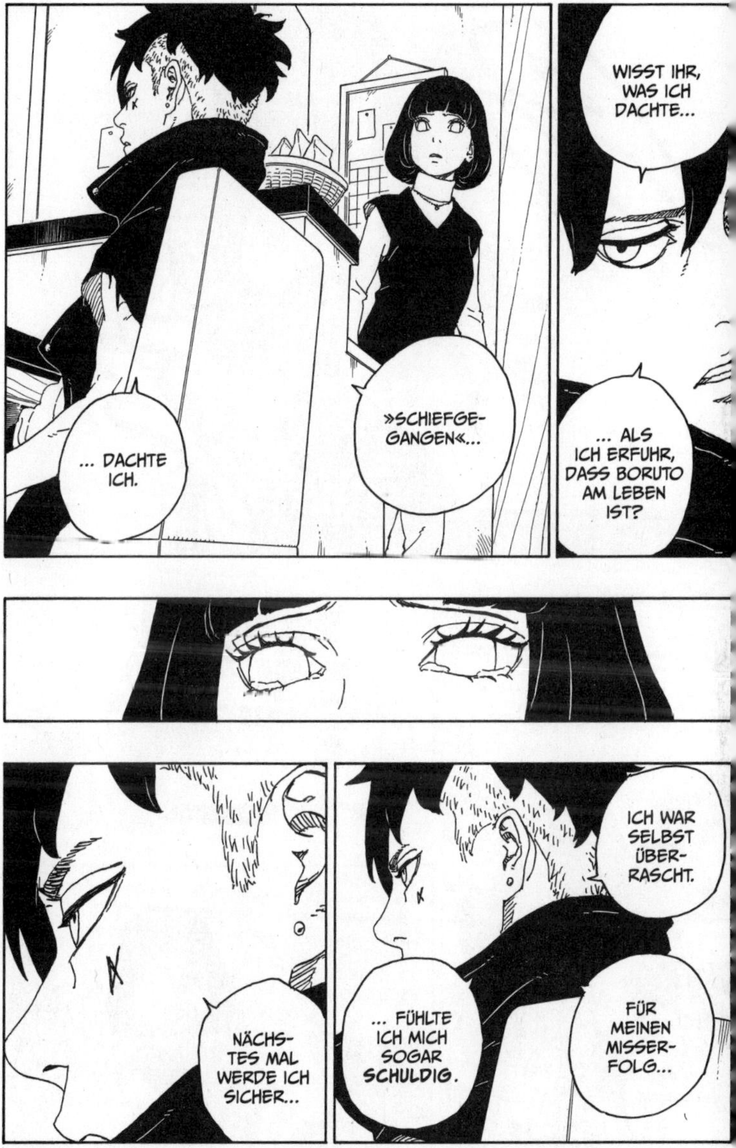
WISST IHR, WAS ICH DACHTE...
... ALS ICH ERFUHR, DASS BORUTO AM LEBEN IST?
»SCHIEFGEGANGEN«...
... DACHTE ICH.
ICH WAR SELBST ÜBERRASCHT.
FÜR MEINEN MISSERFOLG...
... FÜHLTE ICH MICH SOGAR SCHULDIG.
NÄCHSTES MAL WERDE ICH SICHER...

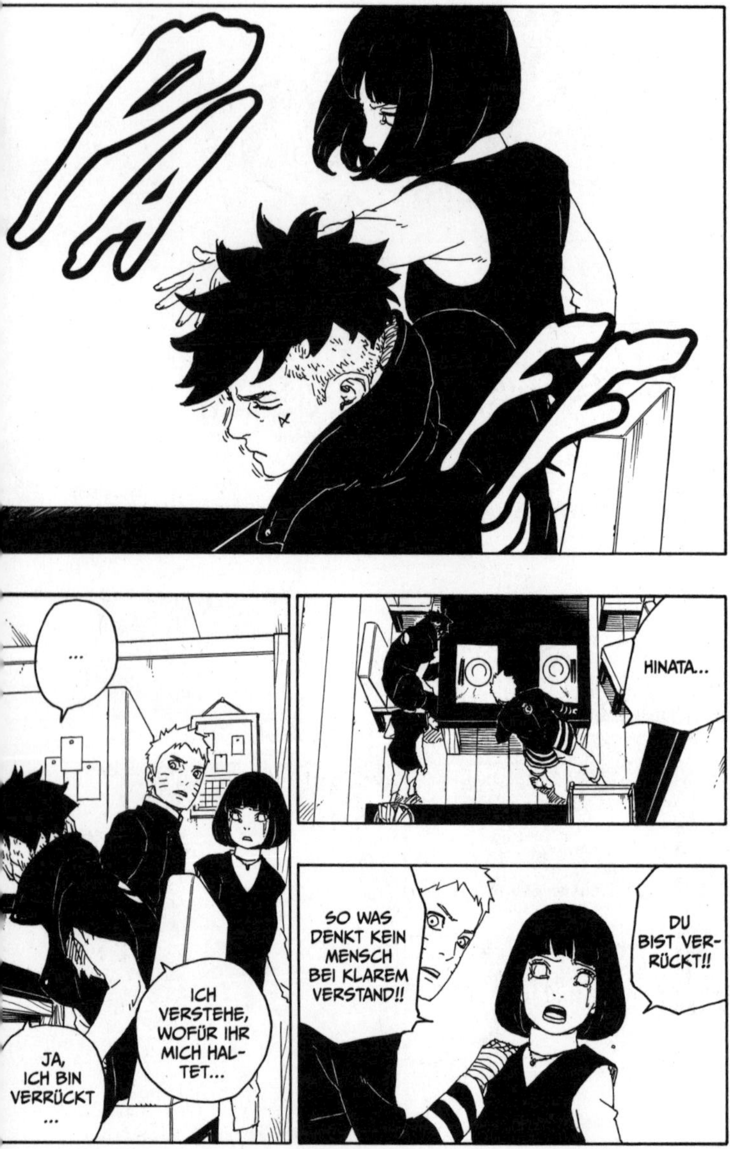
PA
FE
HINATA...
...
DU BIST VERRÜCKT!!
SO WAS DENKT KEIN MENSCH BEI KLAREM VERSTAND!!
ICH VERSTEHE, WOFÜR IHR MICH HALTET...
JA, ICH BIN VERRÜCKT ...

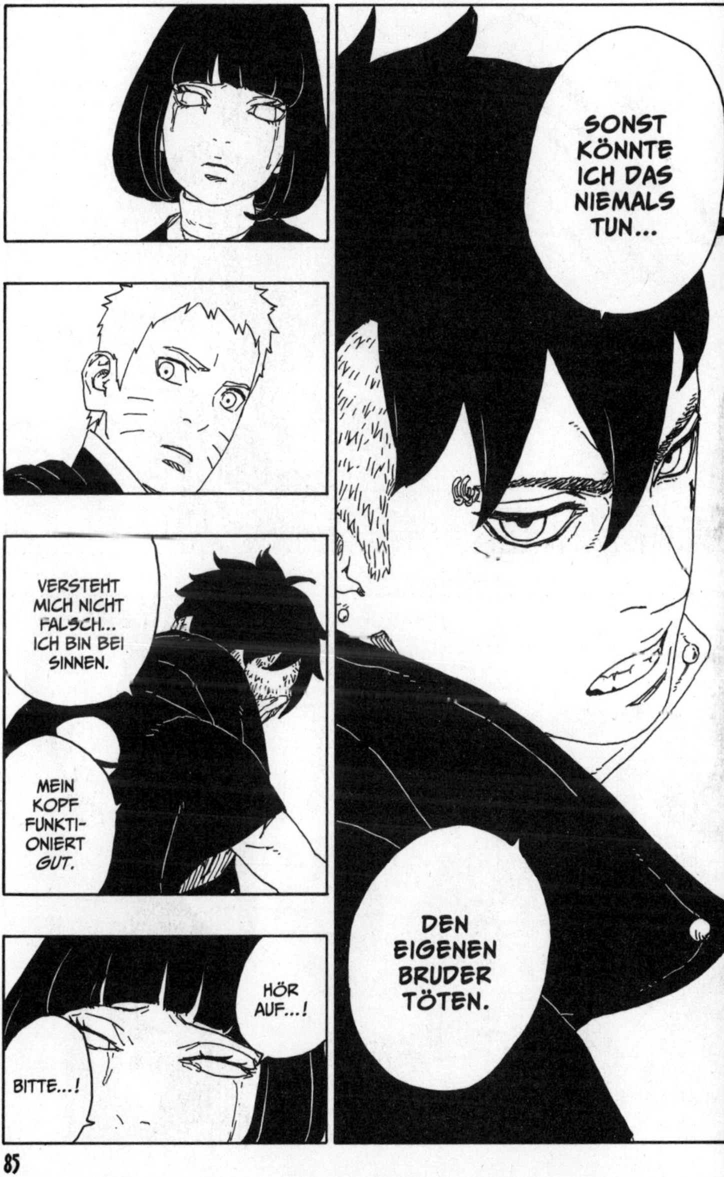
SONST KÖNNTE ICH DAS NIEMALS TUN...
DEN EIGENEN BRUDER TÖTEN.
VERSTEHT MICH NICHT FALSCH... ICH BIN BEI SINNEN.
MEIN KOPF FUNKTI-ONIERT GUT.
HÖR AUF...!
BITTE...!

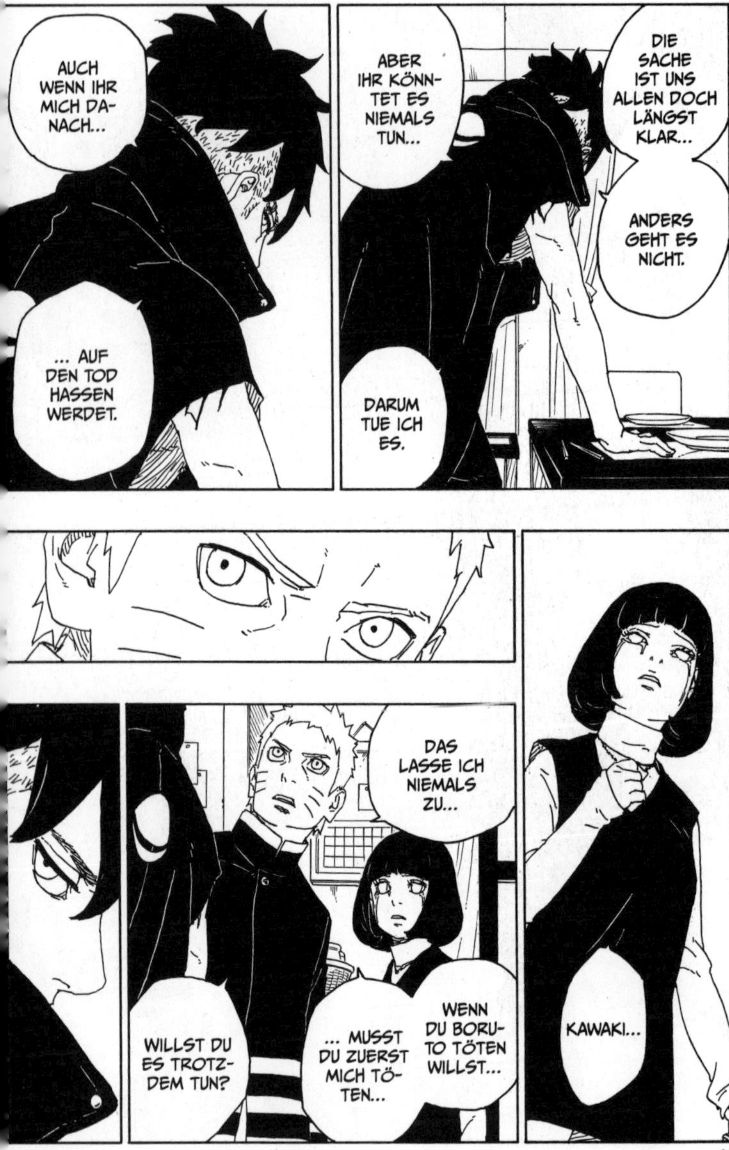
DIE SACHE IST UNS ALLEN DOCH LÄNGST KLAR...
ANDERS GEHT ES NICHT.
ABER IHR KÖNNTET ES NIEMALS TUN...
DARUM TUE ICH ES.
AUCH WENN IHR MICH DANACH...
... AUF DEN TOD HASSEN WERDET.
KAWAKI...
DAS LASSE ICH NIEMALS ZU...
WENN DU BORUTO TÖTEN WILLST...
... MUSST DU ZUERST MICH TÖTEN...
WILLST DU ES TROTZDEM TUN?

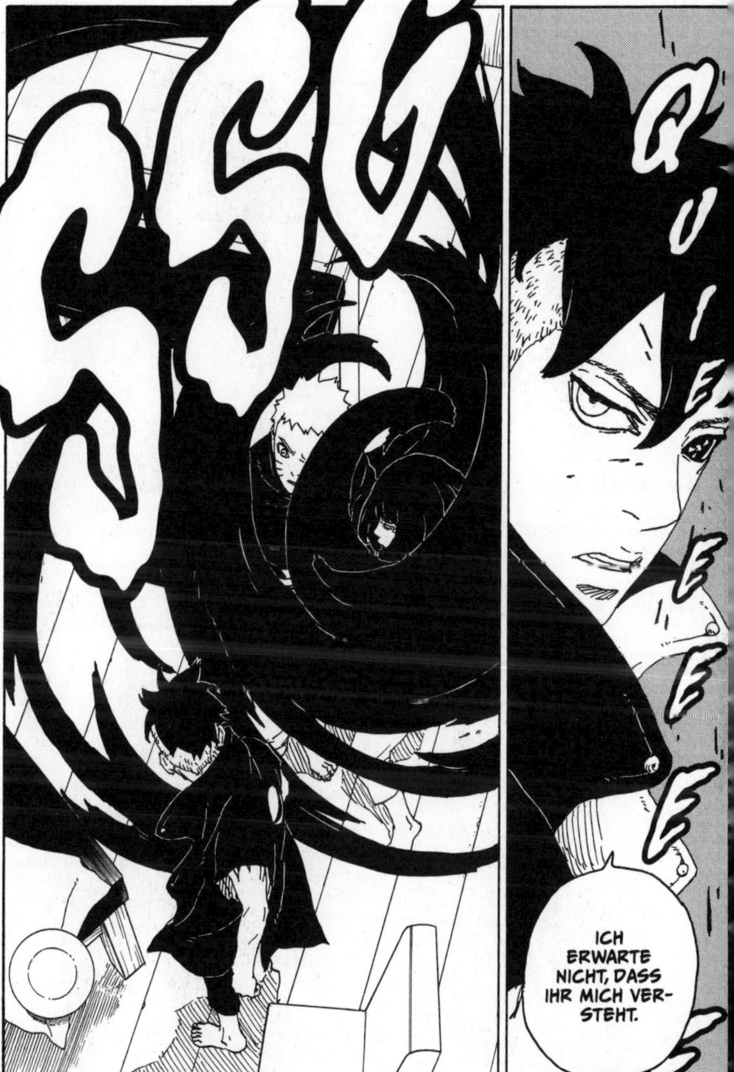
ICH ERWARTE NICHT, DASS IHR MICH VER-STEHT.

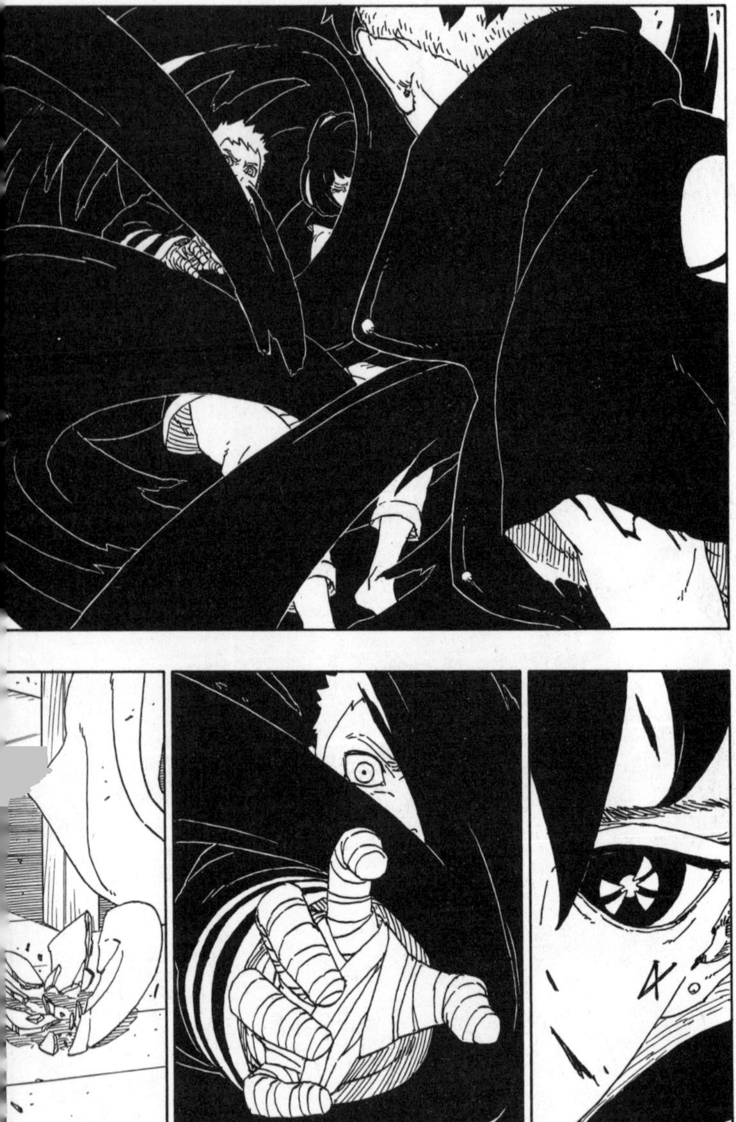

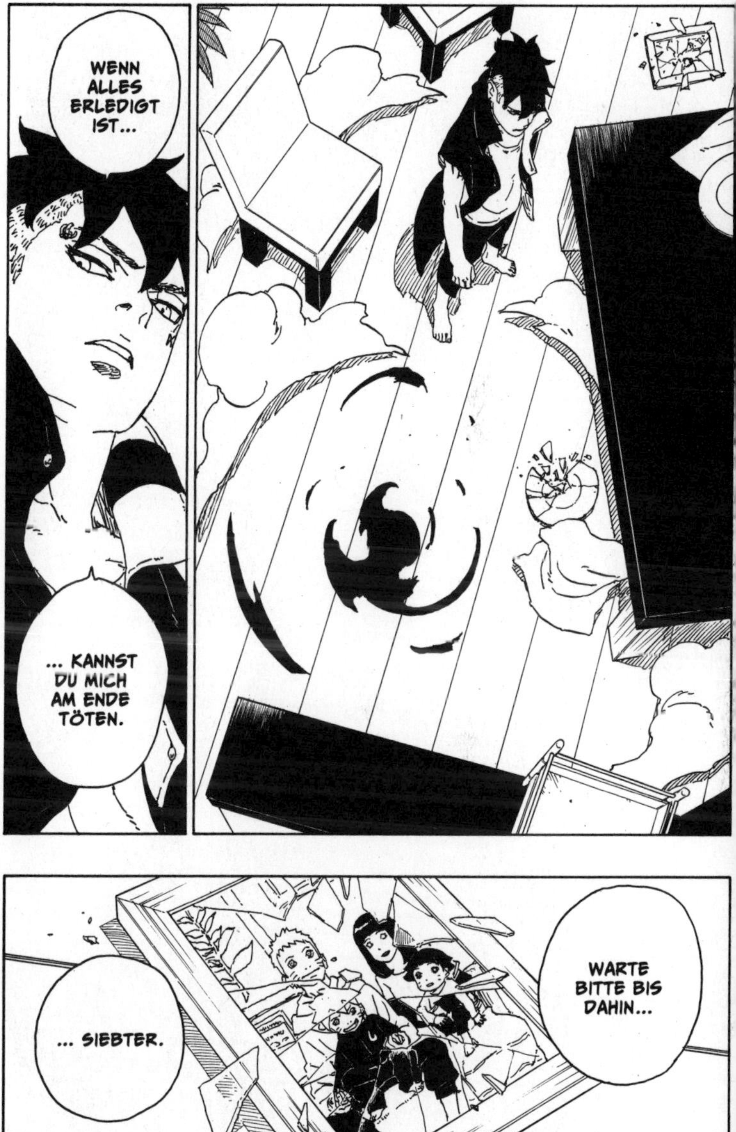
WENN ALLES ERLEDIGT IST...
... KANNST DU MICH AM ENDE TÖTEN.
WARTE BITTE BIS DAHIN...
... SIEBTER.

BORUTO
-NARUTO NEXT GENERATIONS-

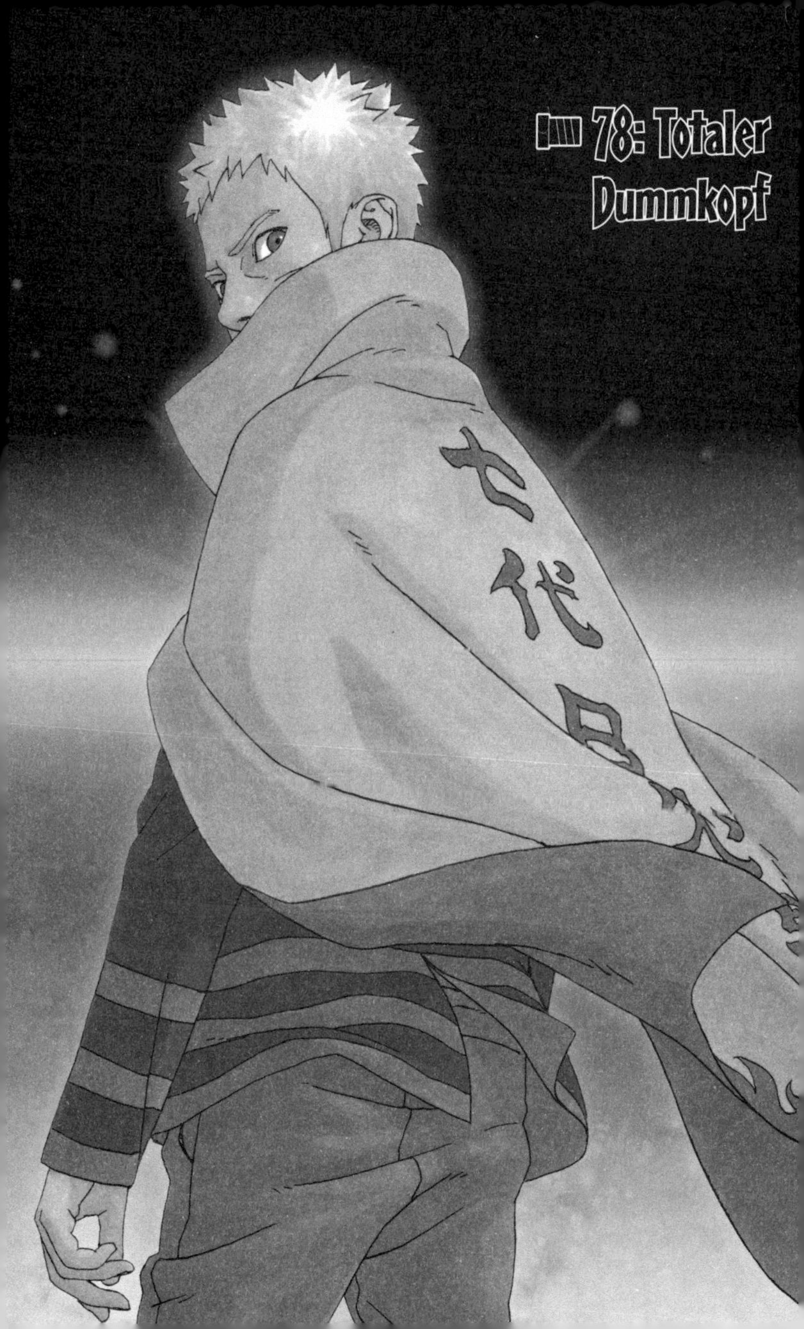
78: Totaler
Dummkopf

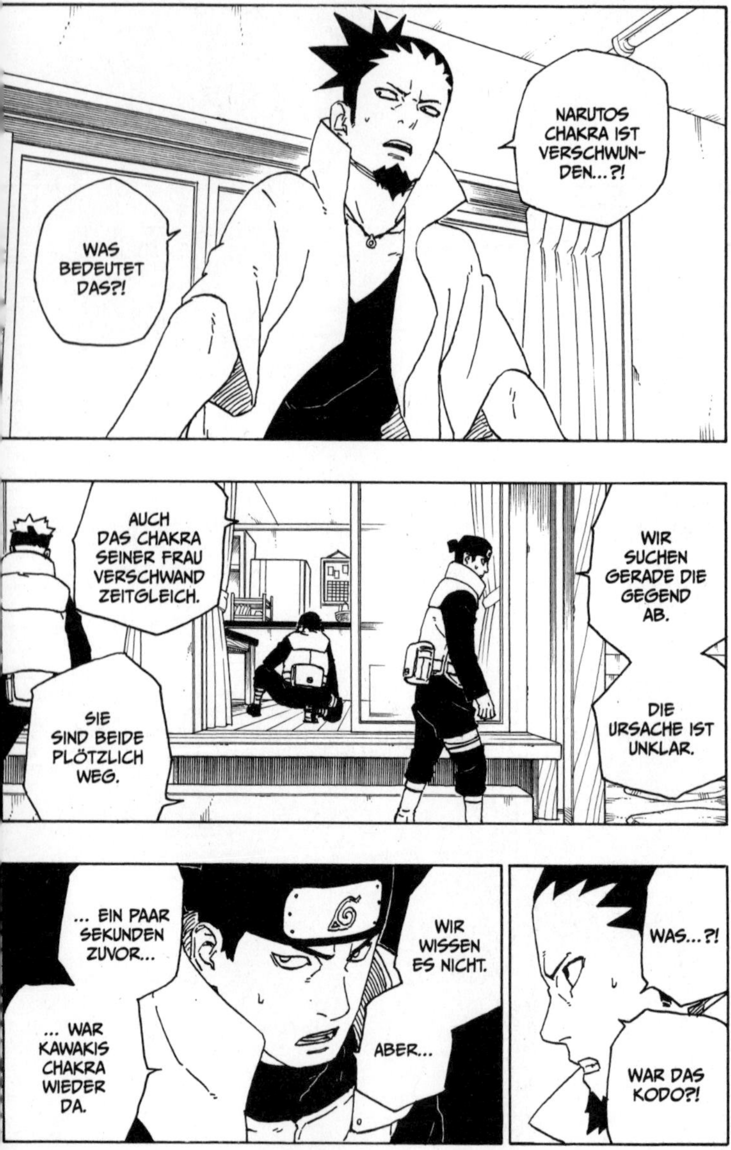
NARUTOS CHAKRA IST VERSCHWUN-DEN...?!
WAS BEDEUTET DAS?!
WIR SUCHEN GERADE DIE GEGEND AB.
DIE URSACHE IST UNKLAR.
AUCH DAS CHAKRA SEINER FRAU VERSCHWAND ZEITGLEICH.
SIE SIND BEIDE PLÖTZLICH WEG.
WAS...?!
WAR DAS KODO?!
WIR WISSEN ES NICHT.
ABER...
... EIN PAAR SEKUNDEN ZUVOR...
... WAR KAWAKIS CHAKRA WIEDER DA.

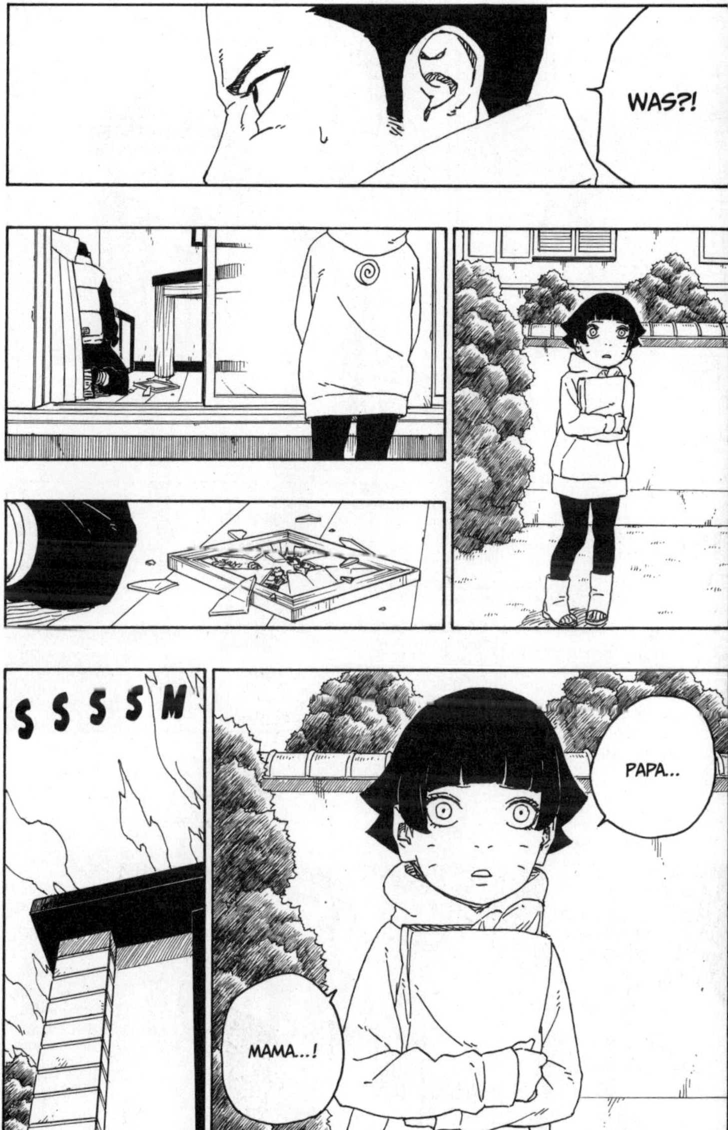
WAS?!
SSSSM
PAPA..
MAMA...!

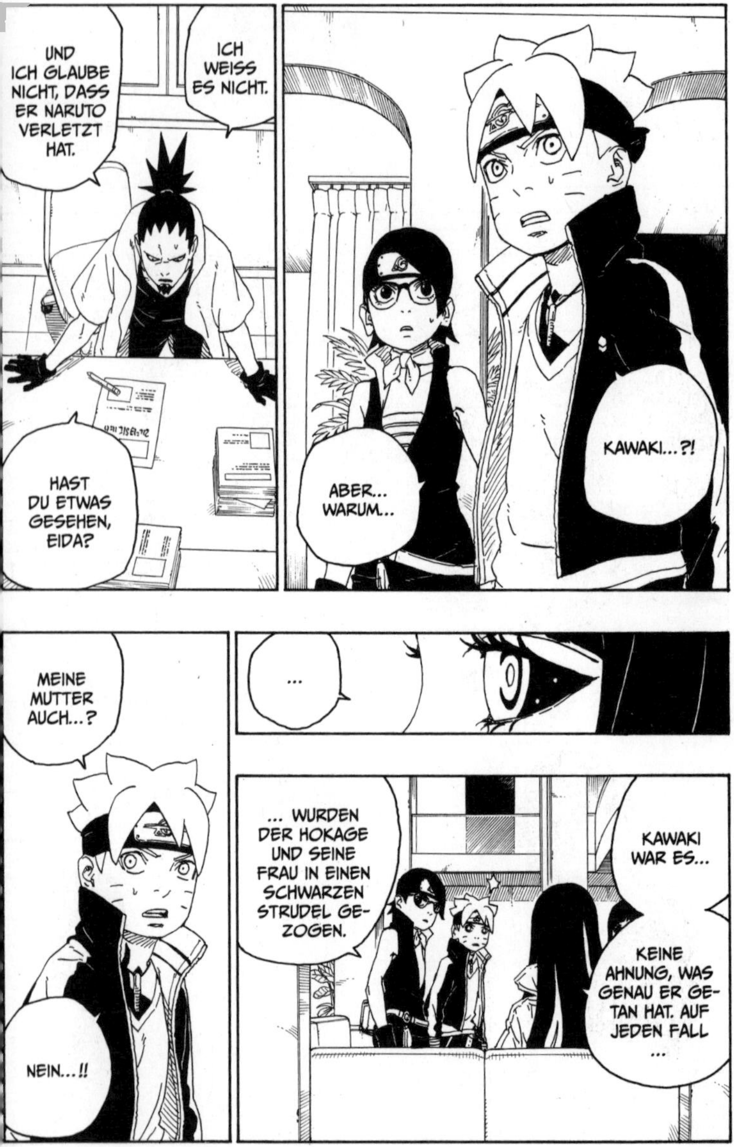

KAWAKI...?!
ABER... WARUM...
ICH WEISS ES NICHT.
UND ICH GLAUBE NICHT, DASS ER NARUTO VERLETZT HAT.
HAST DU ETWAS GESEHEN, EIDA?
...
KAWAKI WAR ES...
KEINE AHNUNG, WAS GENAU ER GETAN HAT. AUF JEDEN FALL ...
... WURDEN DER HOKAGE UND SEINE FRAU IN EINEN SCHWARZEN STRUDEL GEZOGEN.
MEINE MUTTER AUCH...?
NEIN...!!

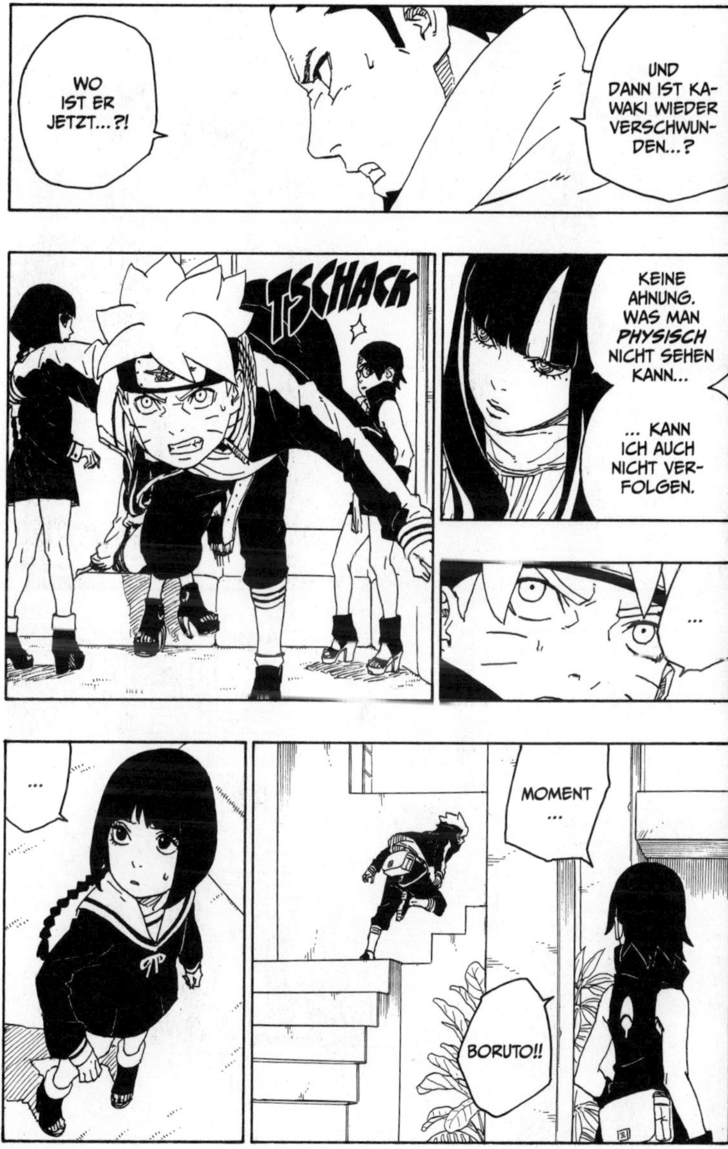
UND DANN IST KA-WAKI WIEDER VERSCHWUN-DEN...?
WO IST ER JETZT...?!
KEINE AHNUNG. WAS MAN *PHYSISCH* NICHT SEHEN KANN...
... KANN ICH AUCH NICHT VER-FOLGEN.
TSCHACK
...
MOMENT ...
BORUTO!!
...

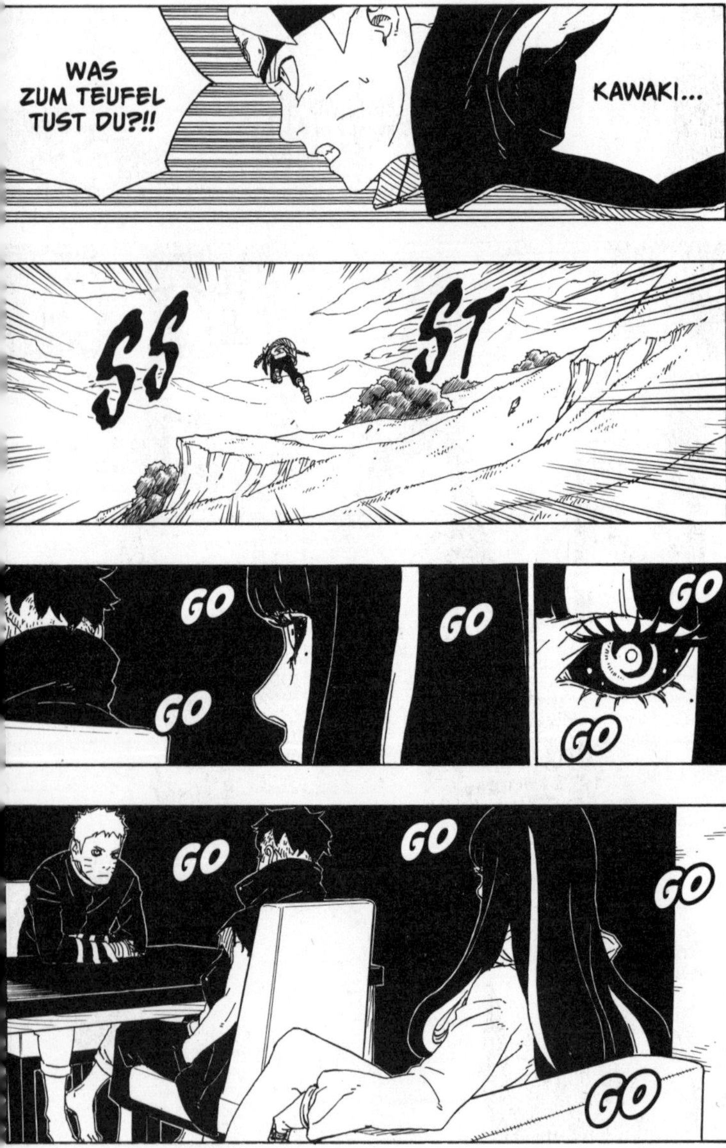
KAWAKI...
WAS ZUM TEUFEL TUST DU?!!
SS ST
GO GO GO
GO GO
GO GO GO GO

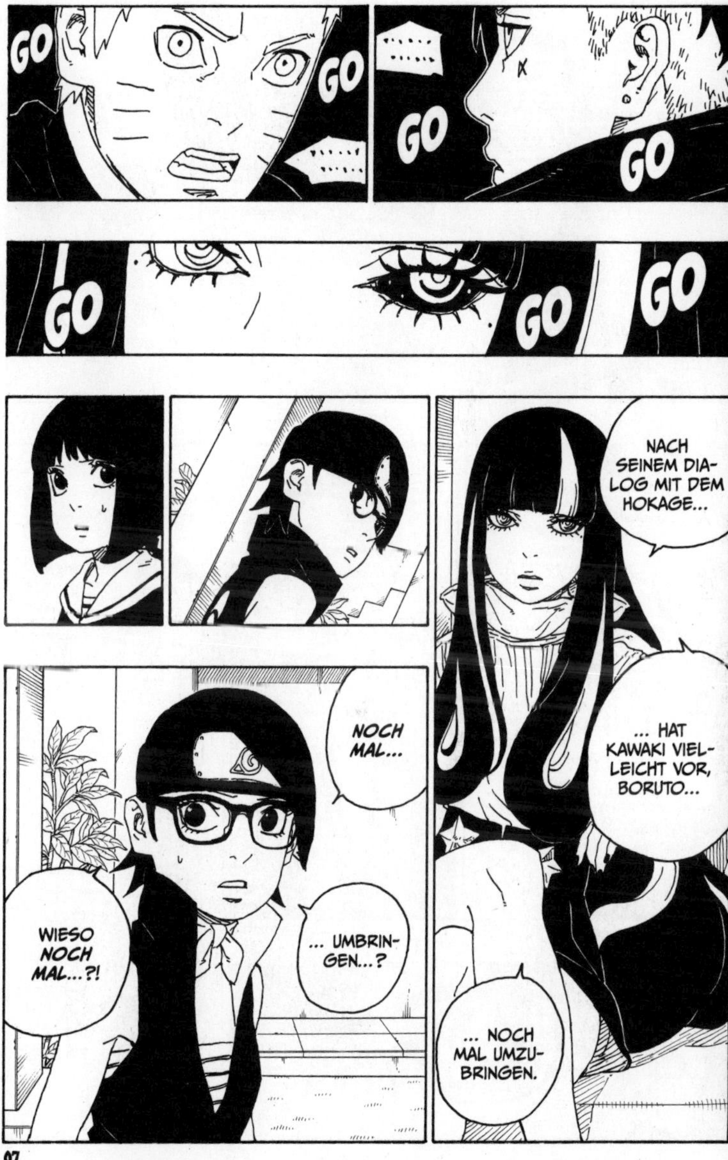
GO
GO
GO
GO
....
....
....
....
GO
GO
GO
NACH SEINEM DIALOG MIT DEM HOKAGE...
... HAT KAWAKI VIELLEICHT VOR, BORUTO...
... NOCH MAL UMZUBRINGEN.
NOCH MAL...
... UMBRINGEN...?
WIESO NOCH MAL...?!

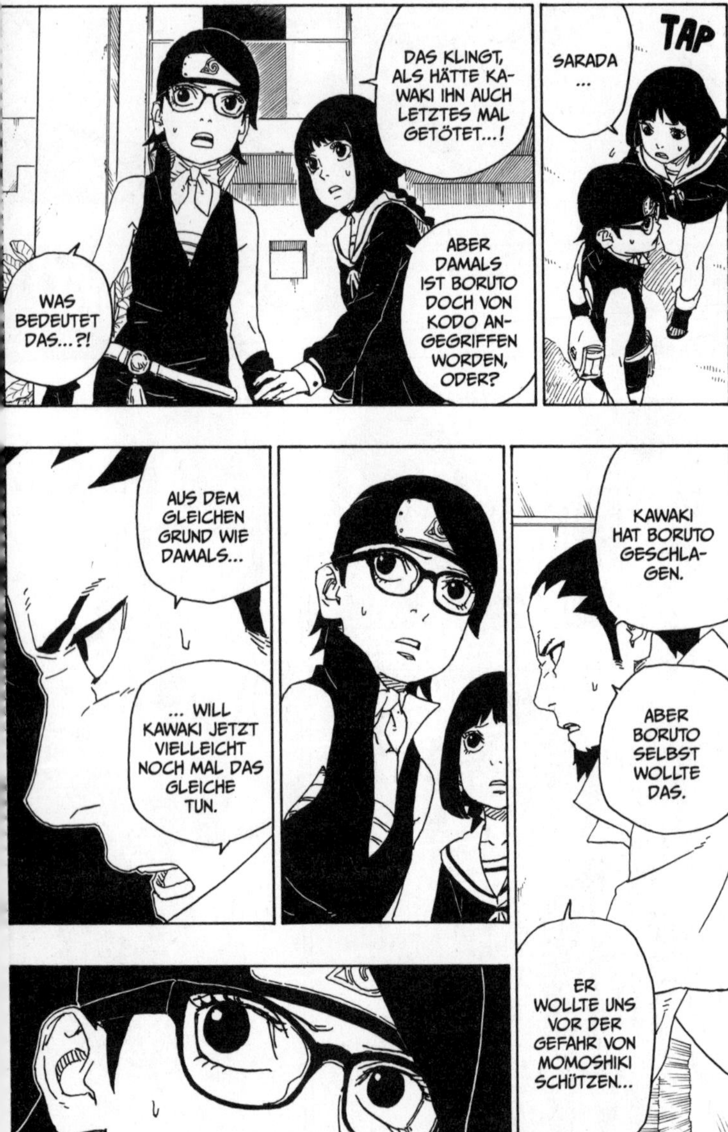
TAP
SARADA ...
DAS KLINGT, ALS HÄTTE KAWAKI IHN AUCH LETZTES MAL GETÖTET...!
ABER DAMALS IST BORUTO DOCH VON KODO ANGEGRIFFEN WORDEN, ODER?
WAS BEDEUTET DAS...?!
KAWAKI HAT BORUTO GESCHLAGEN.
ABER BORUTO SELBST WOLLTE DAS.
ER WOLLTE UNS VOR DER GEFAHR VON MOMOSHIKI SCHÜTZEN...
AUS DEM GLEICHEN GRUND WIE DAMALS...
... WILL KAWAKI JETZT VIELLEICHT NOCH MAL DAS GLEICHE TUN.

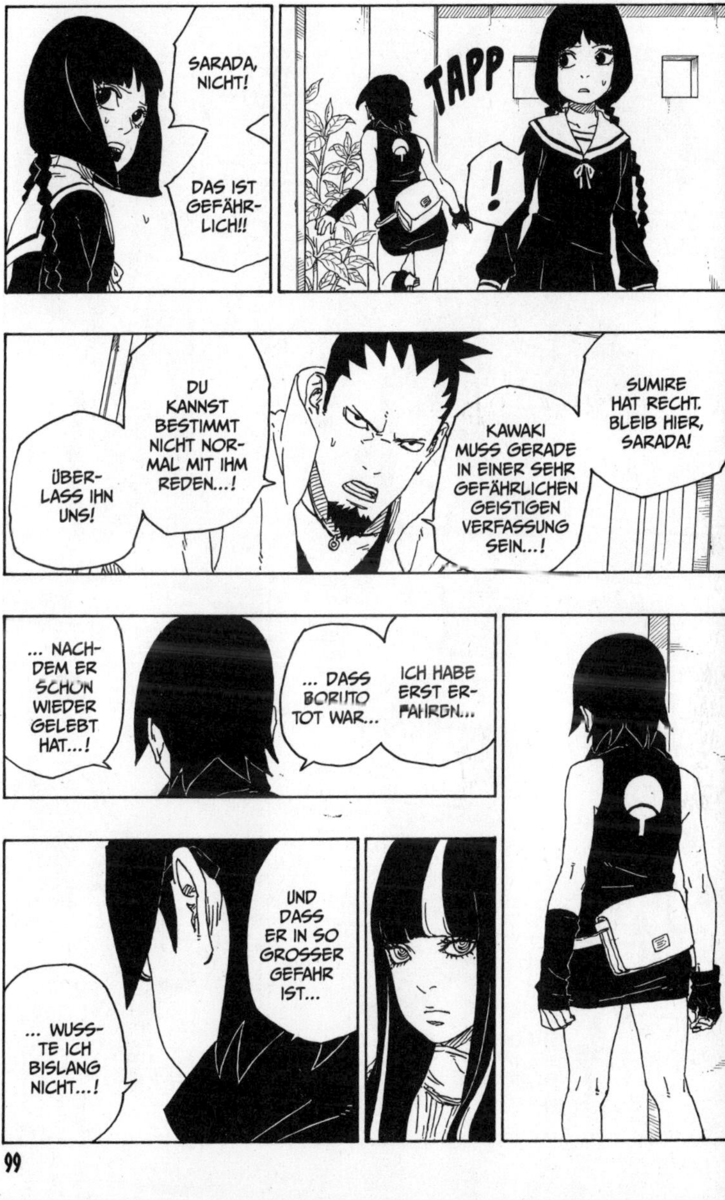
TAPP
!
SARADA, NICHT!
DAS IST GEFÄHRLICH!!
SUMIRE HAT RECHT. BLEIB HIER, SARADA!
KAWAKI MUSS GERADE IN EINER SEHR GEFÄHRLICHEN GEISTIGEN VERFASSUNG SEIN...!
DU KANNST BESTIMMT NICHT NORMAL MIT IHM REDEN...!
ÜBERLASS IHN UNS!
ICH HABE ERST ERFAHREN...
... DASS BORUTO TOT WAR...
... NACHDEM ER SCHON WIEDER GELEBT HAT...!
UND DASS ER IN SO GROSSER GEFAHR IST...
... WUSSTE ICH BISLANG NICHT...!

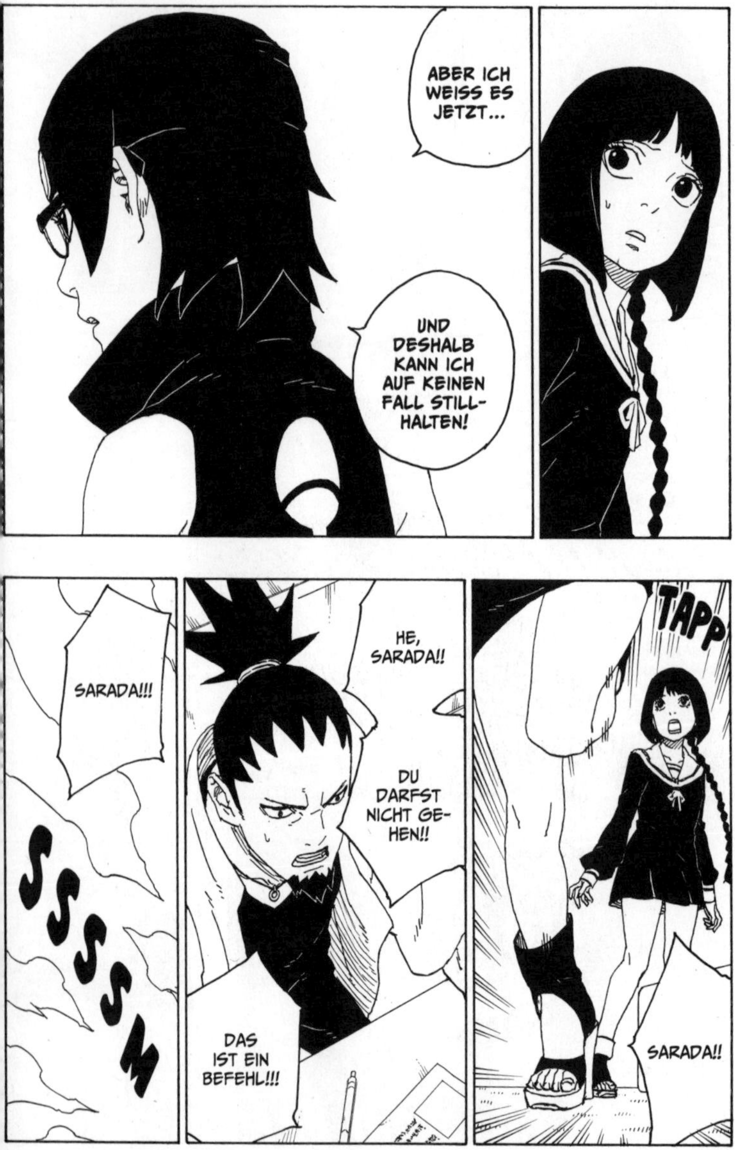
ABER ICH WEISS ES JETZT...
UND DESHALB KANN ICH AUF KEINEN FALL STILL-HALTEN!
TAPP
SARADA!!
HE, SARADA!!
DU DARFST NICHT GE-HEN!!
DAS IST EIN BEFEHL!!!
SARADA!!!
SSSSM

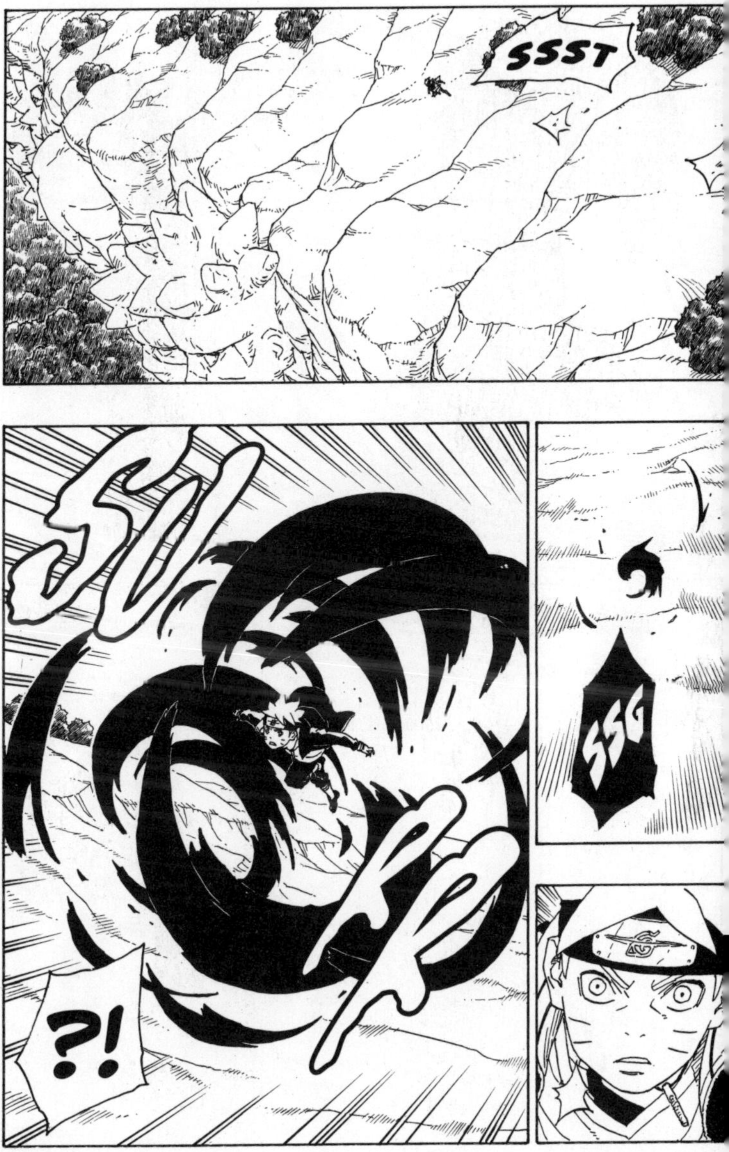
SSST
SSG
?!

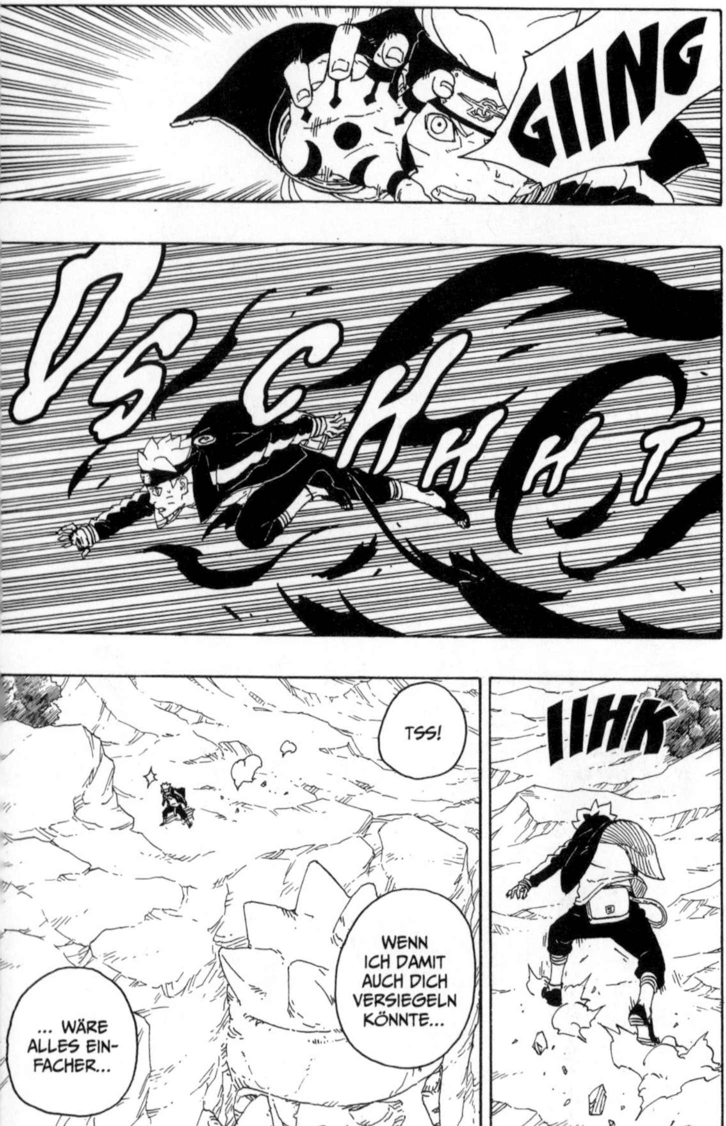
GIING
VSCHHHT
IIHK
TSS!
WENN ICH DAMIT AUCH DICH VERSIEGELN KÖNNTE...
... WÄRE ALLES EIN-FACHER...

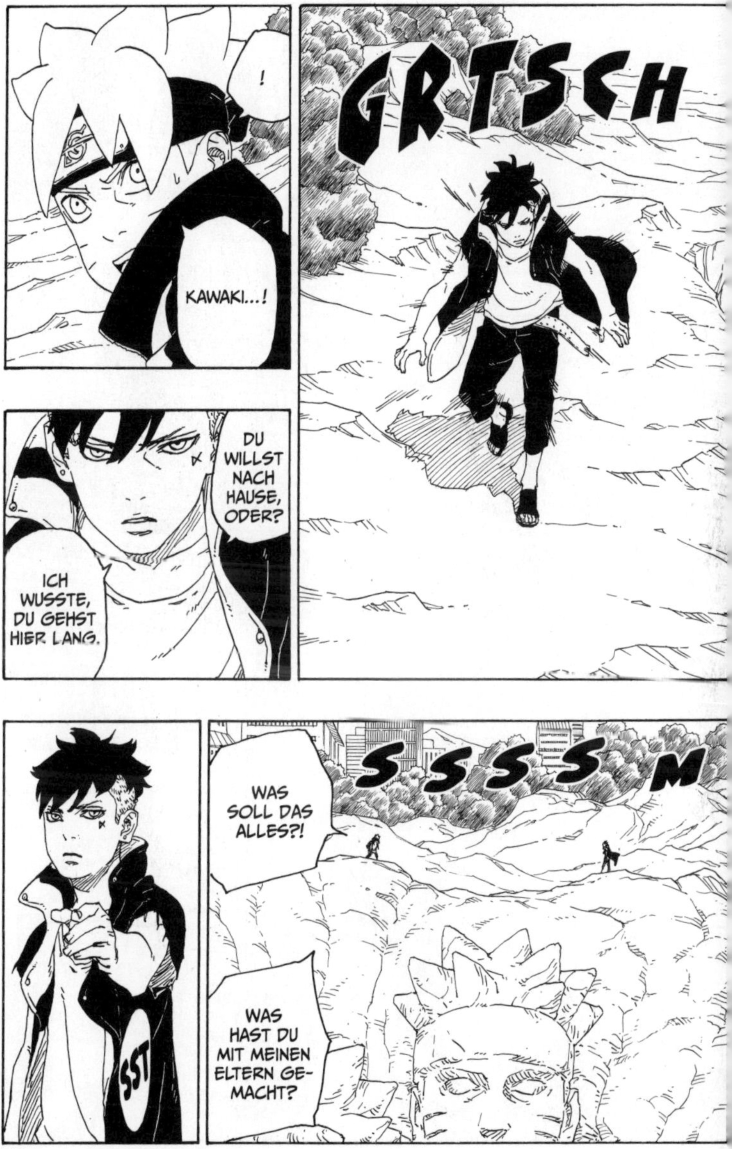
GRTSCH
!
KAWAKI...!
DU WILLST NACH HAUSE, ODER?
ICH WUSSTE, DU GEHST HIER LANG.
SSSSM
WAS SOLL DAS ALLES?!
WAS HAST DU MIT MEINEN ELTERN GE-MACHT?
SST

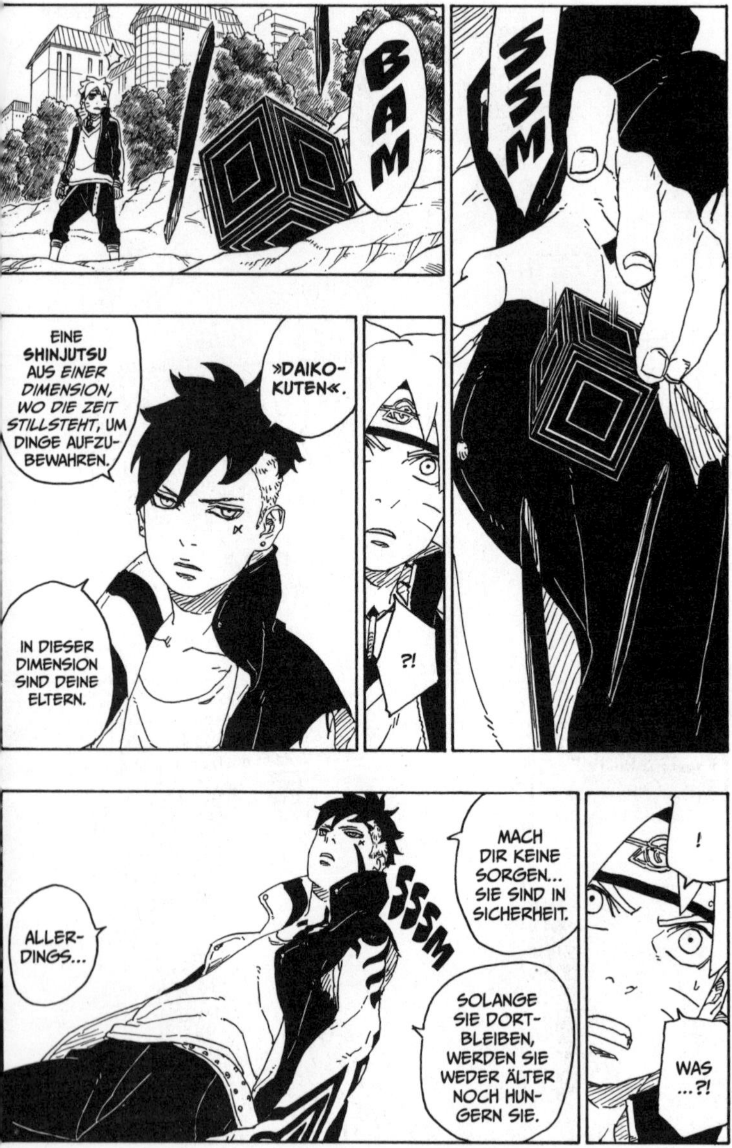
SSSM
BAM
»DAIKO-KUTEN«.
EINE SHINJUTSU AUS EINER DIMENSION, WO DIE ZEIT STILLSTEHT, UM DINGE AUFZU-BEWAHREN.
IN DIESER DIMENSION SIND DEINE ELTERN.
?!
!
WAS ...?!
MACH DIR KEINE SORGEN... SIE SIND IN SICHERHEIT.
SOLANGE SIE DORT-BLEIBEN, WERDEN SIE WEDER ÄLTER NOCH HUN-GERN SIE.
SSSM
ALLER-DINGS...

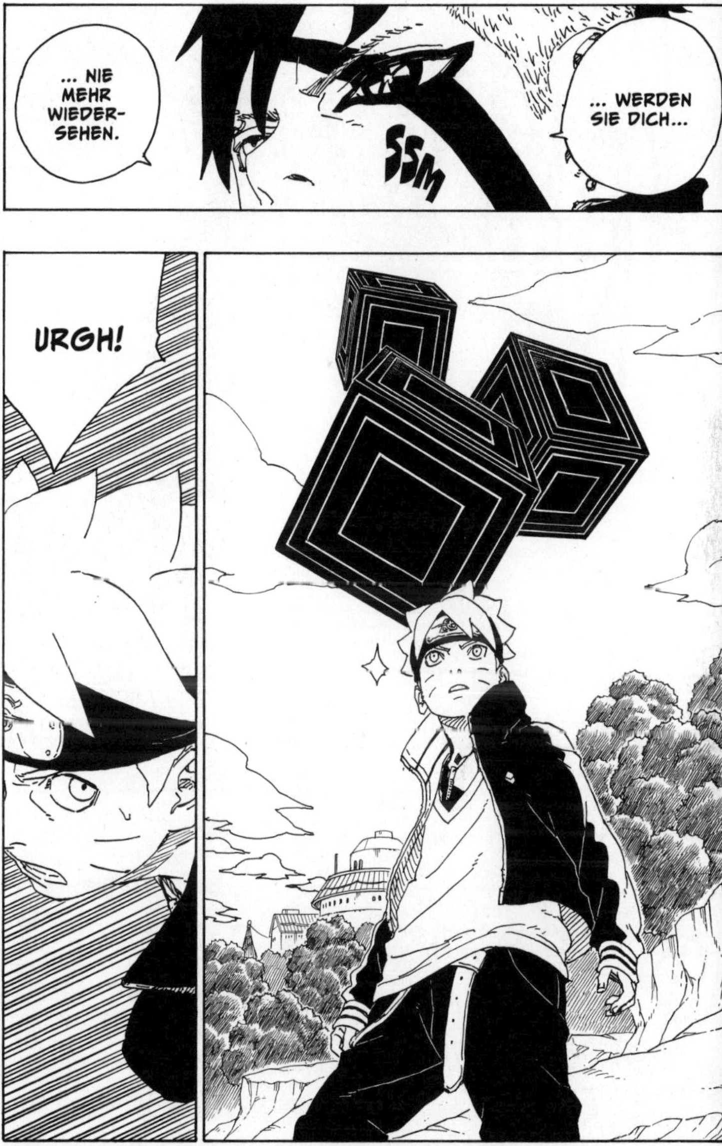
... WERDEN
SIE DICH...
... NIE
MEHR
WIEDER-
SEHEN.
SSM
URGH!

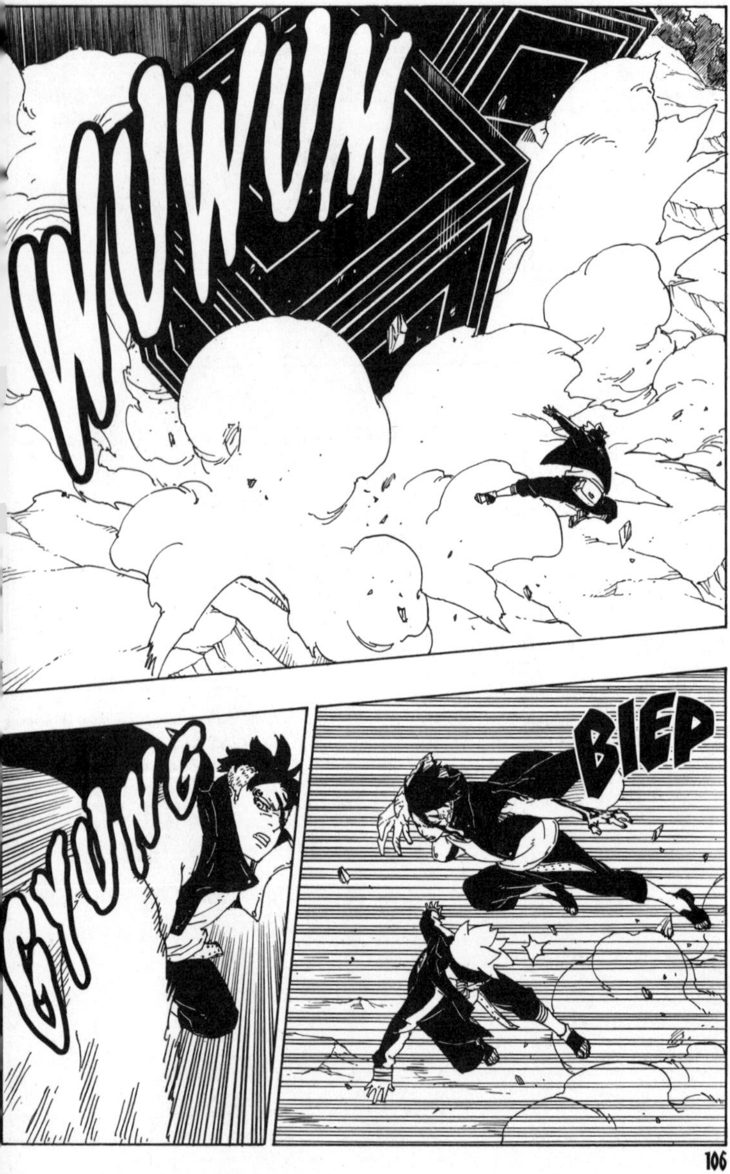

WUWUM
BIEP
SYUNG

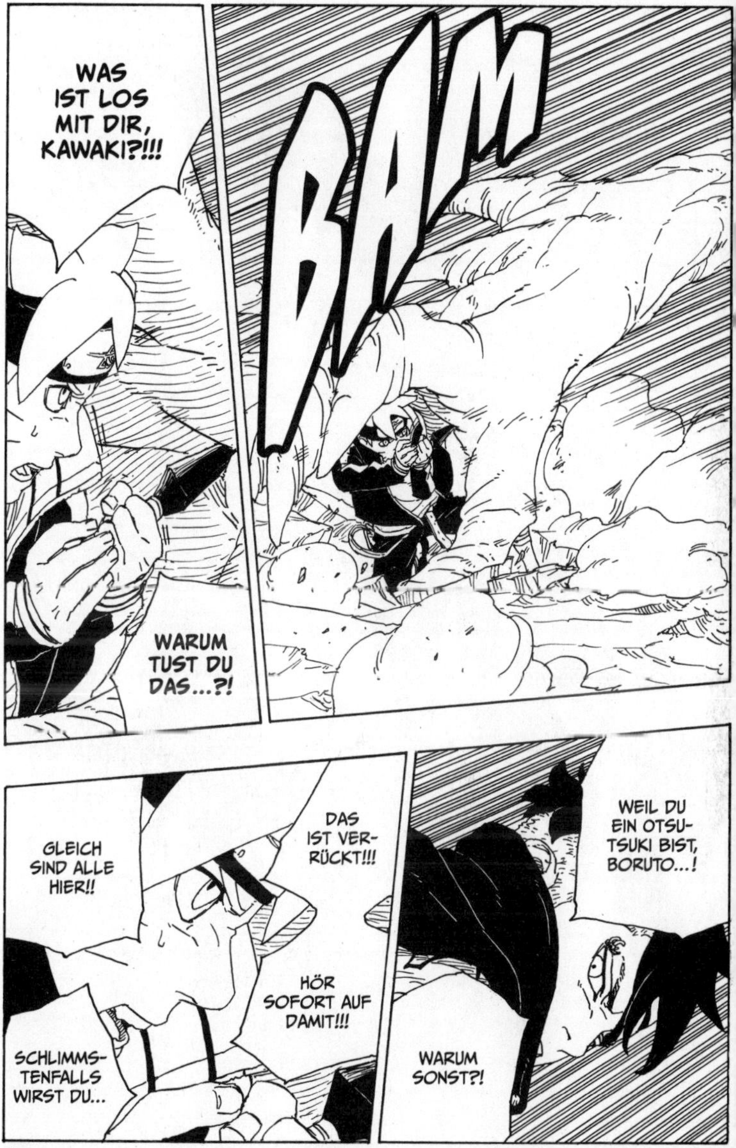
BAM
WAS IST LOS MIT DIR, KAWAKI?!!!
WARUM TUST DU DAS...?!
WEIL DU EIN OTSU-TSUKI BIST, BORUTO...!
WARUM SONST?!
DAS IST VER-RÜCKT!!!
GLEICH SIND ALLE HIER!!
HÖR SOFORT AUF DAMIT!!!
SCHLIMMS-TENFALLS WIRST DU...

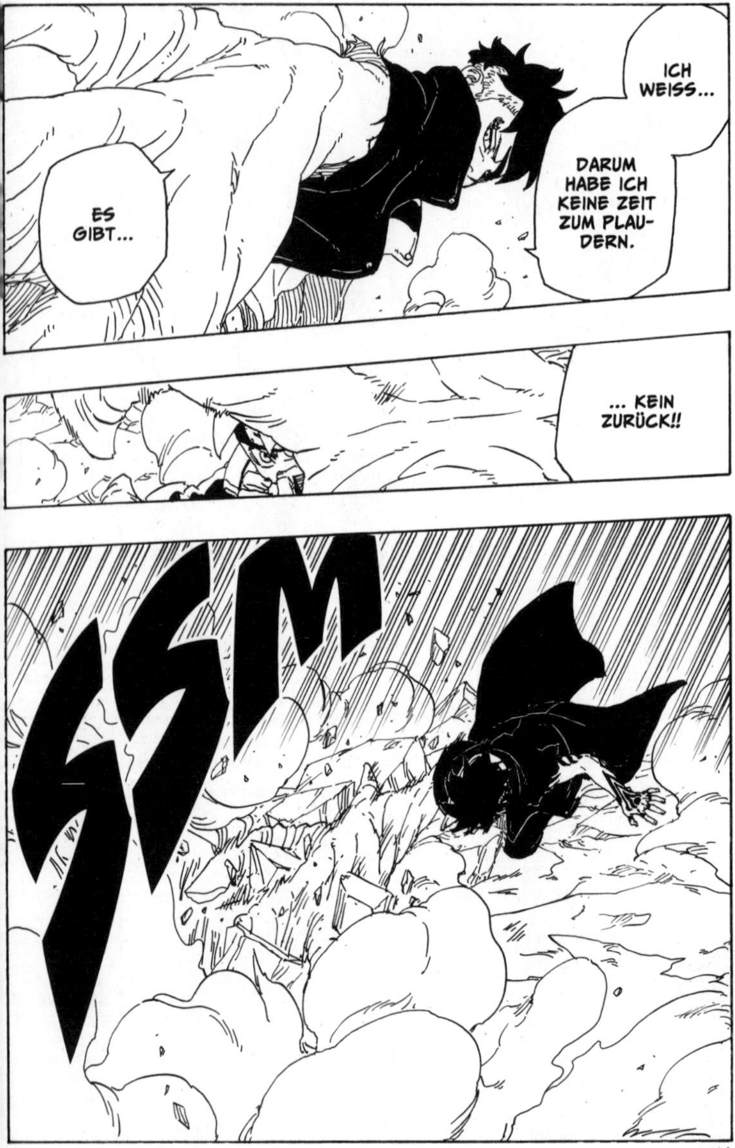
ICH WEISS...
DARUM HABE ICH KEINE ZEIT ZUM PLAU-DERN.
ES GIBT...
... KEIN ZURÜCK!!
SSM

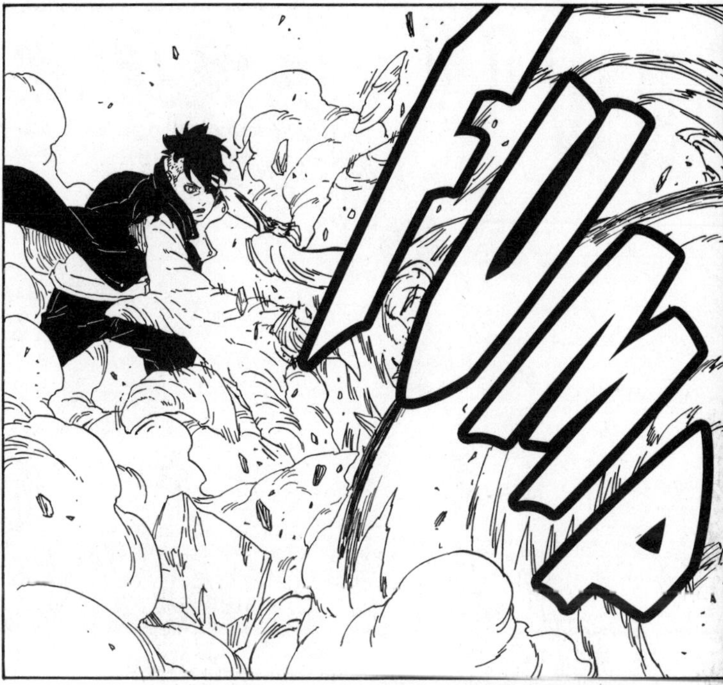
FUMP

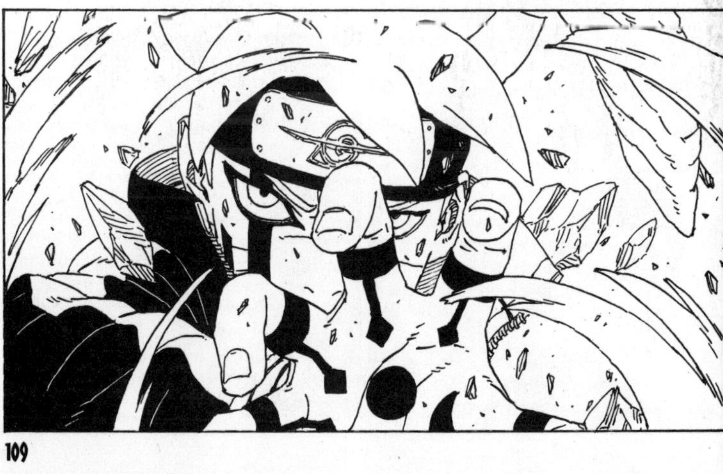

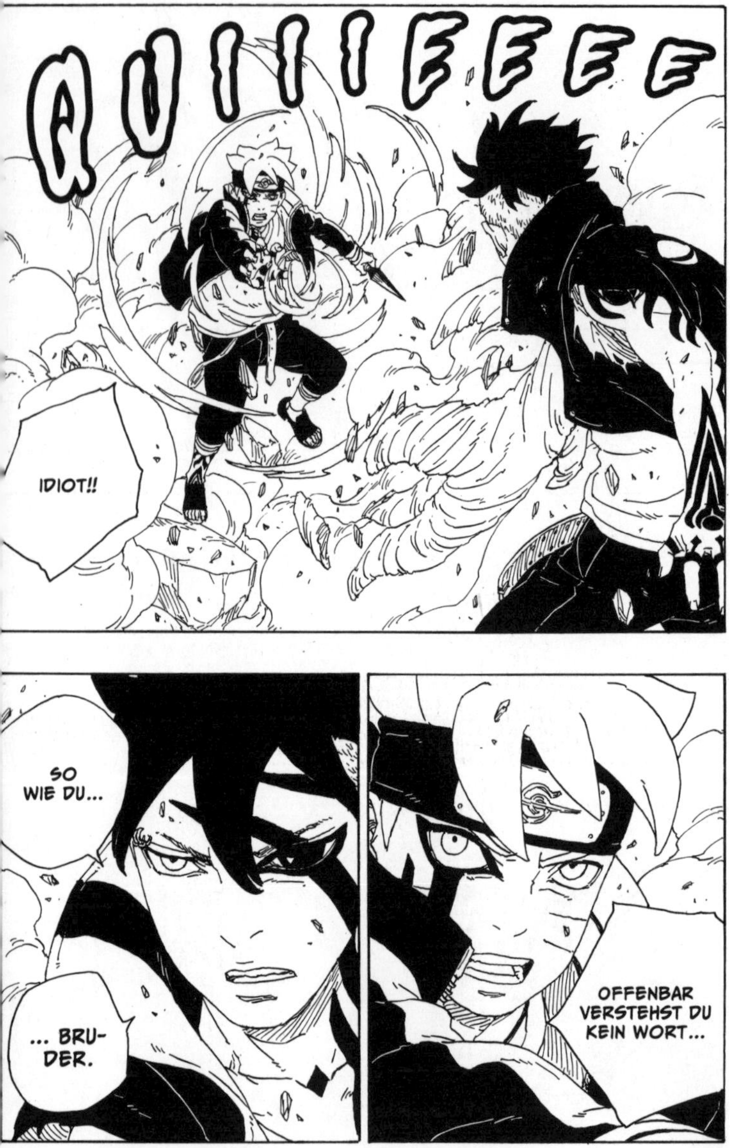
QUIIIEEEE
IDIOT!!
OFFENBAR VERSTEHST DU KEIN WORT...
SO WIE DU...
... BRU-DER.

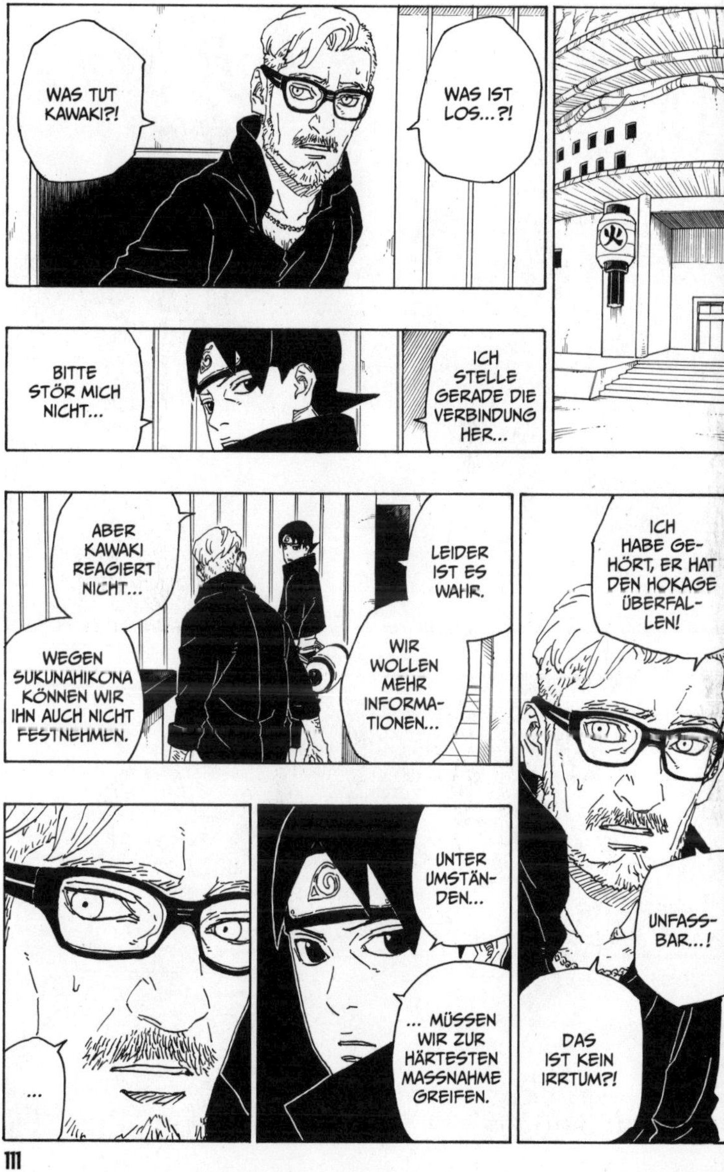
WAS IST LOS...?!
WAS TUT KAWAKI?!
ICH STELLE GERADE DIE VERBINDUNG HER...
BITTE STÖR MICH NICHT...
ICH HABE GE-HÖRT, ER HAT DEN HOKAGE ÜBERFAL-LEN!
UNFASS-BAR...!
DAS IST KEIN IRRTUM?!
LEIDER IST ES WAHR.
WIR WOLLEN MEHR INFORMA-TIONEN...
ABER KAWAKI REAGIERT NICHT...
WEGEN SUKUNAHIKONA KÖNNEN WIR IHN AUCH NICHT FESTNEHMEN.
UNTER UMSTÄN-DEN...
... MÜSSEN WIR ZUR HÄRTESTEN MASSNAHME GREIFEN.
...

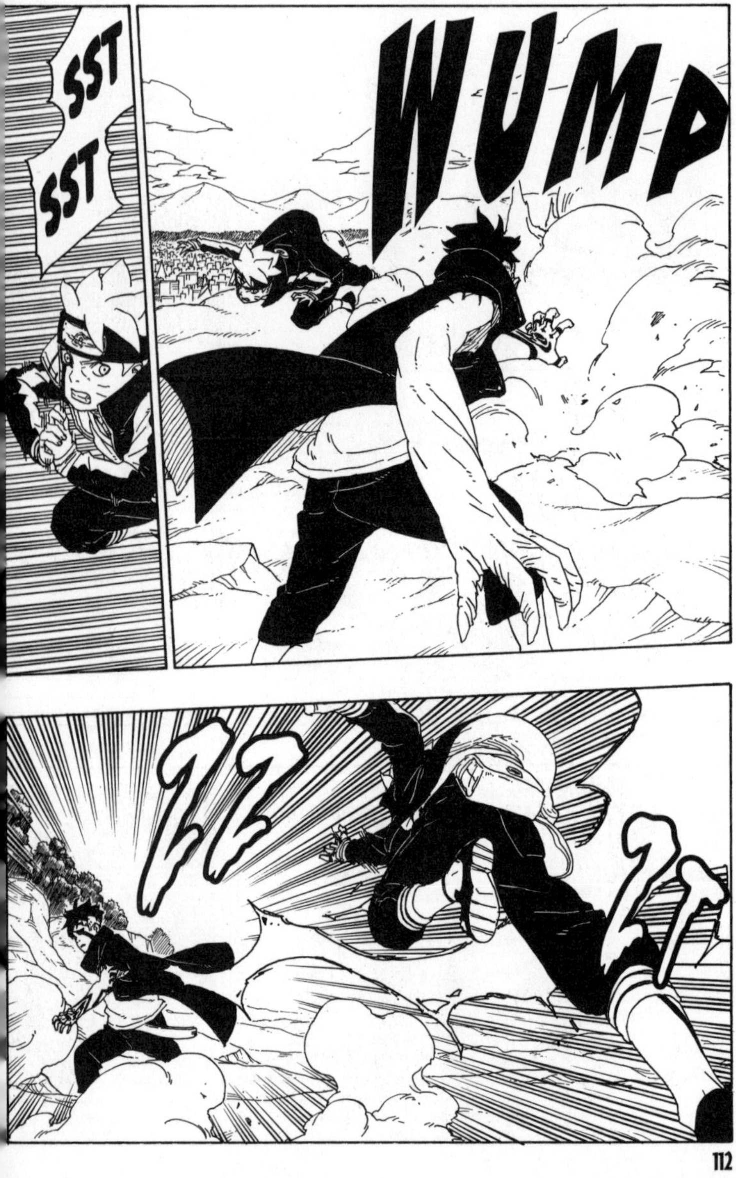
WUMP
SST
SST

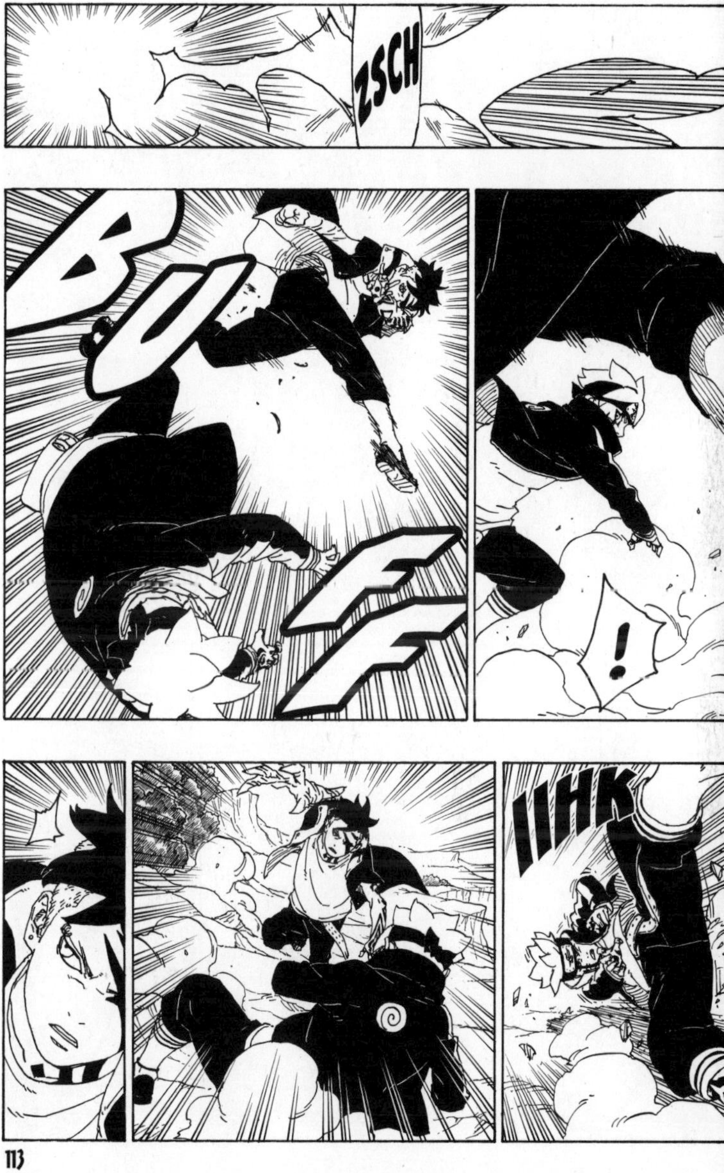
ZSCH
!
BUFF
IIHK

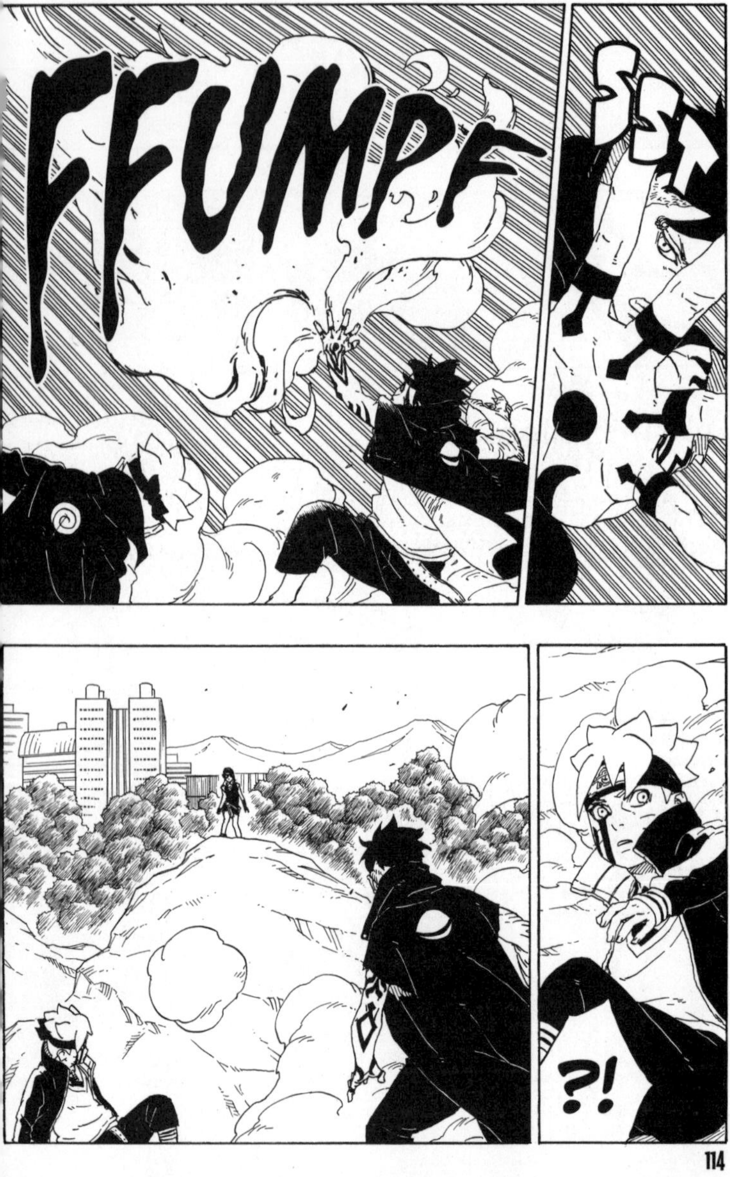
FFUMPF
SST
?!

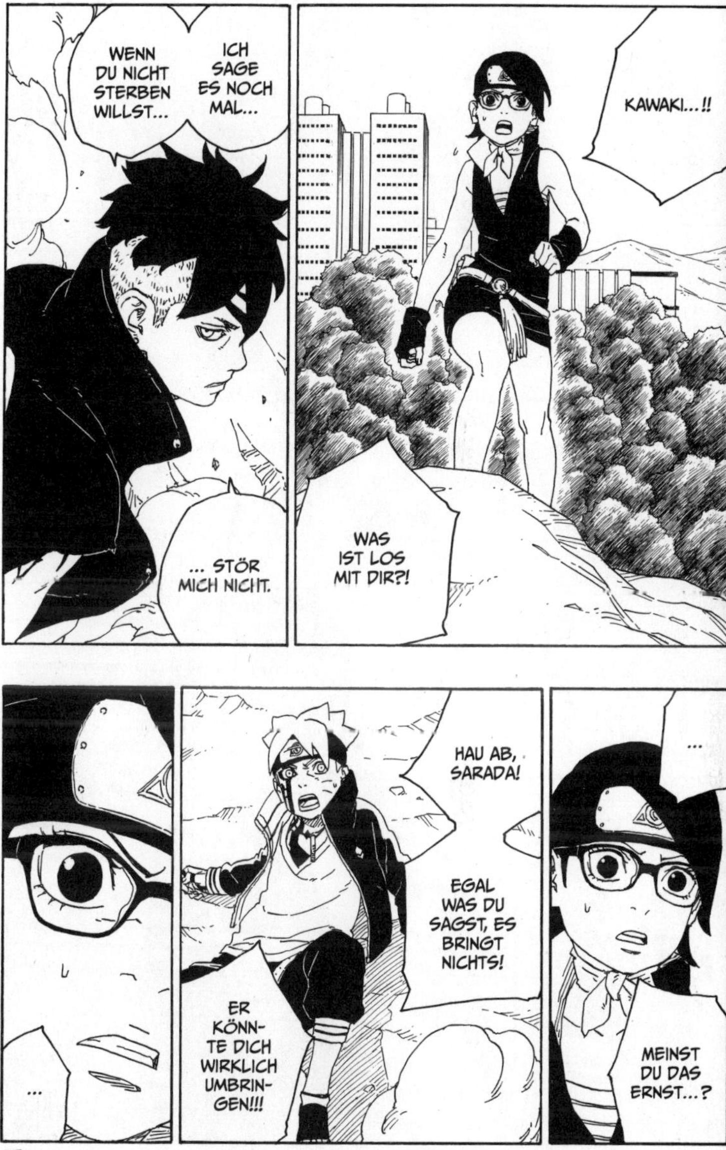
KAWAKI...!!
WAS IST LOS MIT DIR?!
ICH SAGE ES NOCH MAL...
WENN DU NICHT STERBEN WILLST...
... STÖR MICH NICHT.
...
MEINST DU DAS ERNST...?
HAU AB, SARADA!
EGAL WAS DU SAGST, ES BRINGT NICHTS!
ER KÖNNTE DICH WIRKLICH UMBRINGEN!!!
...

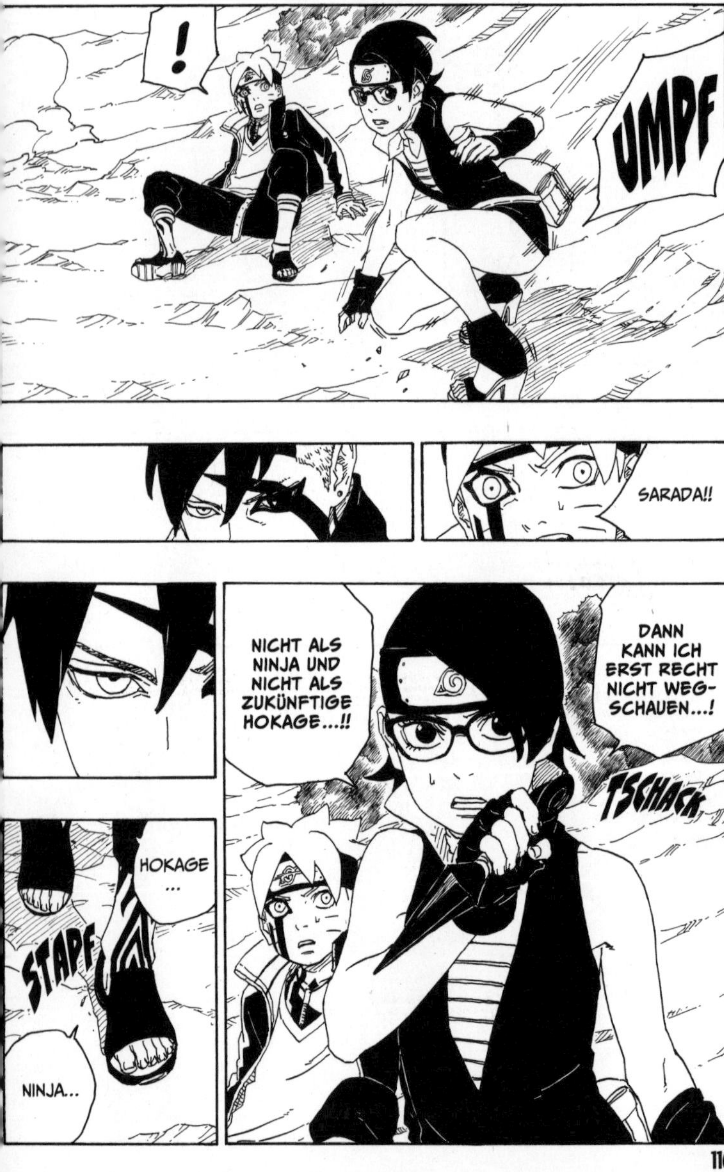
!
UMPF
SARADA!!
DANN KANN ICH ERST RECHT NICHT WEG-SCHAUEN...!
NICHT ALS NINJA UND NICHT ALS ZUKÜNFTIGE HOKAGE...!!
TSCHACK
HOKAGE ...
STAPF
NINJA...

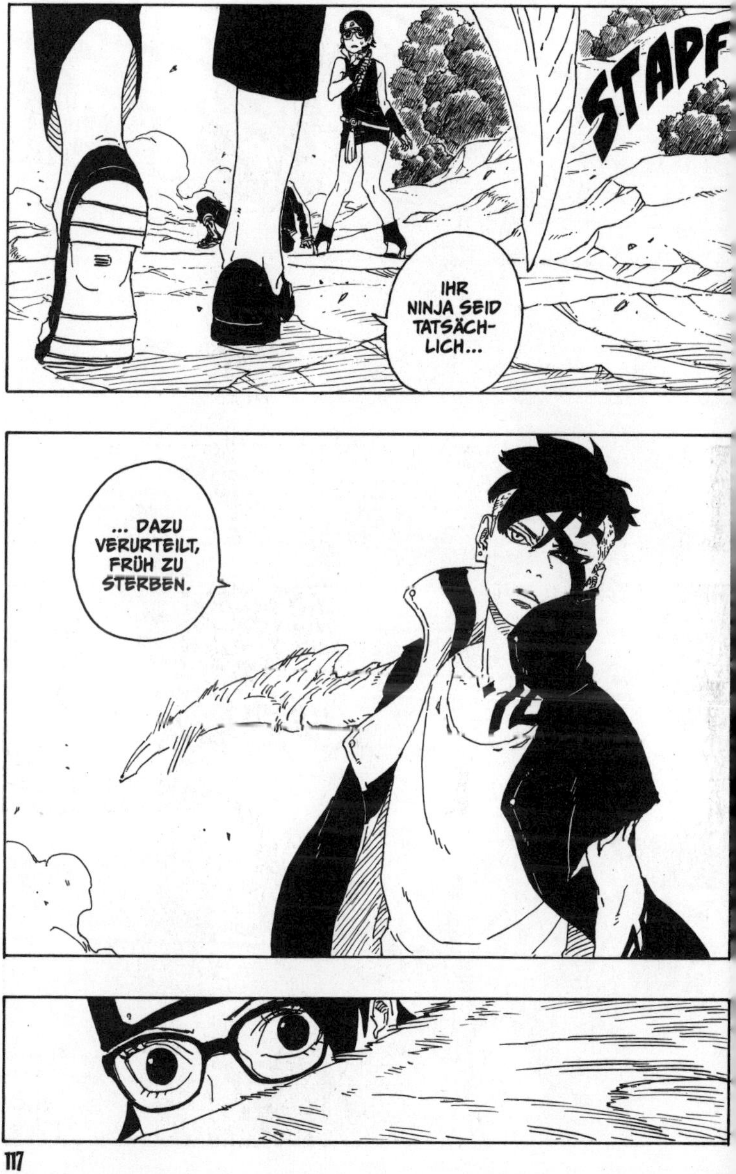
STAPF
IHR NINJA SEID TATSÄCHLICH …
… DAZU VERURTEILT, FRÜH ZU STERBEN.

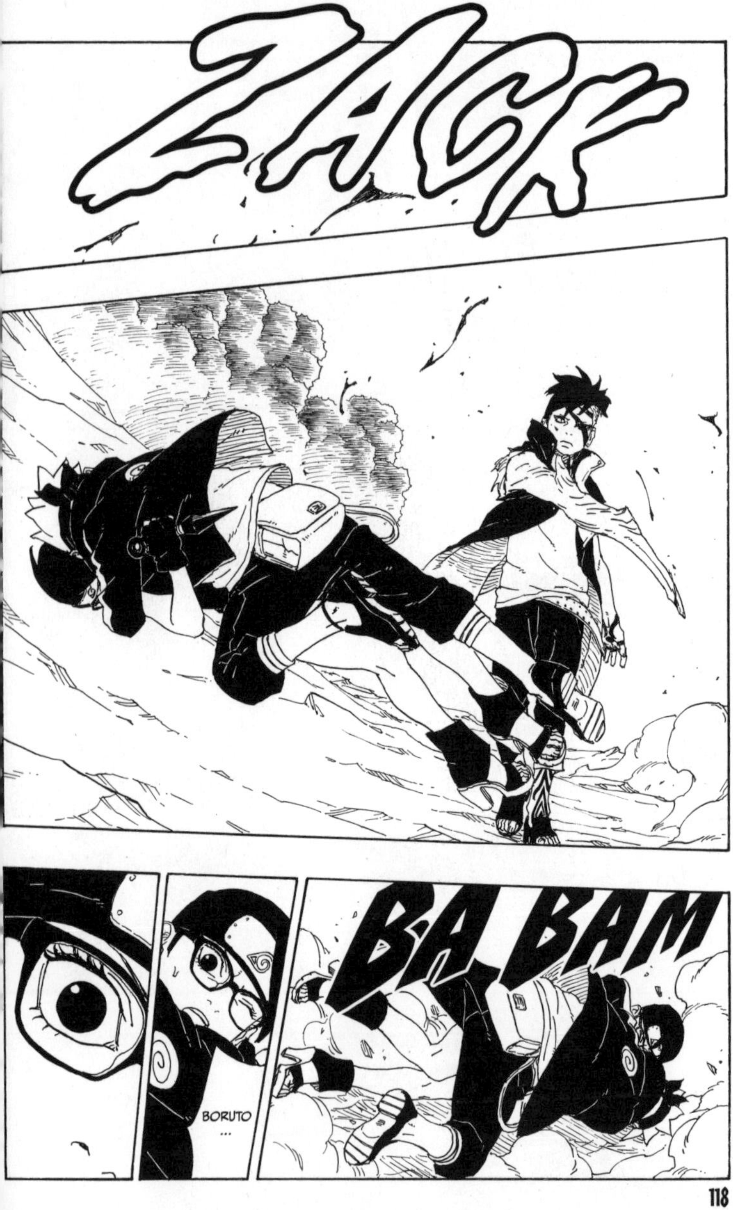
ZACK
BA BAM
BORUTO ...

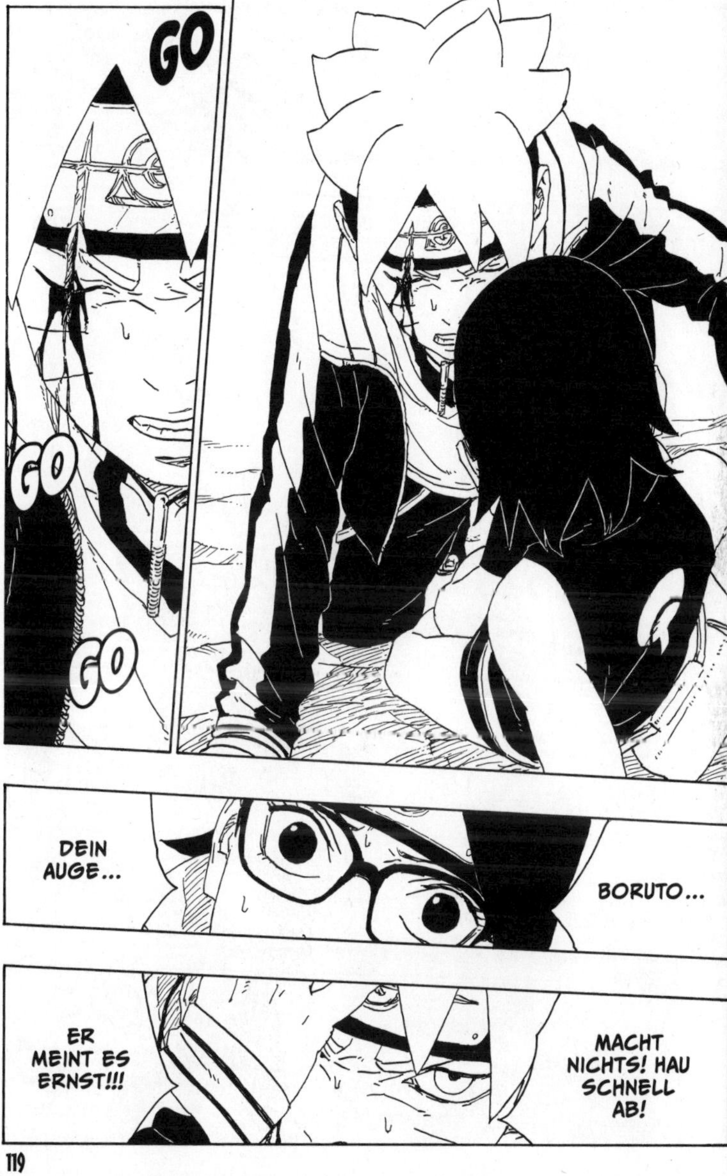
GO
GO
GO
BORUTO...
DEIN AUGE...
MACHT NICHTS! HAU SCHNELL AB!
ER MEINT ES ERNST!!!

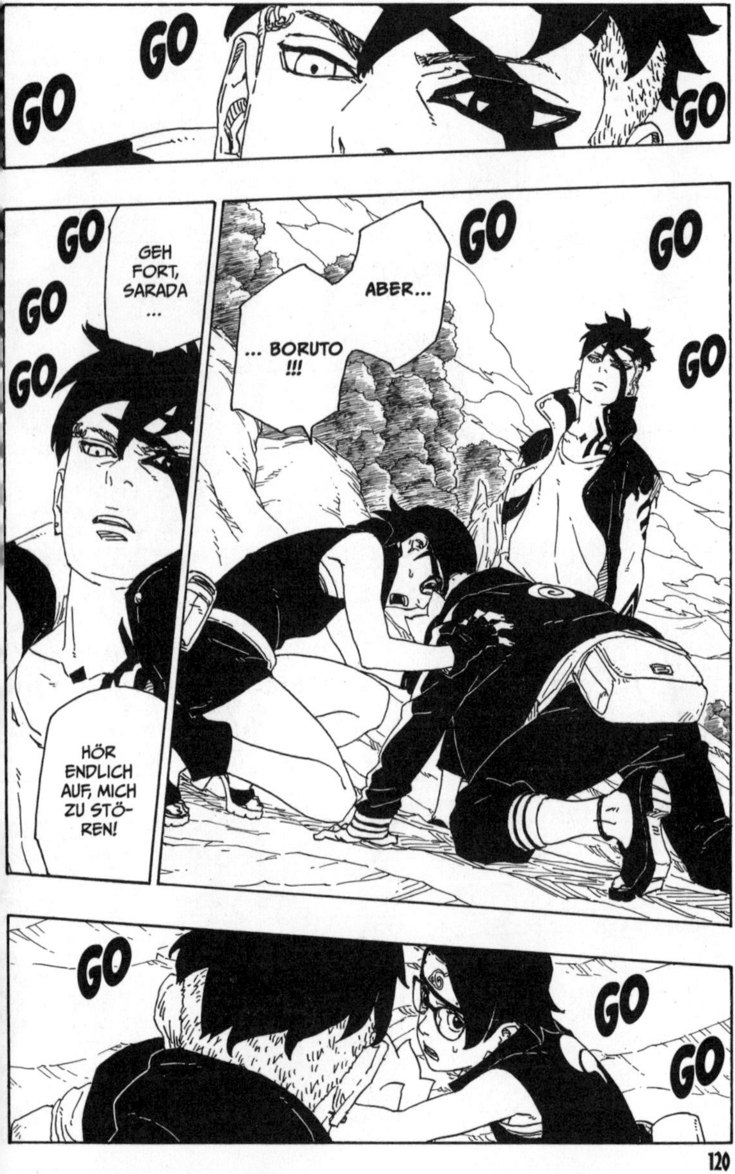
GO GO
GO
GO
GO
GO
GO
GEH FORT, SARADA ...
ABER...
... BORUTO !!!
GO
GO
GO
HÖR ENDLICH AUF, MICH ZU STÖ-REN!
GO
GO
GO

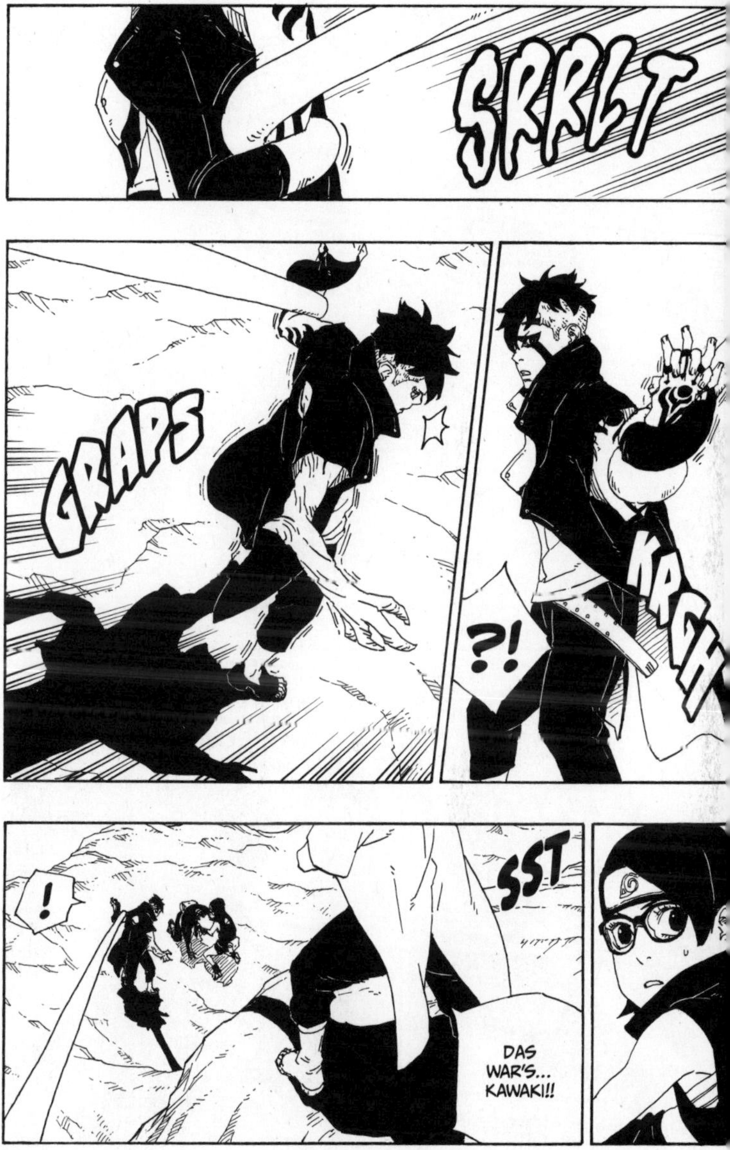
SRRLT
KRGH
?!
GRAPS
SST
DAS WAR'S... KAWAKI!!
!

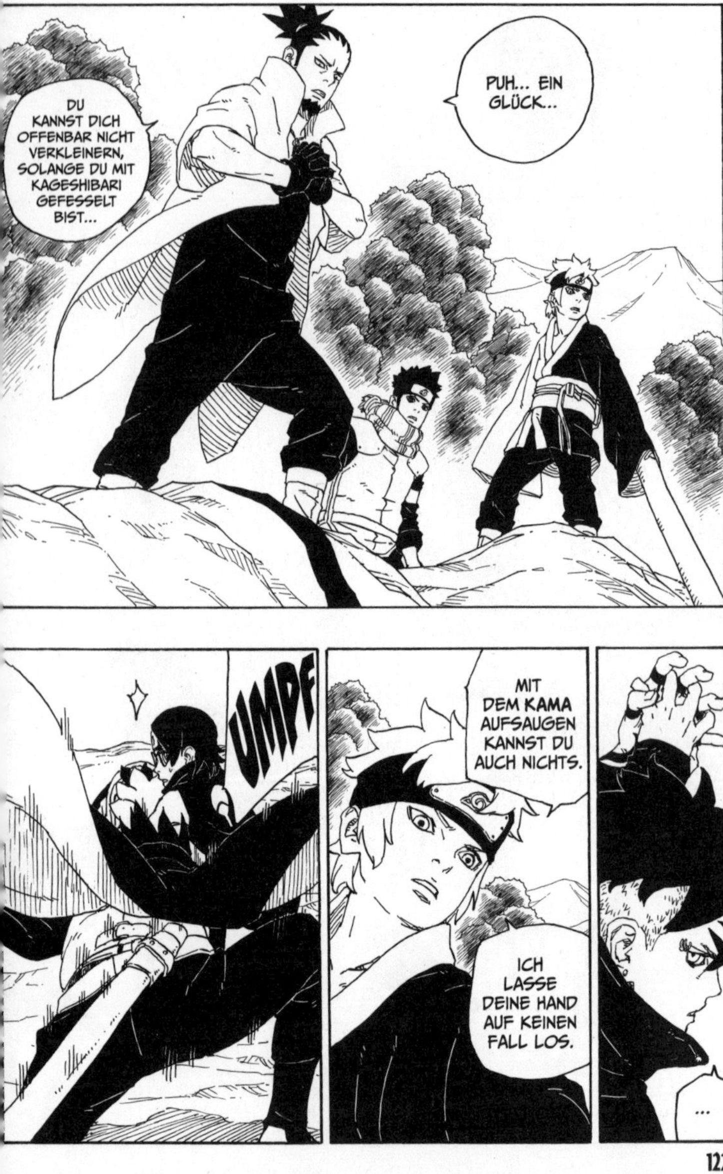
PUH... EIN GLÜCK...
DU KANNST DICH OFFENBAR NICHT VERKLEINERN, SOLANGE DU MIT KAGESHIBARI GEFESSELT BIST...
...
MIT DEM KAMA AUFSAUGEN KANNST DU AUCH NICHTS.
ICH LASSE DEINE HAND AUF KEINEN FALL LOS.
UMPF

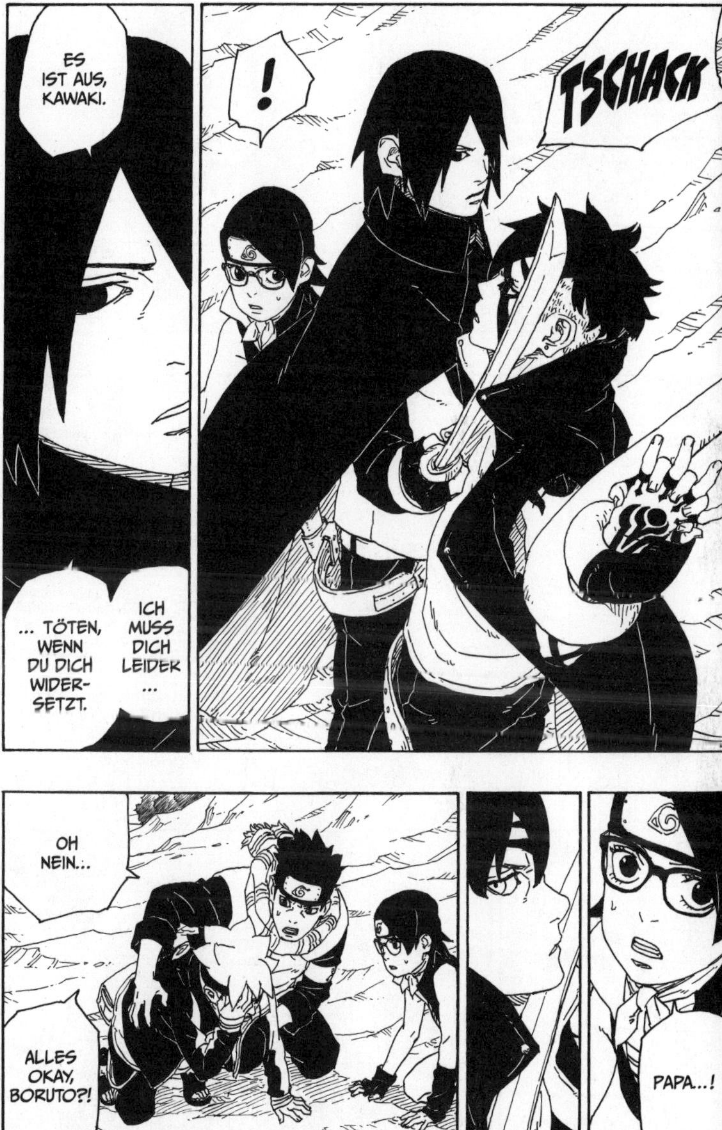
TSCHACK
!
ES IST AUS, KAWAKI.
ICH MUSS DICH LEIDER ...
... TÖTEN, WENN DU DICH WIDER-SETZT.
PAPA...!
OH NEIN...
ALLES OKAY, BORUTO?!

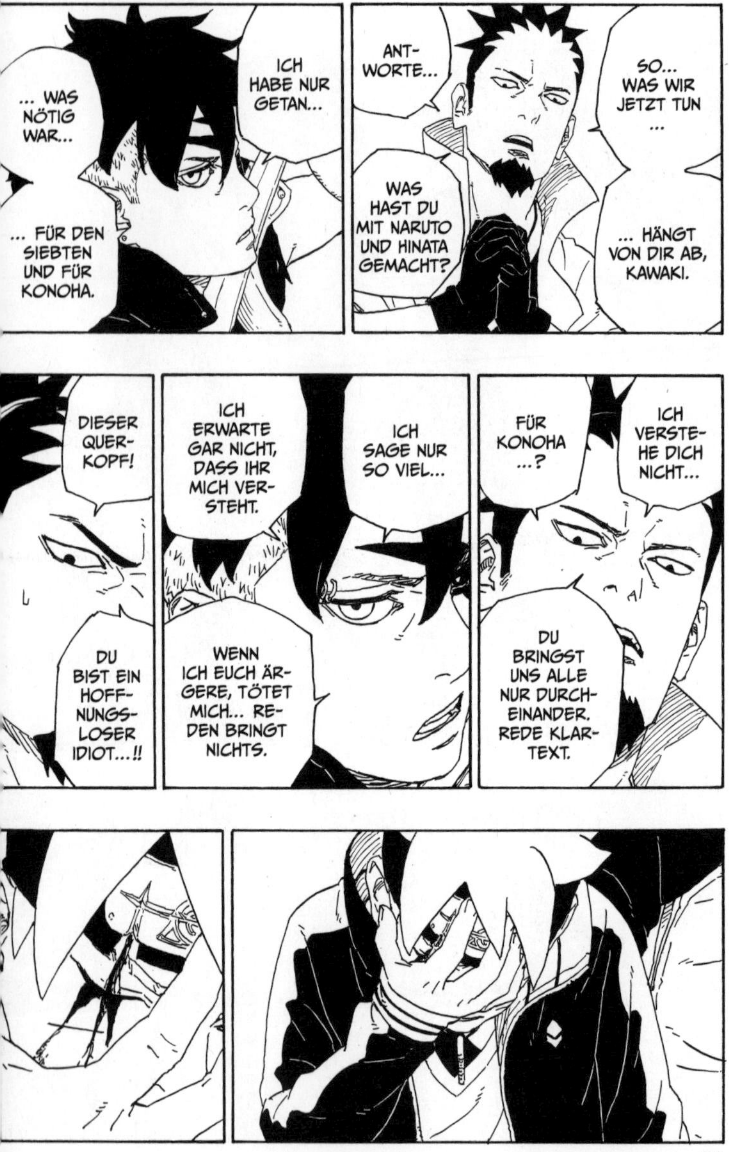
SO... WAS WIR JETZT TUN ...
... HÄNGT VON DIR AB, KAWAKI.
ANT-WORTE...
WAS HAST DU MIT NARUTO UND HINATA GEMACHT?
ICH HABE NUR GETAN...
... WAS NÖTIG WAR...
... FÜR DEN SIEBTEN UND FÜR KONOHA.
ICH VERSTE-HE DICH NICHT...
FÜR KONOHA ...?
DU BRINGST UNS ALLE NUR DURCH-EINANDER. REDE KLAR-TEXT.
ICH SAGE NUR SO VIEL...
ICH ERWARTE GAR NICHT, DASS IHR MICH VER-STEHT.
WENN ICH EUCH ÄR-GERE, TÖTET MICH... RE-DEN BRINGT NICHTS.
DIESER QUER-KOPF!
DU BIST EIN HOFF-NUNGS-LOSER IDIOT...!!

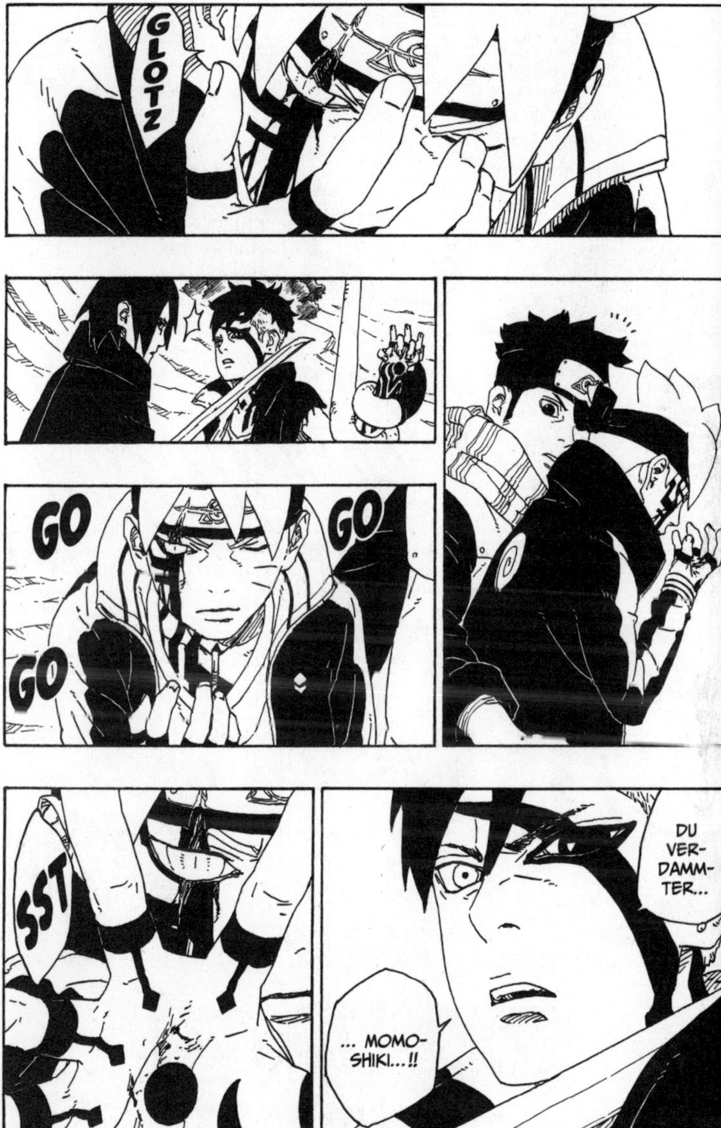
GLOTZ
GO
GO
GO
DU VER-DAMM-TER...
... MOMO-SHIKI...!!
SST

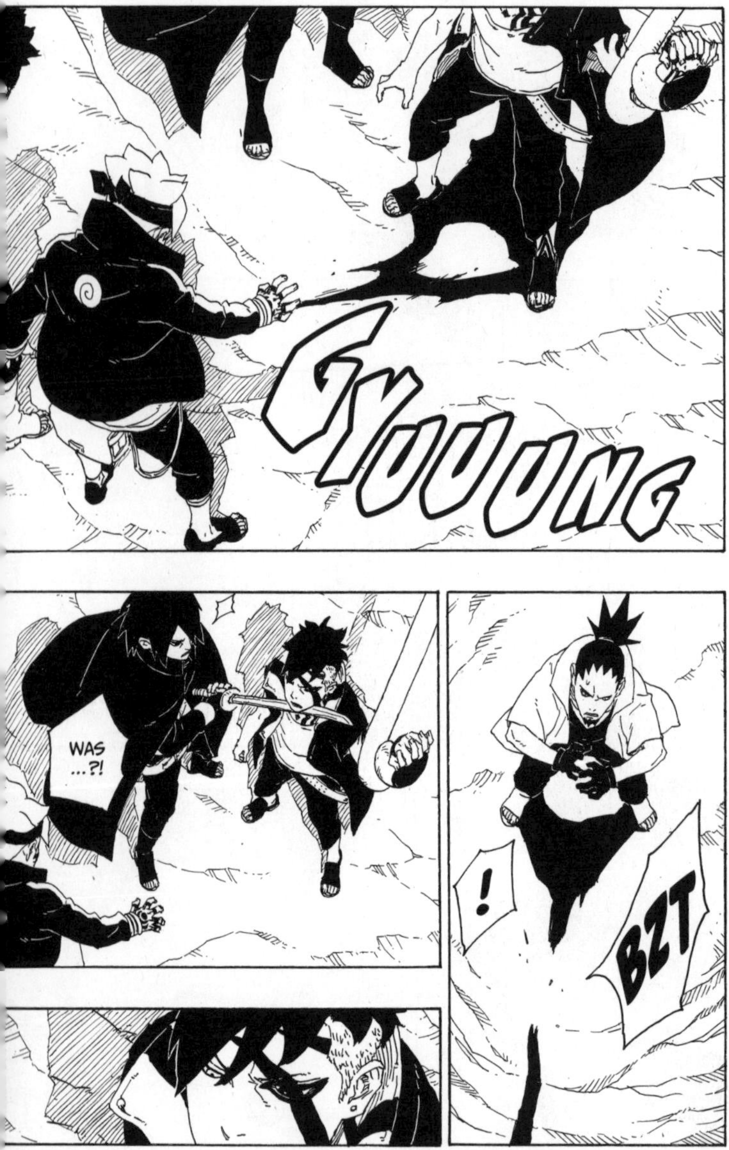
GYUUUNG
WAS ...?!
!
BZT

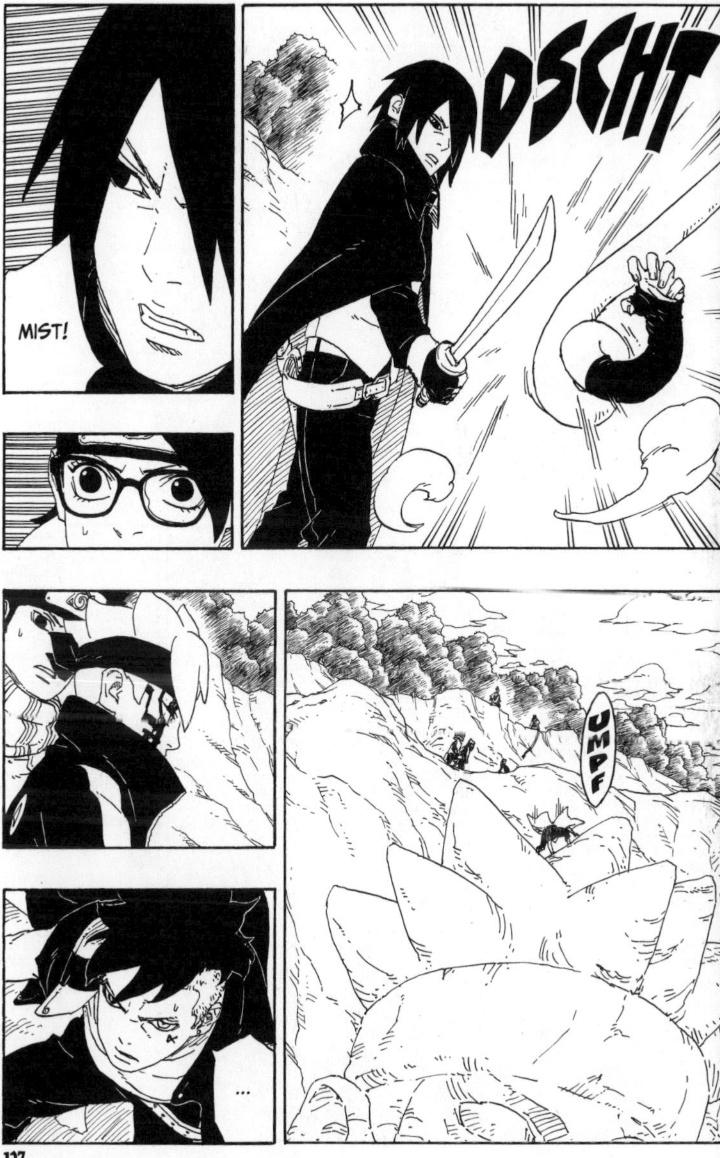
DSCHT
MIST!
UMPF
...

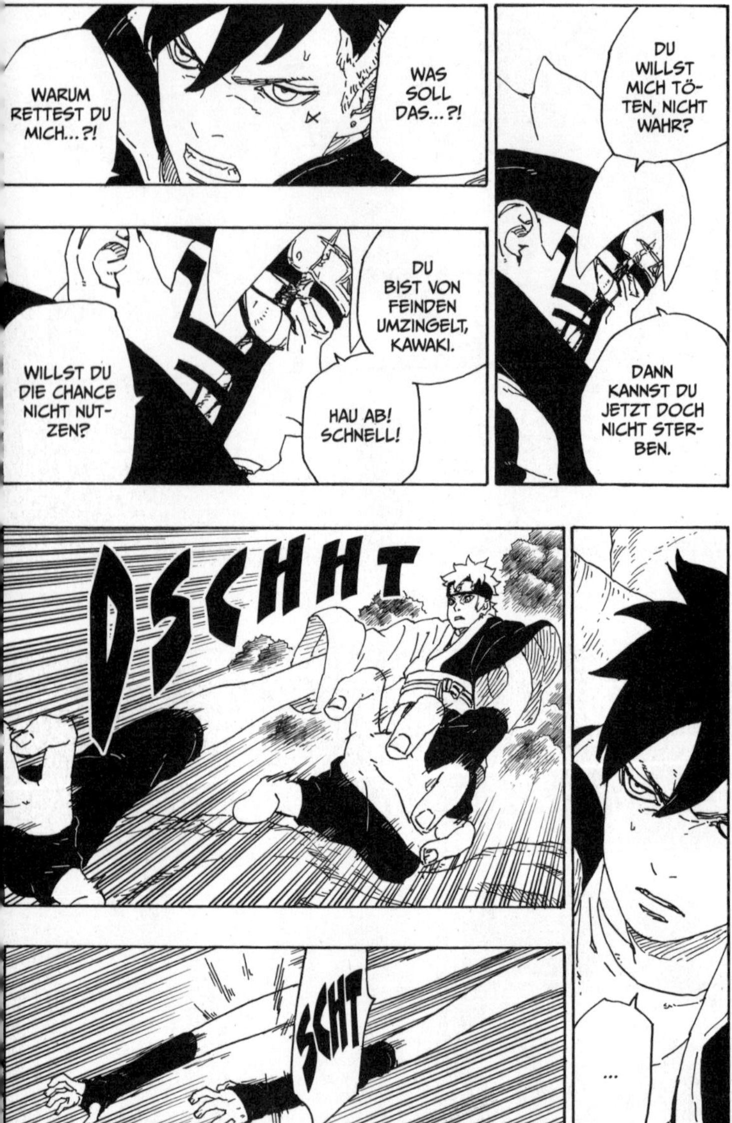
DU WILLST MICH TÖTEN, NICHT WAHR?
DANN KANNST DU JETZT DOCH NICHT STERBEN.
WAS SOLL DAS...?!
WARUM RETTEST DU MICH...?!
DU BIST VON FEINDEN UMZINGELT, KAWAKI.
HAU AB! SCHNELL!
WILLST DU DIE CHANCE NICHT NUTZEN?
...
DSCHHT
SCHT

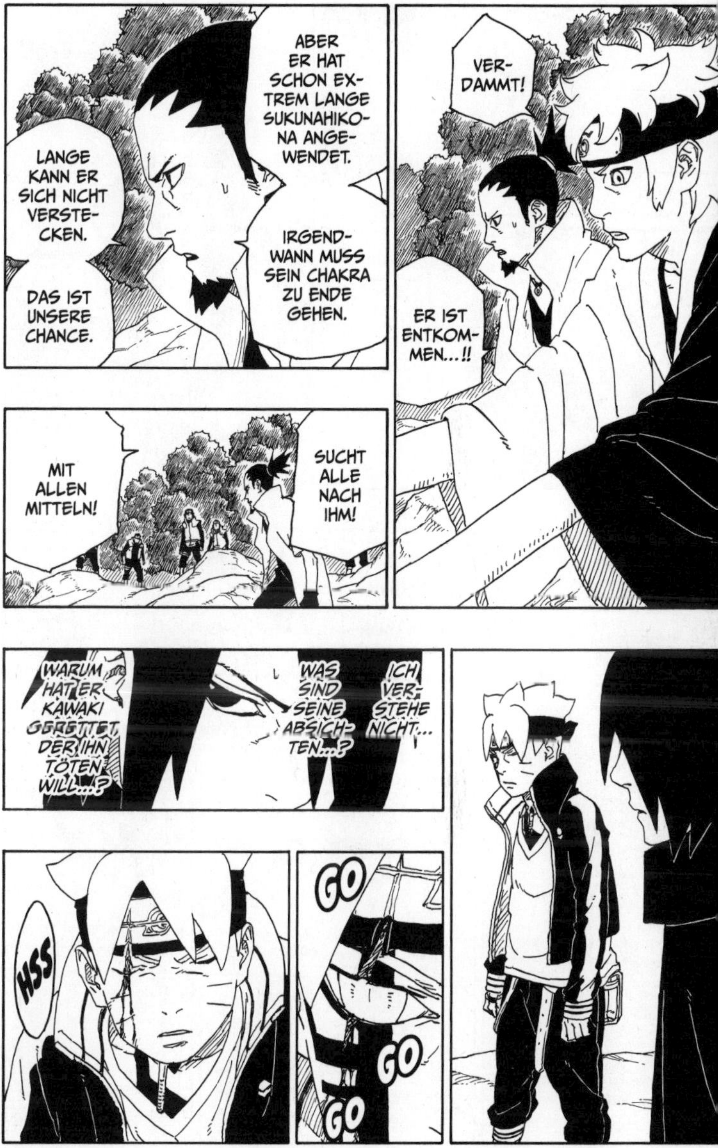
VERDAMMT!
ER IST ENTKOMMEN...!!
ABER ER HAT SCHON EXTREM LANGE SUKUNAHIKONA ANGEWENDET.
IRGENDWANN MUSS SEIN CHAKRA ZU ENDE GEHEN.
LANGE KANN ER SICH NICHT VERSTECKEN.
DAS IST UNSERE CHANCE.
SUCHT ALLE NACH IHM!
MIT ALLEN MITTELN!
ICH VERSTEHE NICHT...
WAS SIND SEINE ABSICHTEN...?
WARUM HAT ER KAWAKI GERETTET, DER IHN TÖTEN WILL...?
GO
GO
GO
HSS

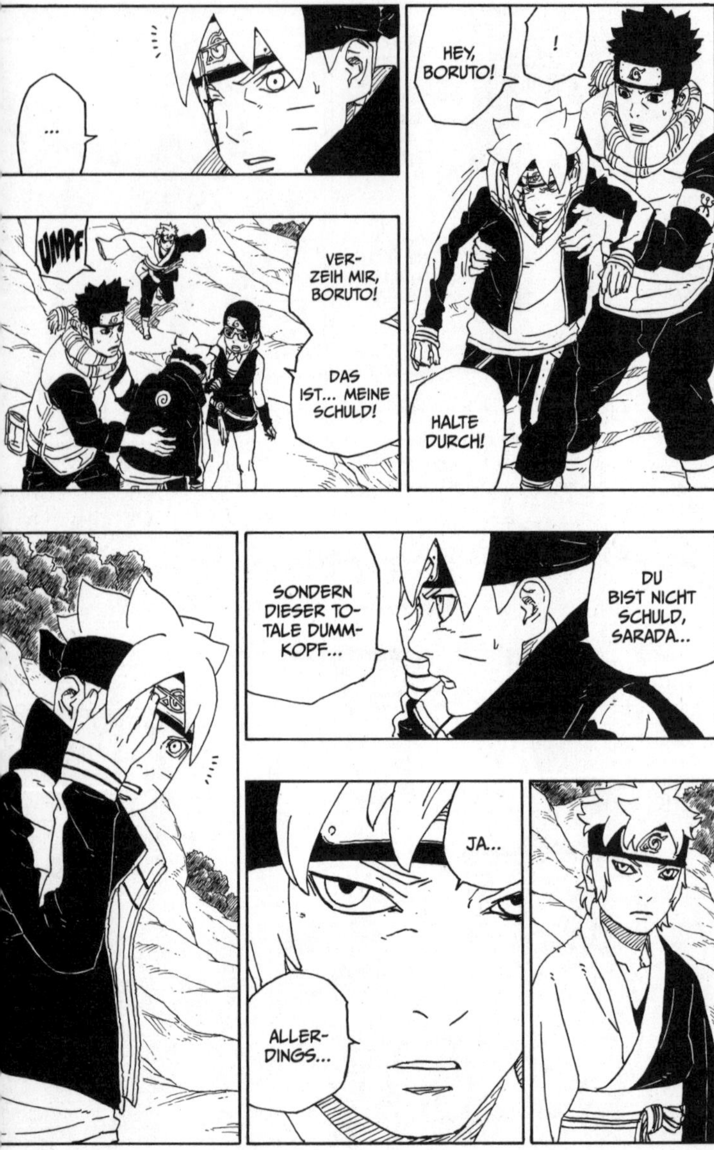

HEY, BORUTO!
!
HALTE DURCH!
...
UMPF
VERZEIH MIR, BORUTO!
DAS IST... MEINE SCHULD!
DU BIST NICHT SCHULD, SARADA...
SONDERN DIESER TOTALE DUMMKOPF...
JA...
ALLERDINGS...

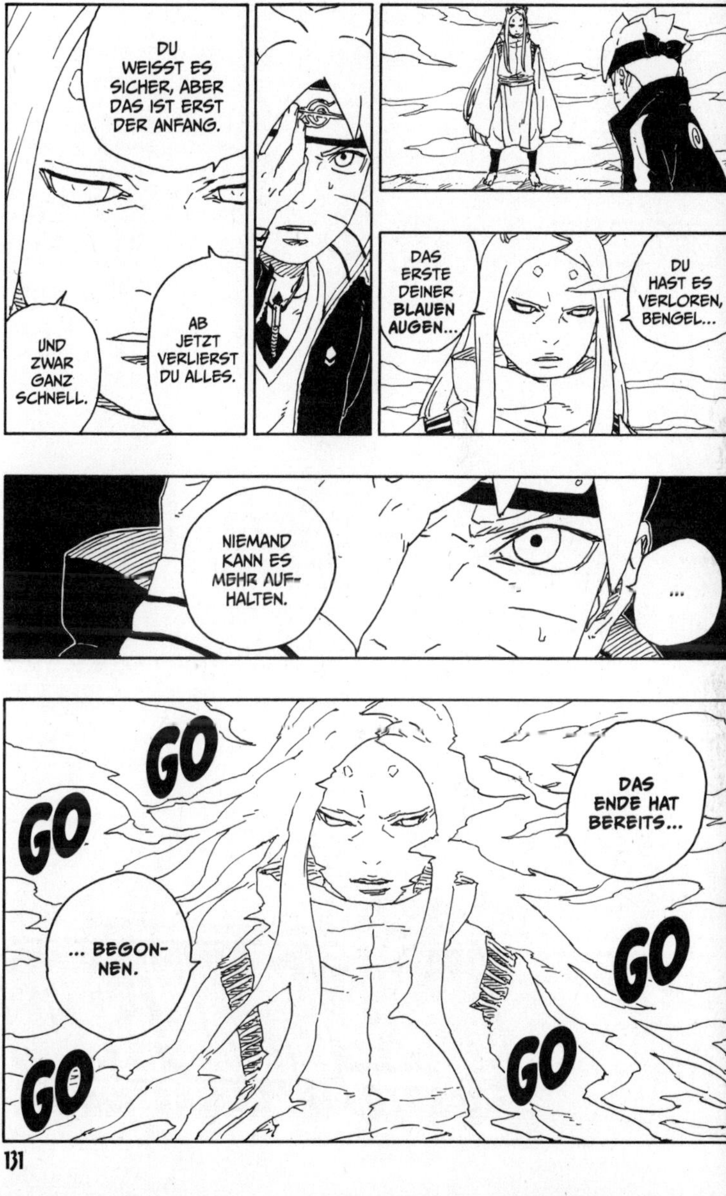
DU HAST ES VERLOREN, BENGEL...
DAS ERSTE DEINER BLAUEN AUGEN...
DU WEISST ES SICHER, ABER DAS IST ERST DER ANFANG.
AB JETZT VERLIERST DU ALLES.
UND ZWAR GANZ SCHNELL.
...
NIEMAND KANN ES MEHR AUFHALTEN.
DAS ENDE HAT BEREITS...
GO
GO
GO
GO
... BEGON-NEN.
GO
GO

BORUTO
-NARUTO NEXT GENERATIONS-

79: Allmacht

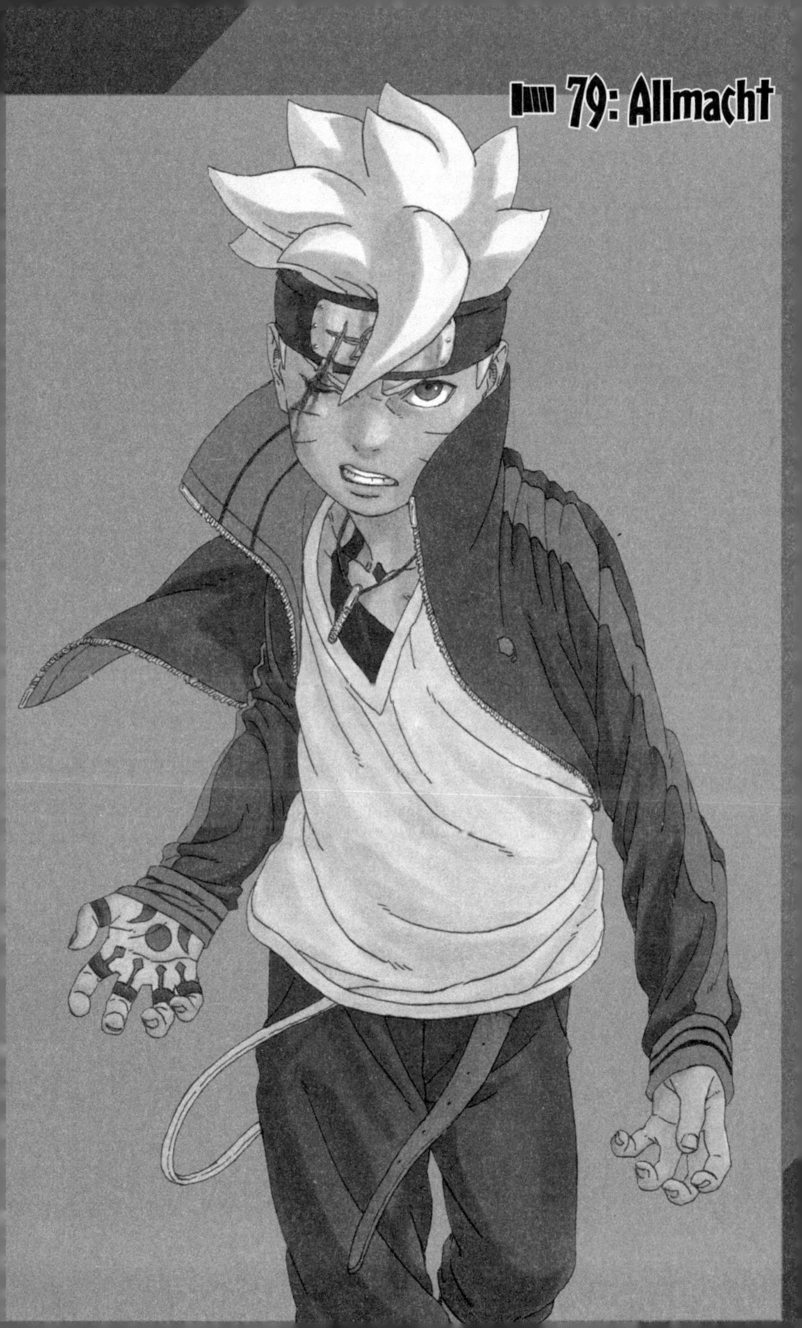

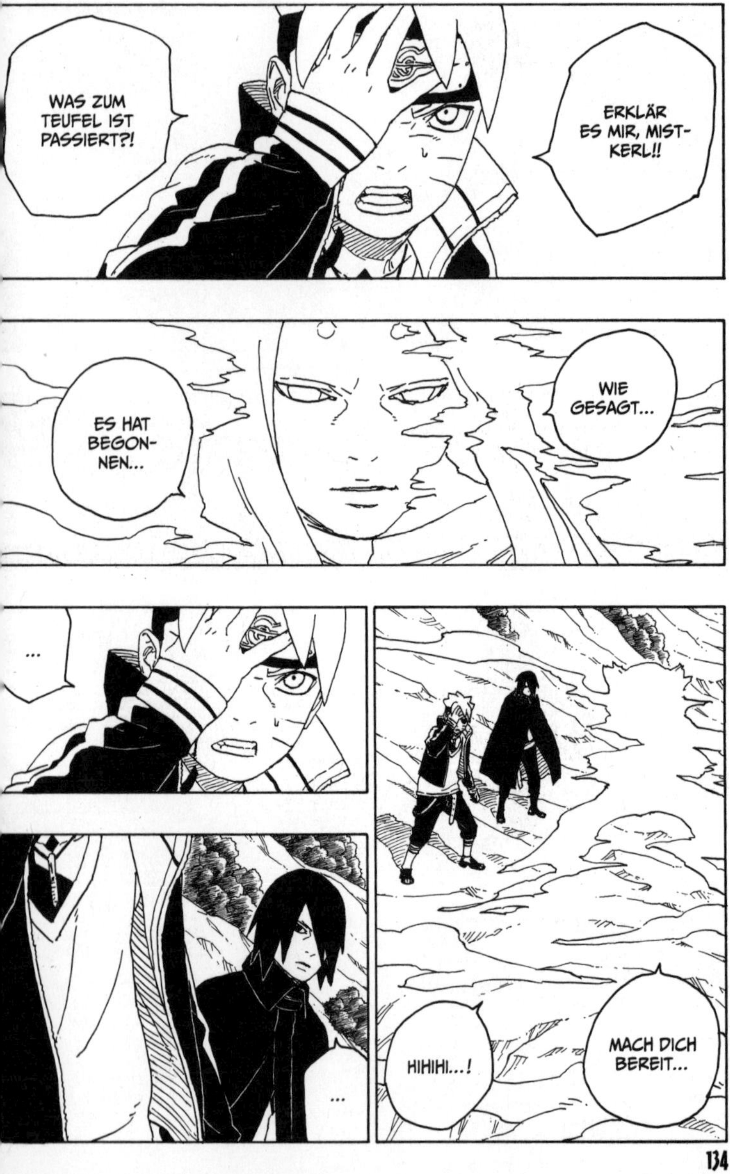
ERKLÄR ES MIR, MISTKERL!!
WAS ZUM TEUFEL IST PASSIERT?!
WIE GESAGT...
ES HAT BEGONNEN...
MACH DICH BEREIT...
HIHIHI...!
...
...

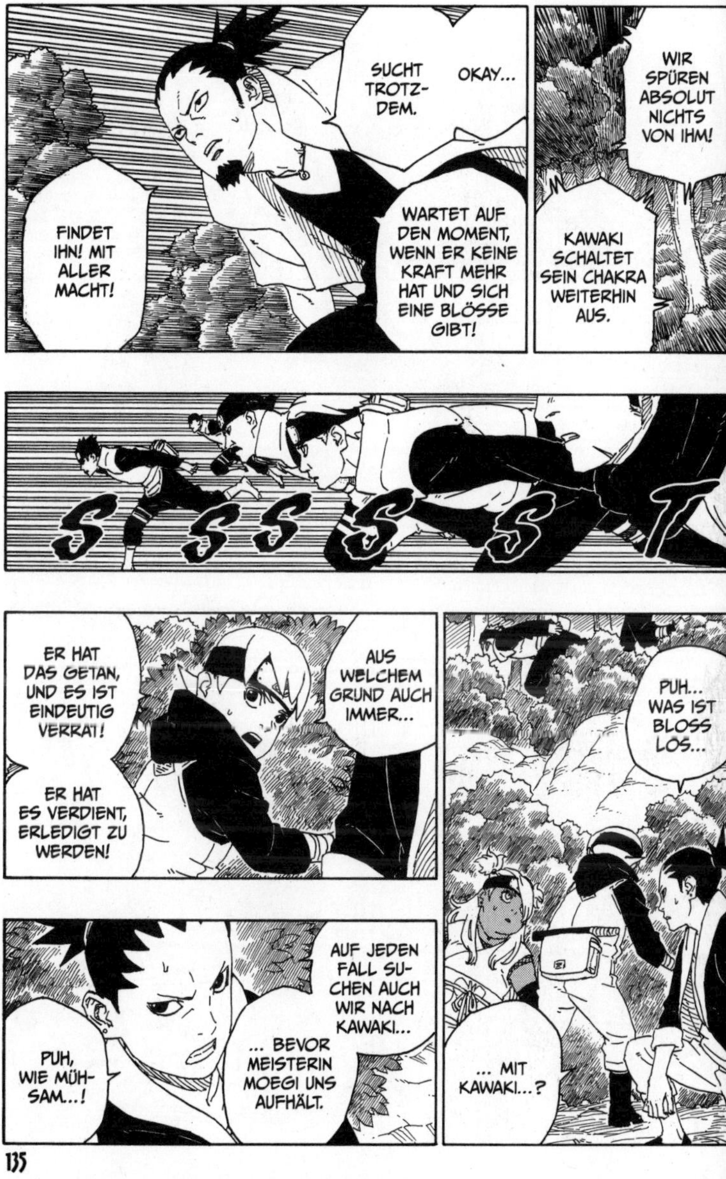
WIR SPÜREN ABSOLUT NICHTS VON IHM!
KAWAKI SCHALTET SEIN CHAKRA WEITERHIN AUS.
OKAY...
SUCHT TROTZ-DEM.
WARTET AUF DEN MOMENT, WENN ER KEINE KRAFT MEHR HAT UND SICH EINE BLÖSSE GIBT!
FINDET IHN! MIT ALLER MACHT!
SSSSST
PUH... WAS IST BLOSS LOS...
... MIT KAWAKI...?
AUS WELCHEM GRUND AUCH IMMER...
ER HAT DAS GETAN, UND ES IST EINDEUTIG VERRAT!
ER HAT ES VERDIENT, ERLEDIGT ZU WERDEN!
AUF JEDEN FALL SU-CHEN AUCH WIR NACH KAWAKI...
... BEVOR MEISTERIN MOEGI UNS AUFHÄLT.
PUH, WIE MÜH-SAM...!

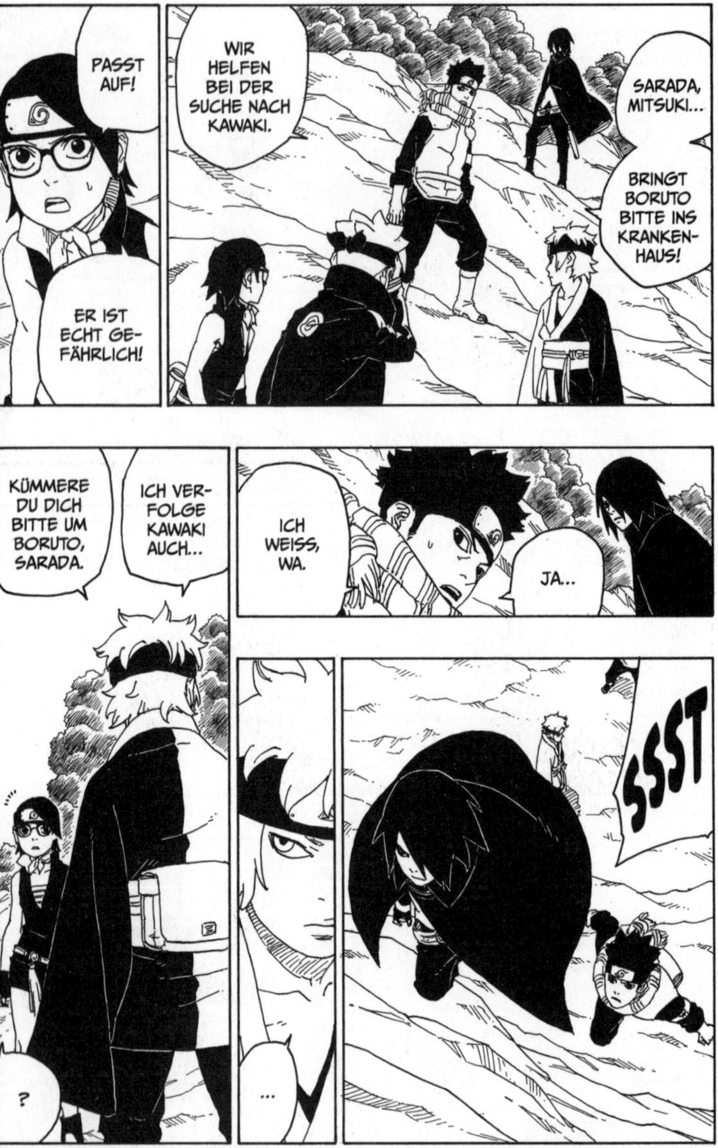
SARADA, MITSUKI...
BRINGT BORUTO BITTE INS KRANKEN-HAUS!
WIR HELFEN BEI DER SUCHE NACH KAWAKI.
PASST AUF!
ER IST ECHT GE-FÄHRLICH!
JA...
ICH WEISS, WA.
ICH VER-FOLGE KAWAKI AUCH...
KÜMMERE DU DICH BITTE UM BORUTO, SARADA.
SSST
...
?

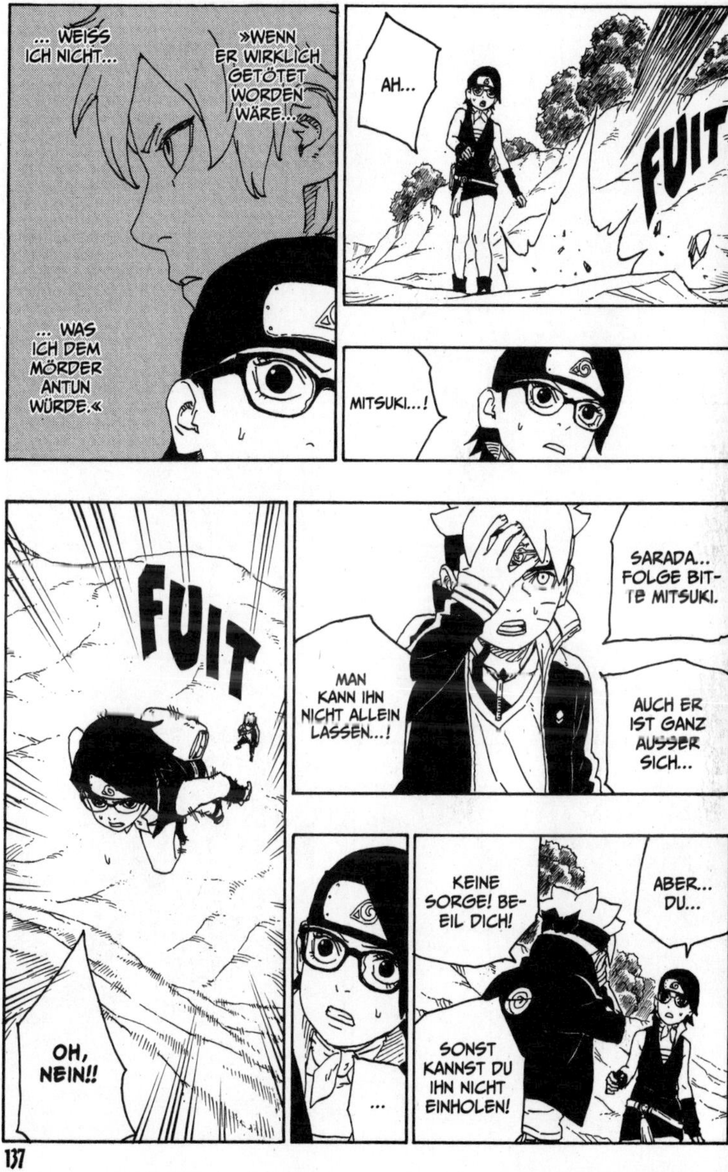
FUIT
AH...
MITSUKI...!
»WENN ER WIRKLICH GETÖTET WORDEN WÄRE...
... WEISS ICH NICHT...
... WAS ICH DEM MÖRDER ANTUN WÜRDE.«
SARADA... FOLGE BITTE MITSUKI.
AUCH ER IST GANZ AUSSER SICH...
MAN KANN IHN NICHT ALLEIN LASSEN...!
ABER... DU...
KEINE SORGE! BEEIL DICH!
SONST KANNST DU IHN NICHT EINHOLEN!
...
FUIT
OH, NEIN!!

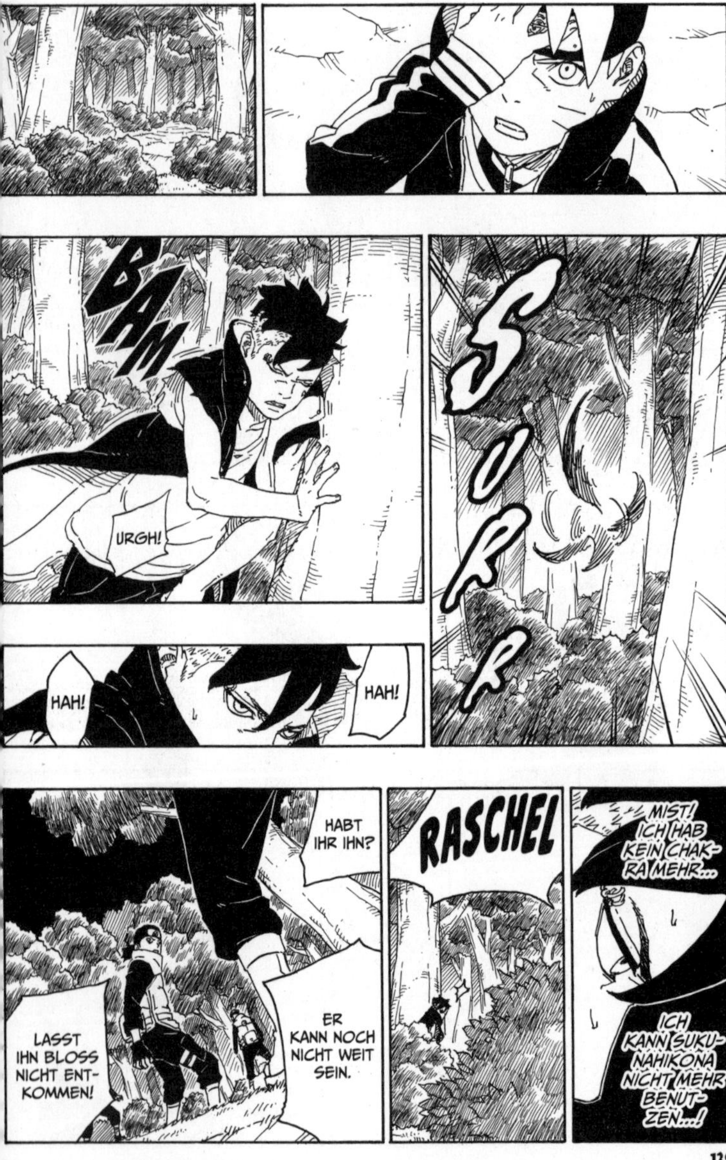
SURRR
BAM
URGH!
HAH!
HAH!
MIST! ICH HAB KEIN CHAKRA MEHR...
ICH KANN SUKUNAHIKONA NICHT MEHR BENUTZEN...!
RASCHEL
HABT IHR IHN?
ER KANN NOCH NICHT WEIT SEIN.
LASST IHN BLOSS NICHT ENTKOMMEN!

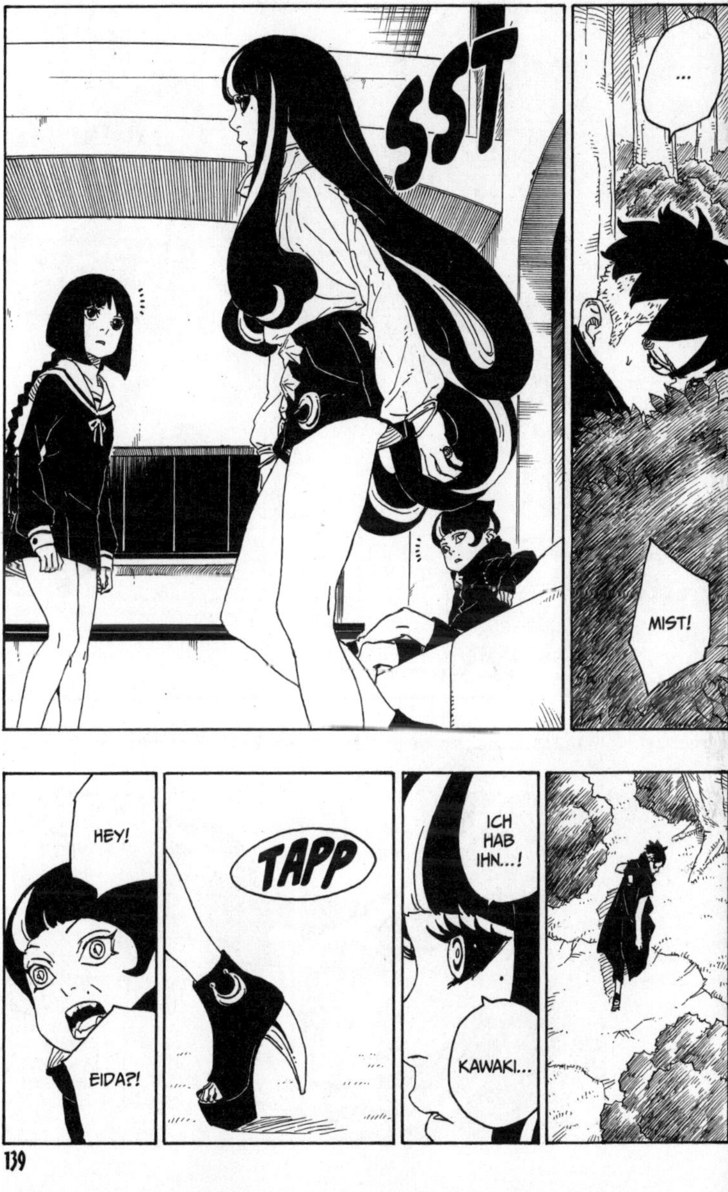
...
MIST!
SST
ICH HAB IHN...!
KAWAKI...
TAPP
HEY!
EIDA?!

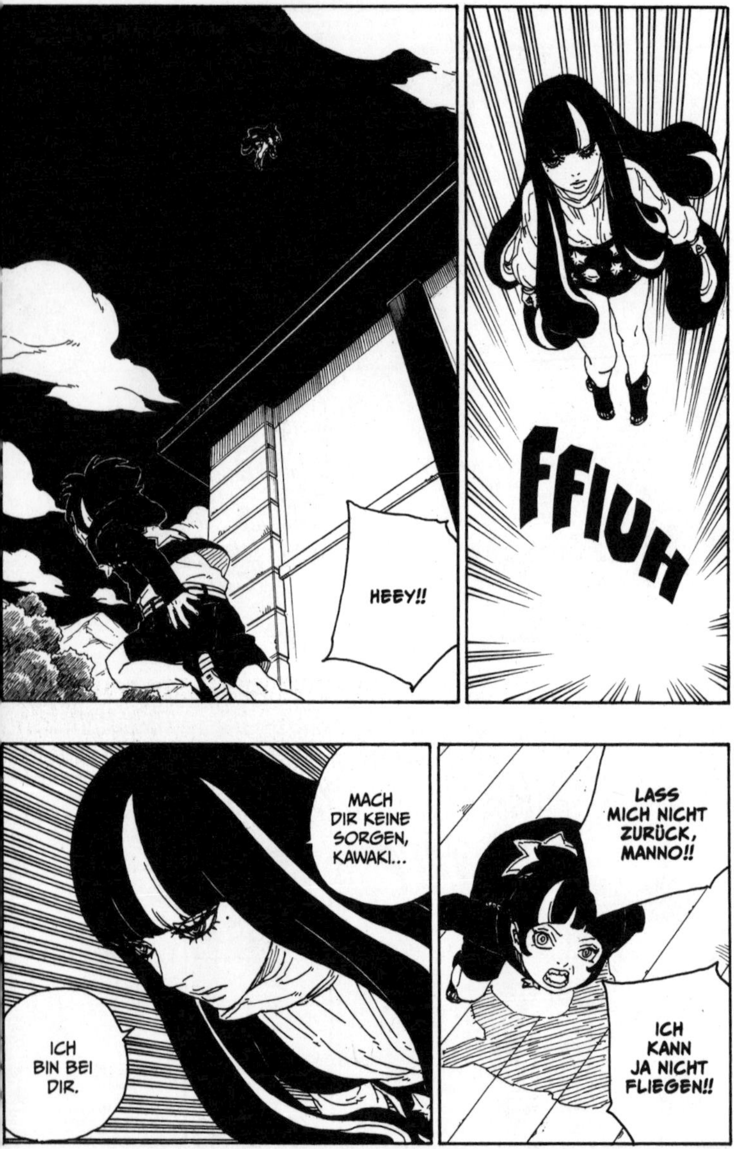
FFIUH
HEEY!!
LASS MICH NICHT ZURÜCK, MANNO!!
ICH KANN JA NICHT FLIEGEN!!
MACH DIR KEINE SORGEN, KAWAKI...
ICH BIN BEI DIR.

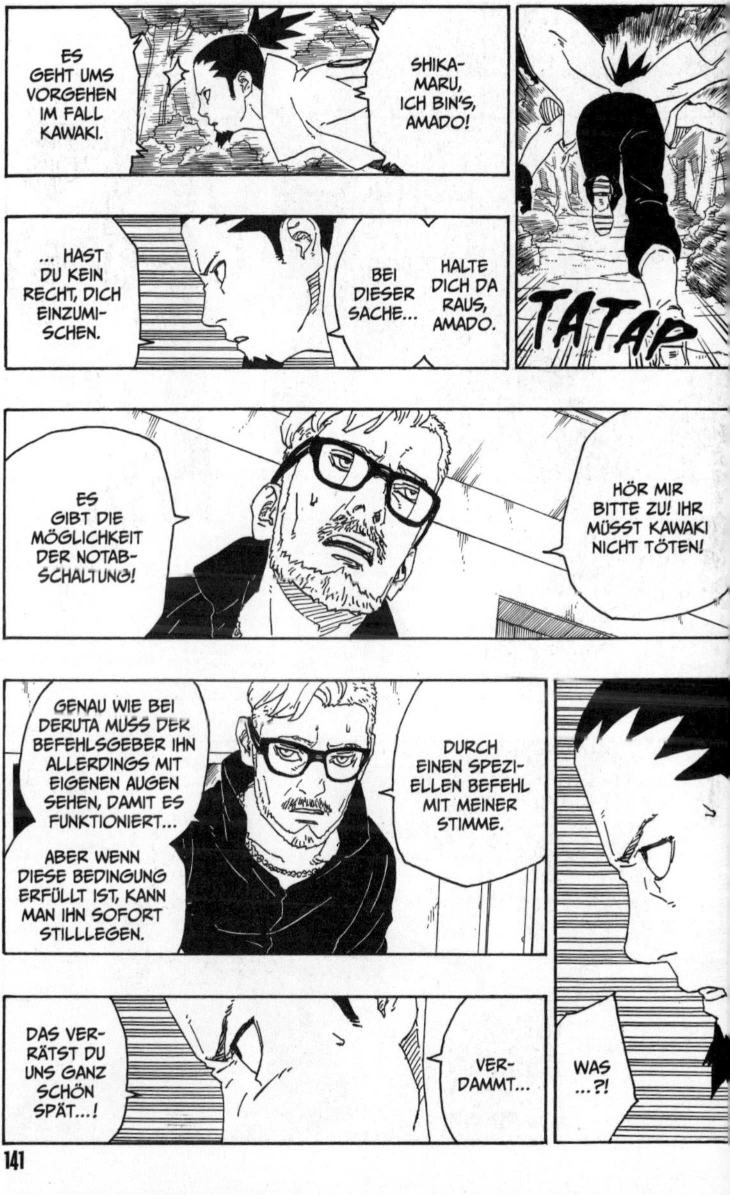
TATAP
SHIKA-MARU, ICH BIN'S, AMADO!
ES GEHT UMS VORGEHEN IM FALL KAWAKI.
HALTE DICH DA RAUS, AMADO.
BEI DIESER SACHE...
... HAST DU KEIN RECHT, DICH EINZUMI-SCHEN.
HÖR MIR BITTE ZU! IHR MÜSST KAWAKI NICHT TÖTEN!
ES GIBT DIE MÖGLICHKEIT DER NOTAB-SCHALTUNG!
WAS ...?!
DURCH EINEN SPEZI-ELLEN BEFEHL MIT MEINER STIMME.
GENAU WIE BEI DERUTA MUSS DER BEFEHLSGEBER IHN ALLERDINGS MIT EIGENEN AUGEN SEHEN, DAMIT ES FUNKTIONIERT...
ABER WENN DIESE BEDINGUNG ERFÜLLT IST, KANN MAN IHN SOFORT STILLLEGEN.
VER-DAMMT...
DAS VER-RÄTST DU UNS GANZ SCHÖN SPÄT...!

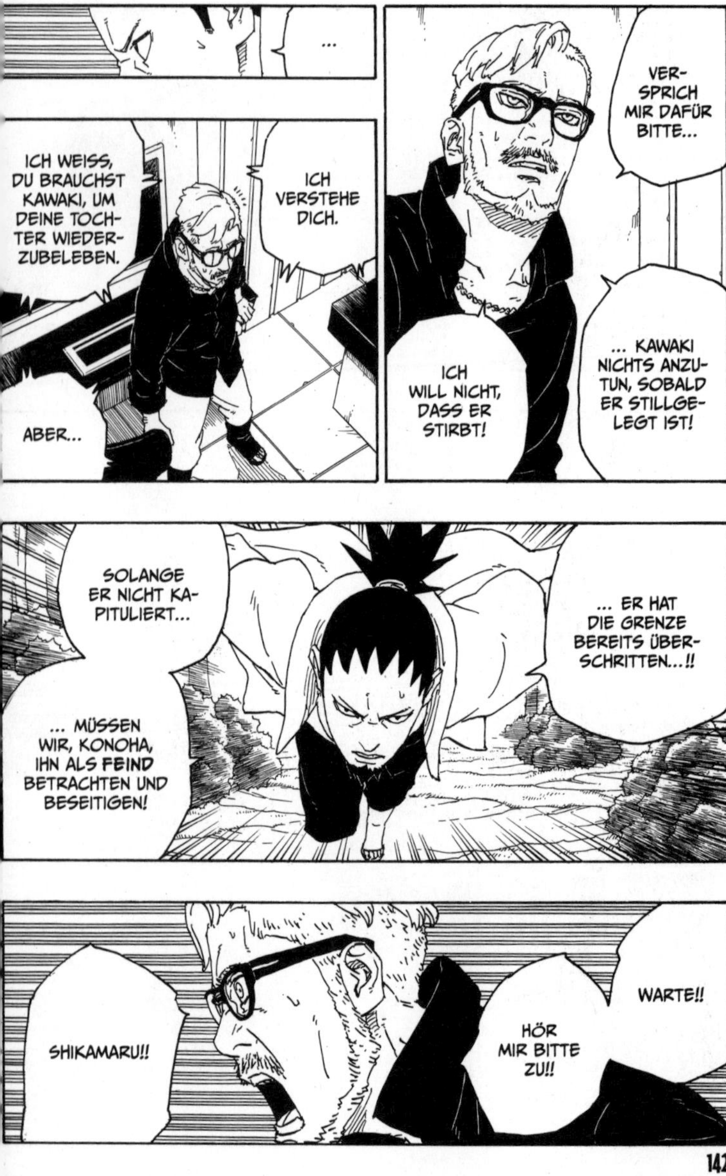
VER-SPRICH MIR DAFÜR BITTE...
... KAWAKI NICHTS ANZU-TUN, SOBALD ER STILLGE-LEGT IST!
ICH WILL NICHT, DASS ER STIRBT!
...
ICH VERSTEHE DICH.
ICH WEISS, DU BRAUCHST KAWAKI, UM DEINE TOCH-TER WIEDER-ZUBELEBEN.
ABER...
... ER HAT DIE GRENZE BEREITS ÜBER-SCHRITTEN...!!
SOLANGE ER NICHT KA-PITULIERT...
... MÜSSEN WIR, KONOHA, IHN ALS FEIND BETRACHTEN UND BESEITIGEN!
WARTE!!
HÖR MIR BITTE ZU!!
SHIKAMARU!!

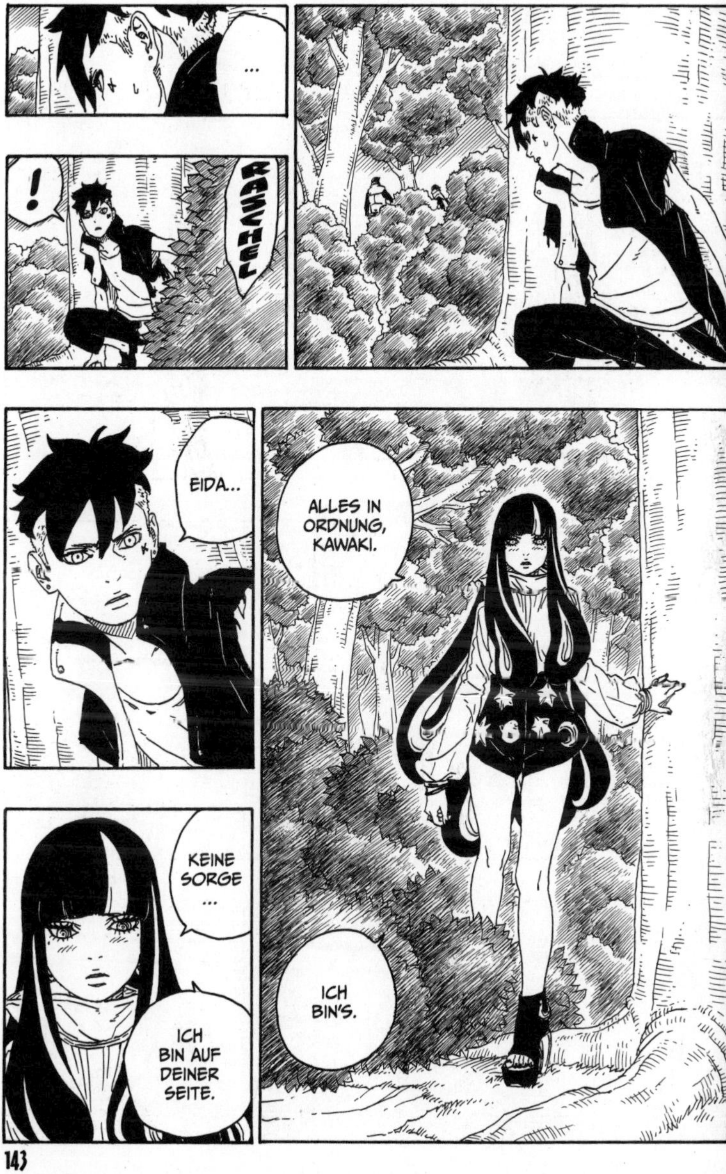
...
!
RASCHEL
ALLES IN ORDNUNG, KAWAKI.
ICH BIN'S.
EIDA...
KEINE SORGE ...
ICH BIN AUF DEINER SEITE.

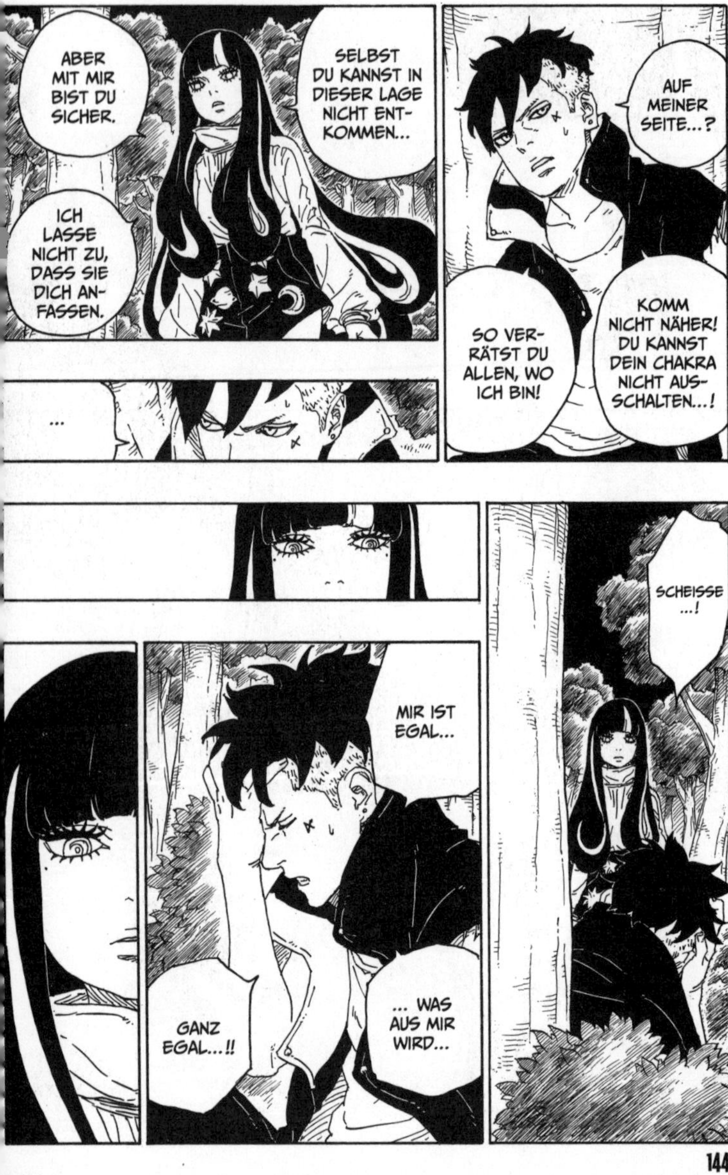
AUF MEINER SEITE...?
KOMM NICHT NÄHER! DU KANNST DEIN CHAKRA NICHT AUS-SCHALTEN...!
SO VER-RÄTST DU ALLEN, WO ICH BIN!
SELBST DU KANNST IN DIESER LAGE NICHT ENT-KOMMEN...
ABER MIT MIR BIST DU SICHER.
ICH LASSE NICHT ZU, DASS SIE DICH AN-FASSEN.
...
SCHEISSE ...!
MIR IST EGAL...
... WAS AUS MIR WIRD...
GANZ EGAL...!!

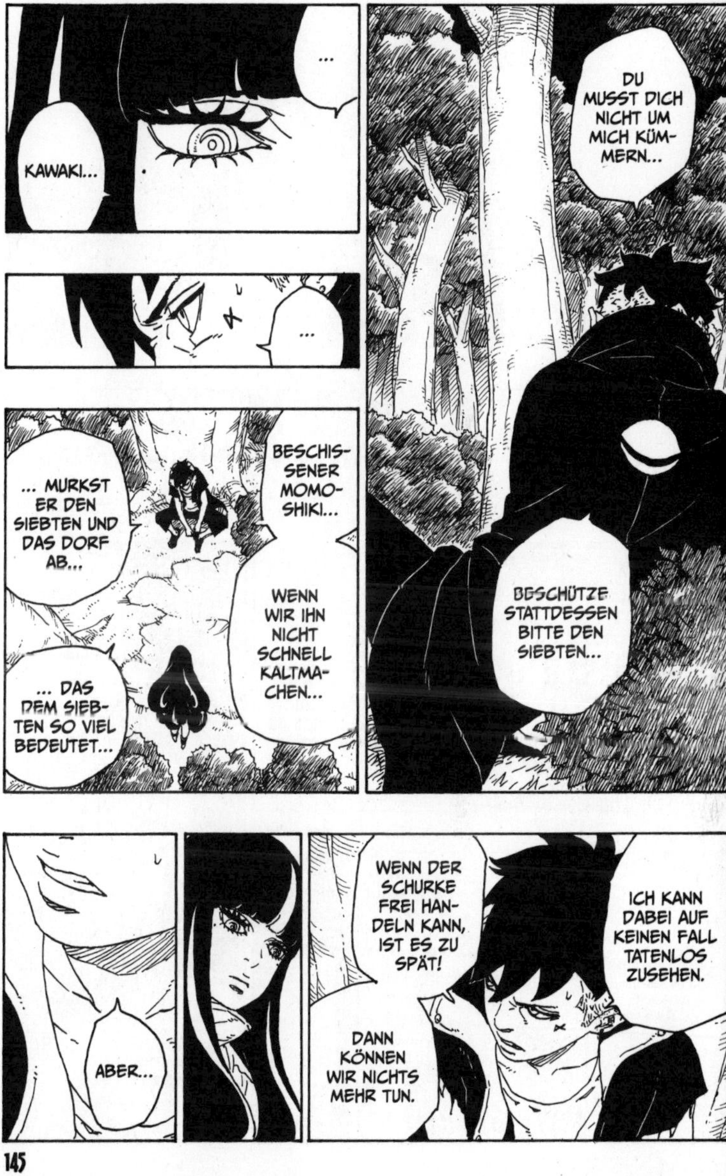
DU MUSST DICH NICHT UM MICH KÜMMERN...
BESCHÜTZE STATTDESSEN BITTE DEN SIEBTEN...
...
KAWAKI...
...
BESCHISSENER MOMOSHIKI...
WENN WIR IHN NICHT SCHNELL KALTMACHEN...
... MURKST ER DEN SIEBTEN UND DAS DORF AB...
... DAS DEM SIEBTEN SO VIEL BEDEUTET...
ICH KANN DABEI AUF KEINEN FALL TATENLOS ZUSEHEN.
WENN DER SCHURKE FREI HANDELN KANN, IST ES ZU SPÄT!
DANN KÖNNEN WIR NICHTS MEHR TUN.
ABER...

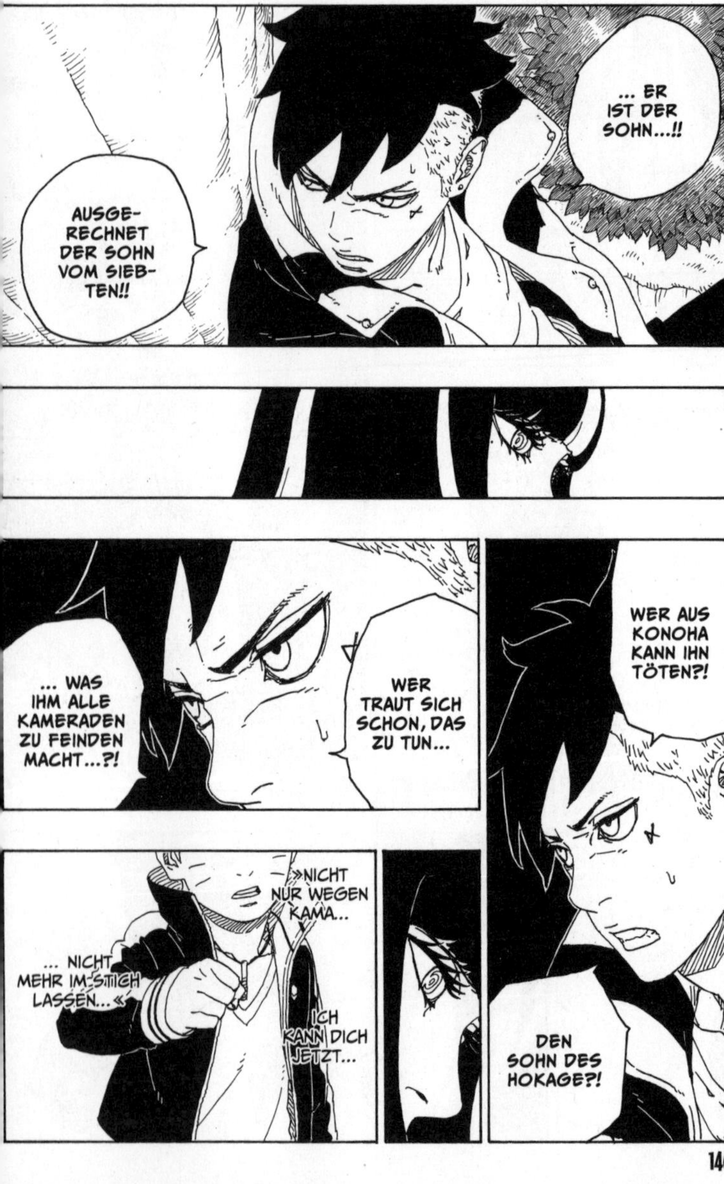
... ER IST DER SOHN...!!
AUSGE-RECHNET DER SOHN VOM SIEB-TEN!!
WER AUS KONOHA KANN IHN TÖTEN?!
WER TRAUT SICH SCHON, DAS ZU TUN...
... WAS IHM ALLE KAMERADEN ZU FEINDEN MACHT...?!
DEN SOHN DES HOKAGE?!
»NICHT NUR WEGEN KAMA...
ICH KANN DICH JETZT...
... NICHT MEHR IM STICH LASSEN...«

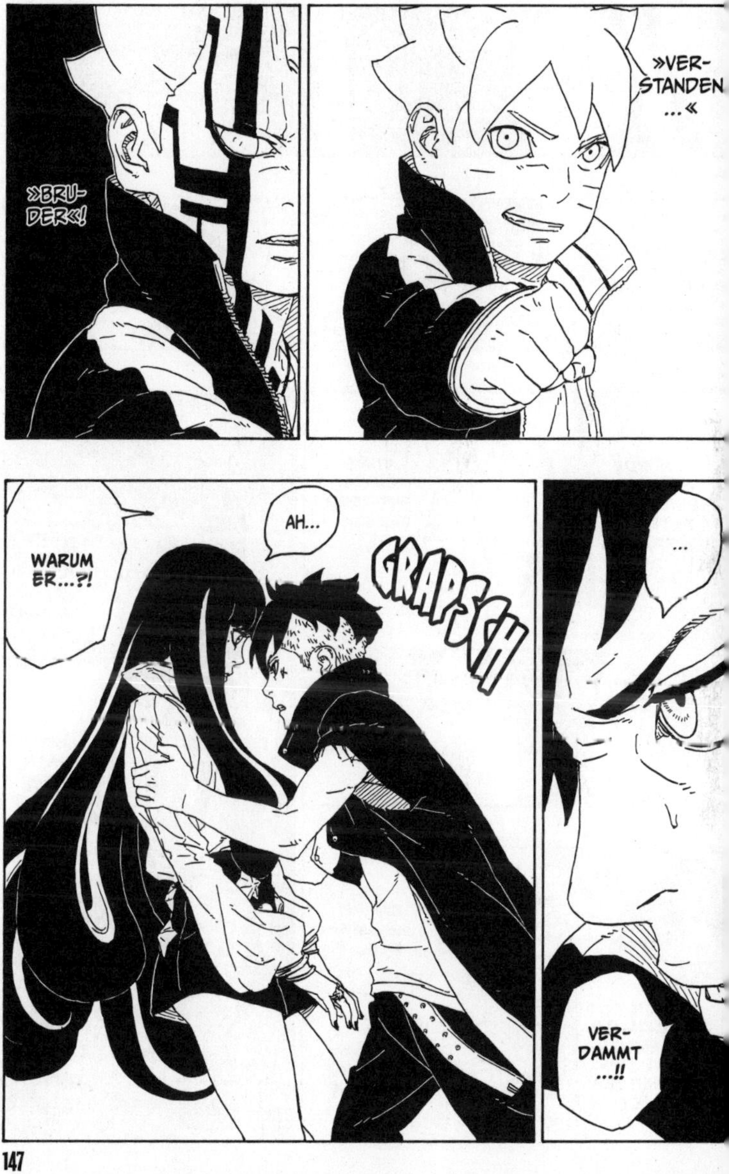
»VER-
STANDEN
...«
»BRU-
DER«!
...
VER-
DAMMT
...!!
AH...
GRAPSCH
WARUM
ER...?!

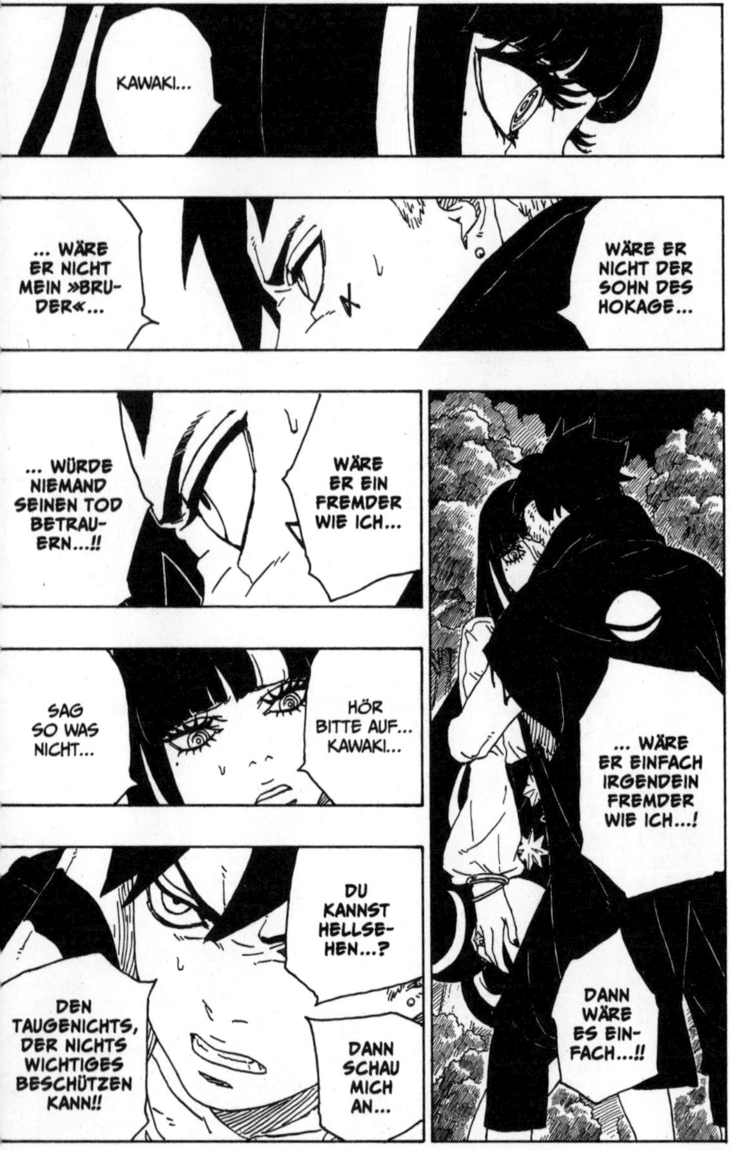
KAWAKI...
WÄRE ER NICHT DER SOHN DES HOKAGE...
... WÄRE ER NICHT MEIN »BRUDER«...
... WÄRE ER EINFACH IRGENDEIN FREMDER WIE ICH...!
DANN WÄRE ES EINFACH...!!
WÄRE ER EIN FREMDER WIE ICH...
... WÜRDE NIEMAND SEINEN TOD BETRAUERN...!!
HÖR BITTE AUF... KAWAKI...
SAG SO WAS NICHT...
DU KANNST HELLSEHEN...?
DANN SCHAU MICH AN...
DEN TAUGENICHTS, DER NICHTS WICHTIGES BESCHÜTZEN KANN!!

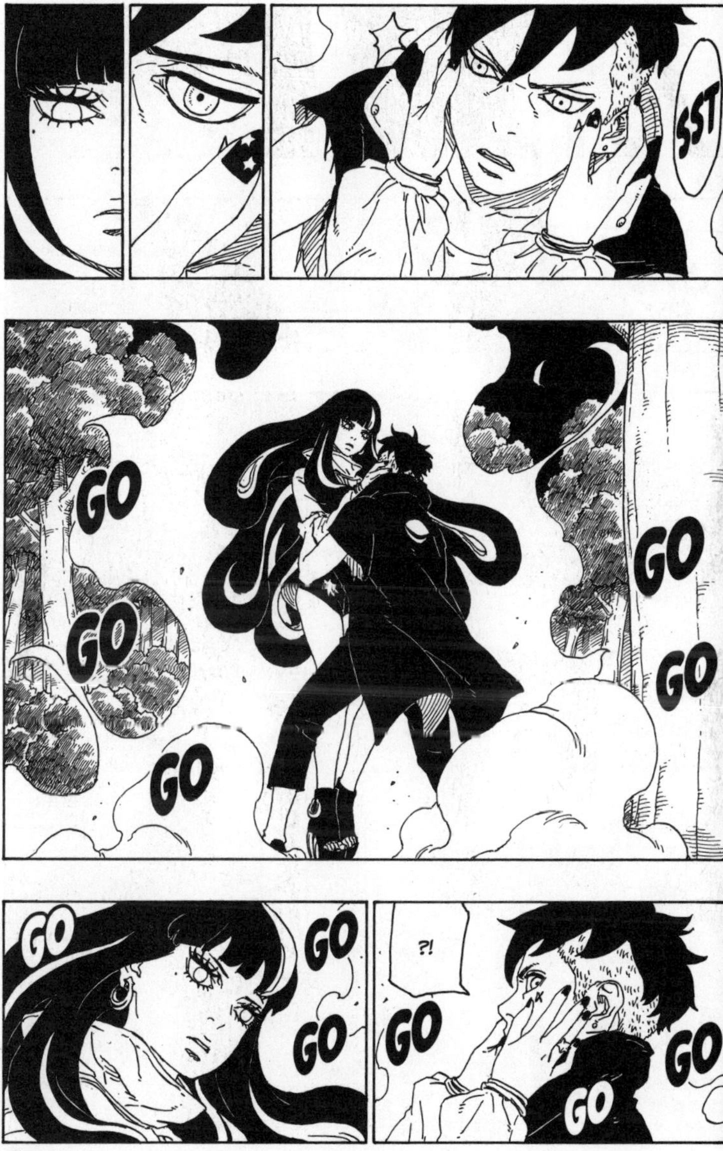
SST
GO
GO
GO
GO
GO
?!
GO
GO
GO
GO
GO
GO
GO

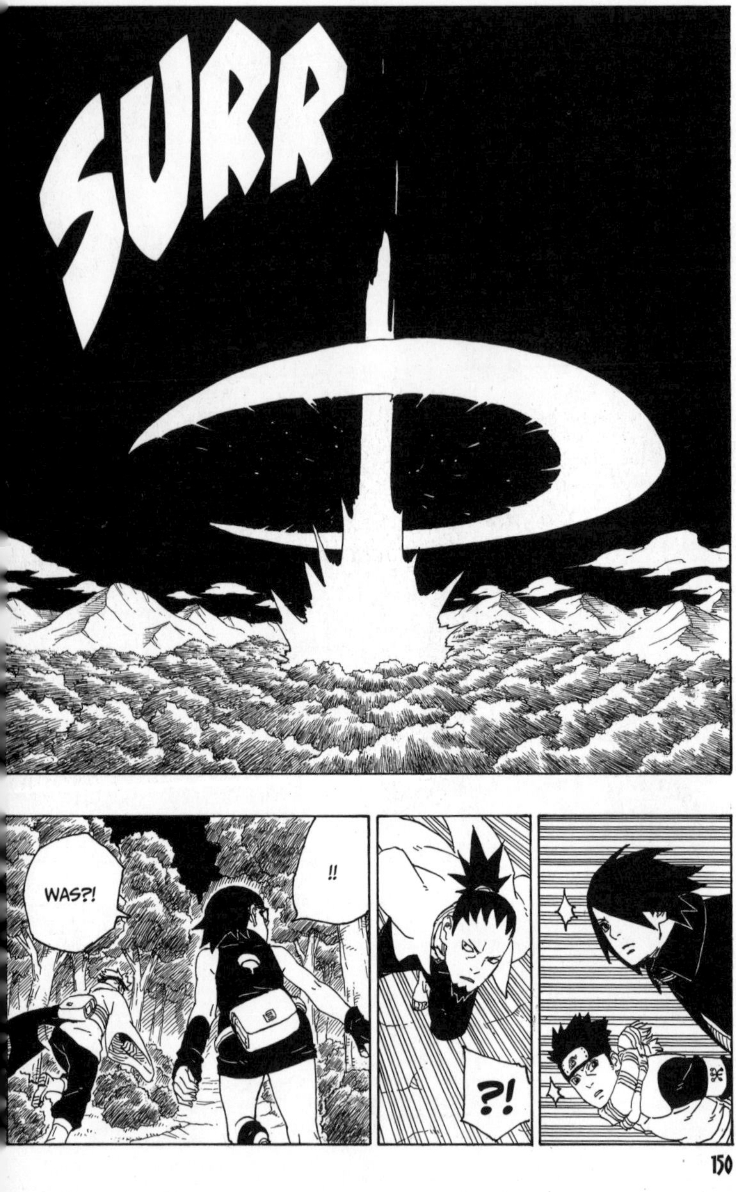
SURR
?!
!!
WAS?!

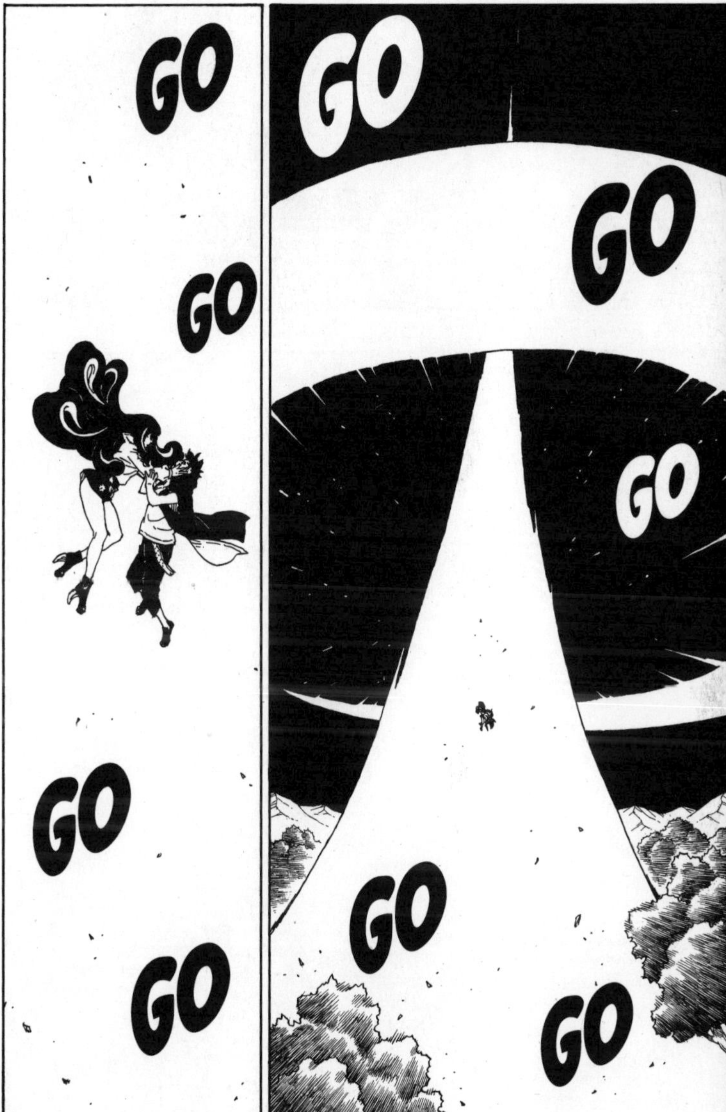
GO
GO
GO
GO
GO
GO
GO
GO
GO
GO

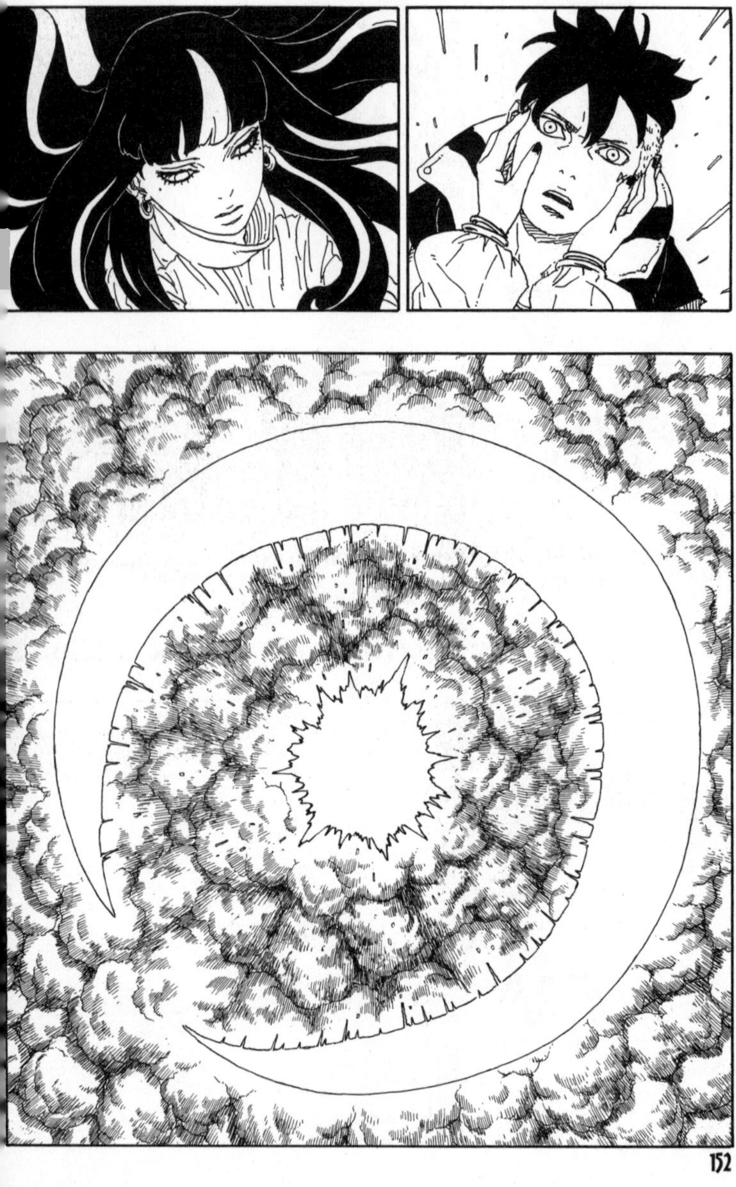

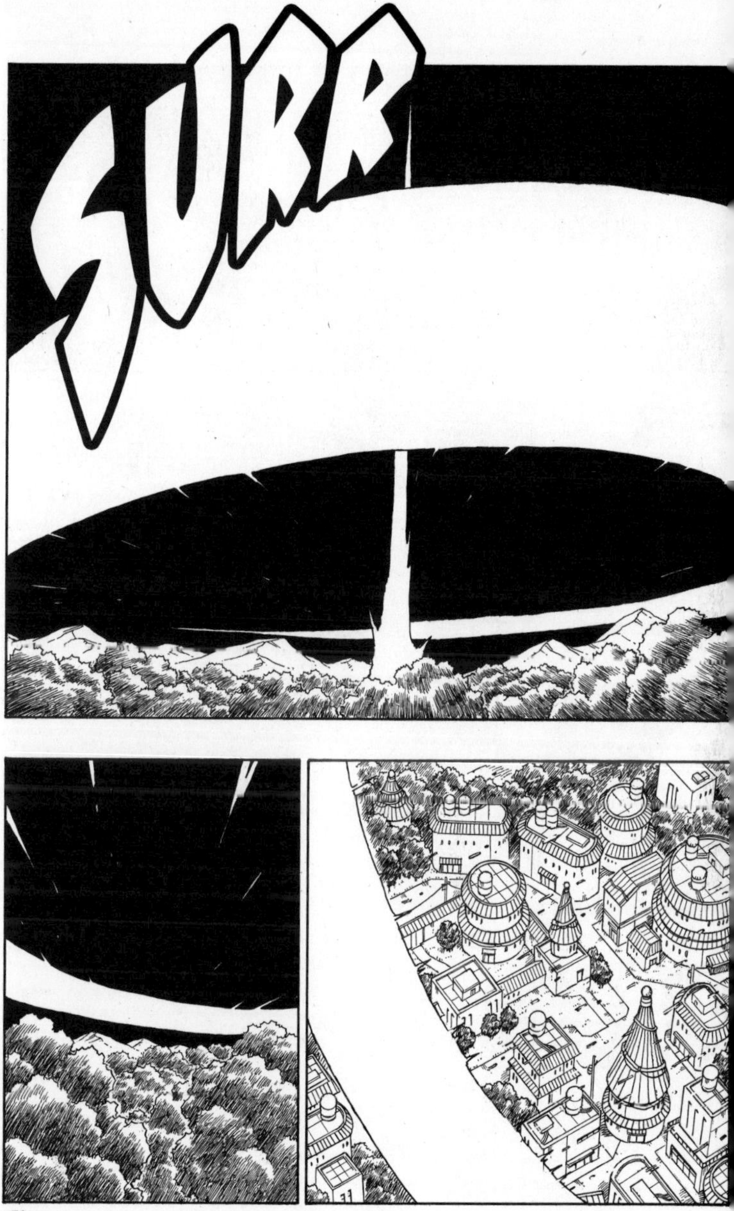
SURR

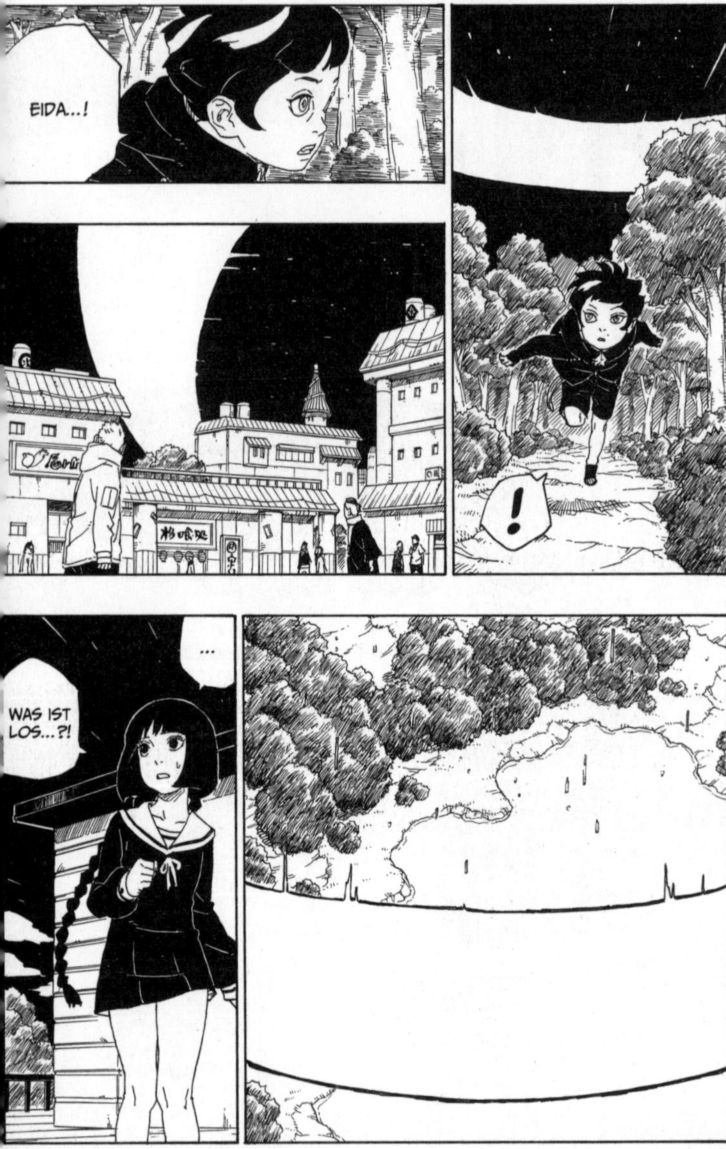

EIDA...!
!
...
WAS IST LOS...?!

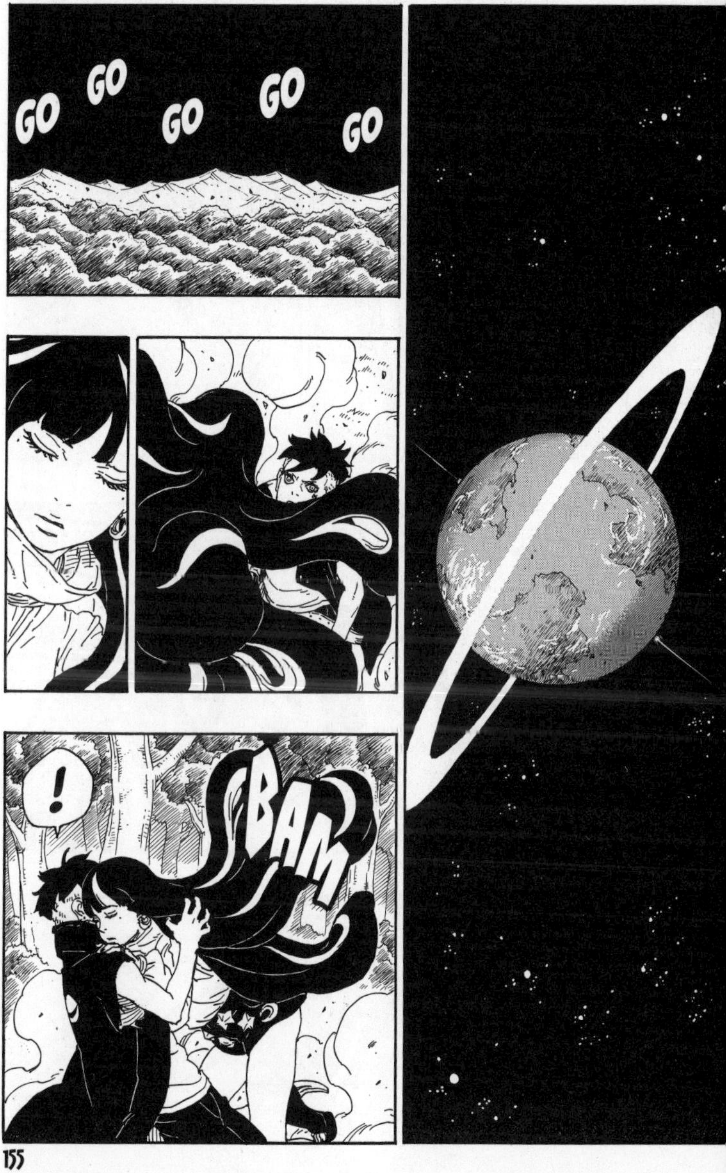
GO GO GO GO GO
!
BAM

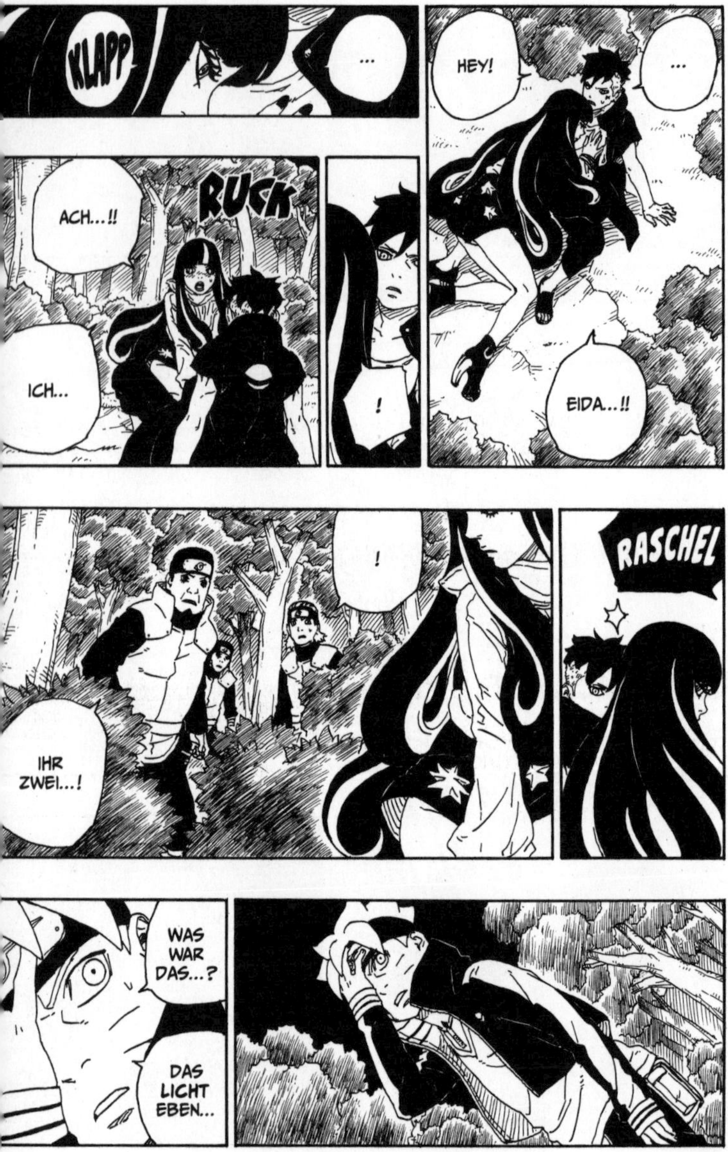
HEY!
...
EIDA...!!
KLAPP
...
!
RUCK
ACH...!!
ICH...
RASCHEL
!
IHR ZWEI...!
WAS WAR DAS...?
DAS LICHT EBEN...

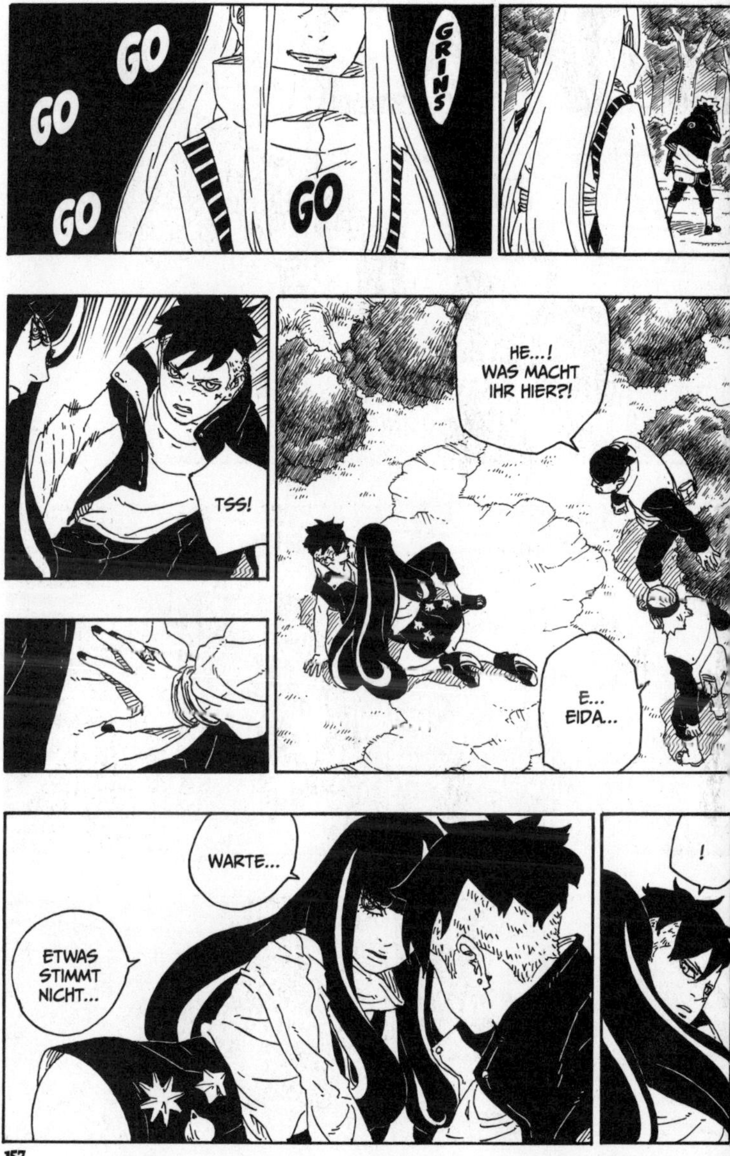
GRINS
GO GO GO GO GO
HE...!
WAS MACHT
IHR HIER?!
TSS!
E...
EIDA...
!
WARTE...
ETWAS
STIMMT
NICHT...

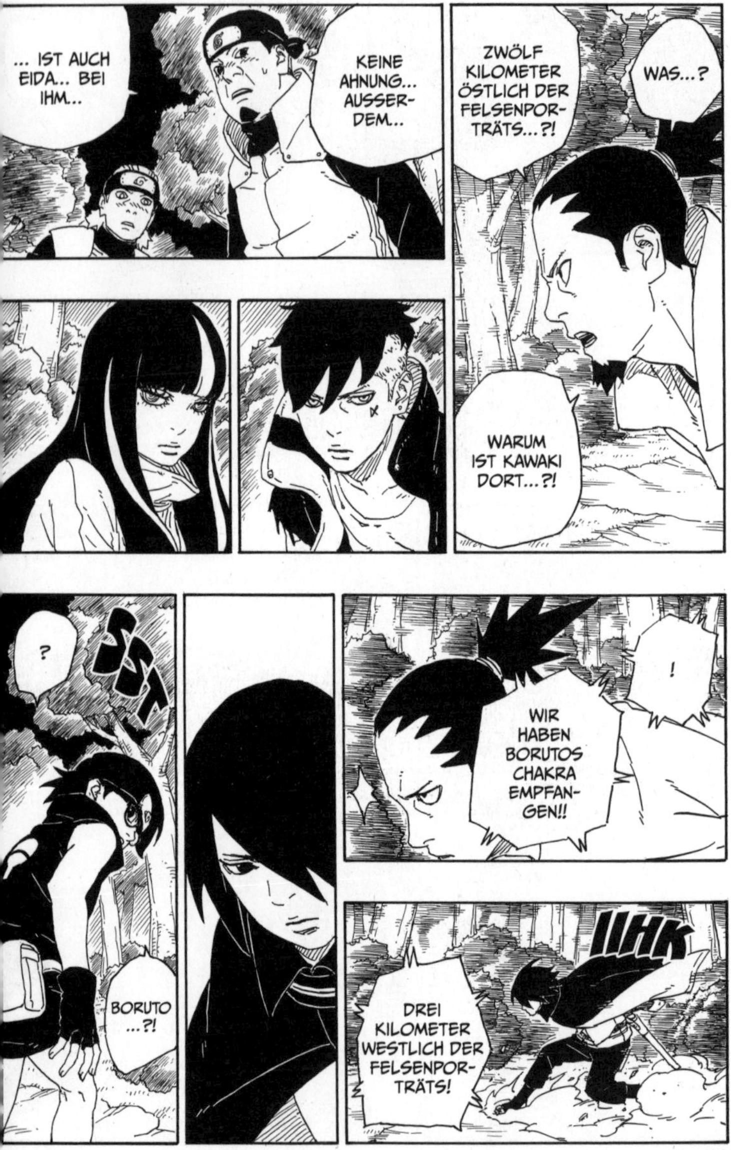
WAS...?
ZWÖLF KILOMETER ÖSTLICH DER FELSENPORTRÄTS...?!
KEINE AHNUNG... AUSSERDEM...
... IST AUCH EIDA... BEI IHM...
WARUM IST KAWAKI DORT...?!
!
WIR HABEN BORUTOS CHAKRA EMPFANGEN!!
IIHK
DREI KILOMETER WESTLICH DER FELSENPORTRÄTS!
SST
?
BORUTO ...?!

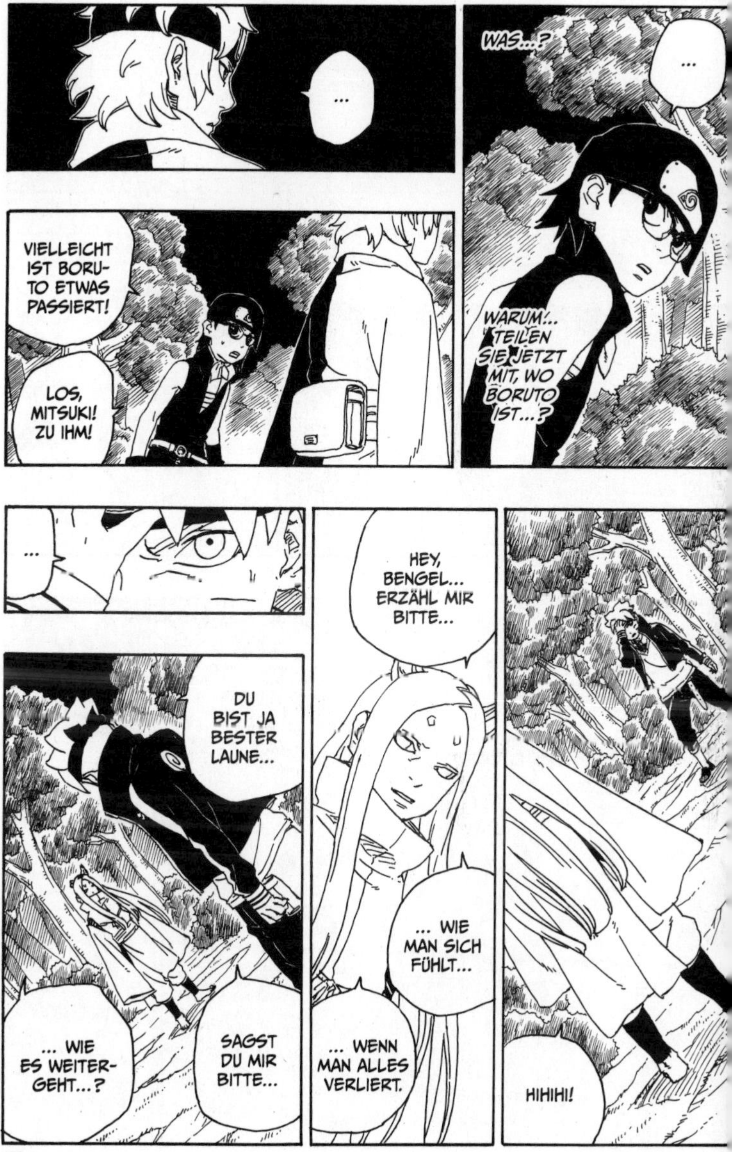
...
WAS...?
WARUM... TEILEN SIE JETZT MIT, WO BORUTO IST...?
...
VIELLEICHT IST BORU-TO ETWAS PASSIERT!
LOS, MITSUKI! ZU IHM!
HIHIHI!
HEY, BENGEL... ERZÄHL MIR BITTE...
... WIE MAN SICH FÜHLT...
... WENN MAN ALLES VERLIERT.
...
DU BIST JA BESTER LAUNE...
SAGST DU MIR BITTE...
... WIE ES WEITER-GEHT...?

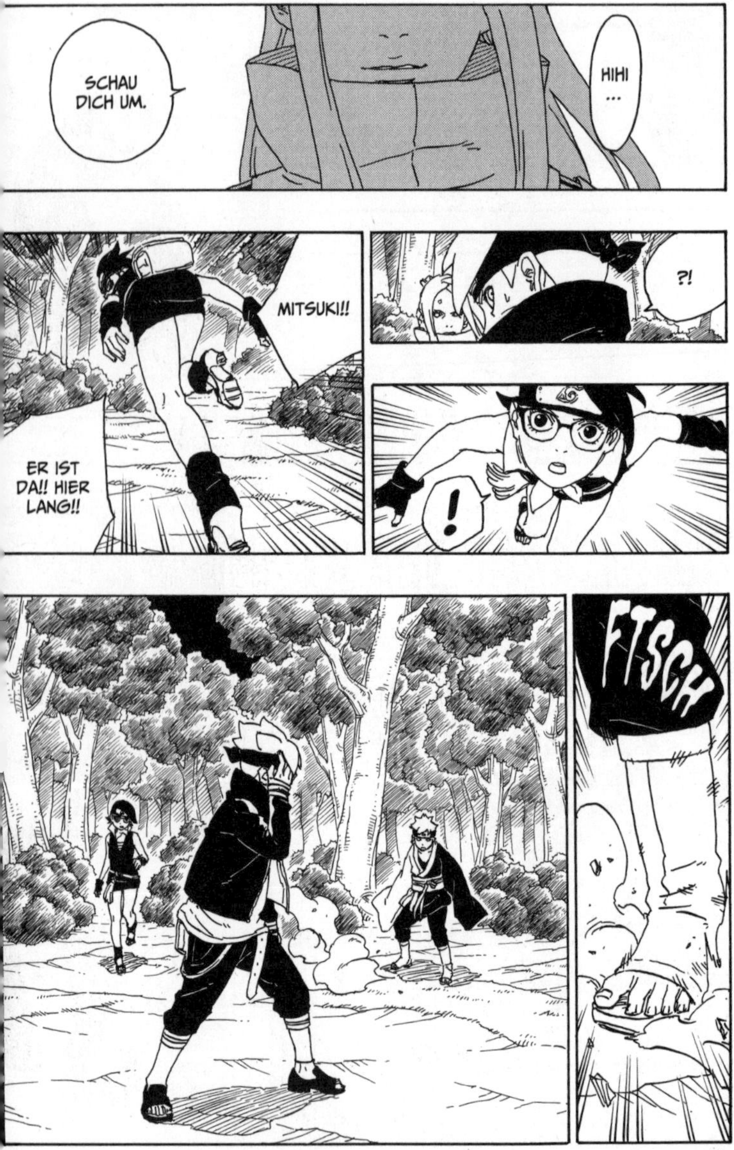
HIHI …
SCHAU DICH UM.
?!
MITSUKI!!
ER IST DA!! HIER LANG!!
!
FTSCH

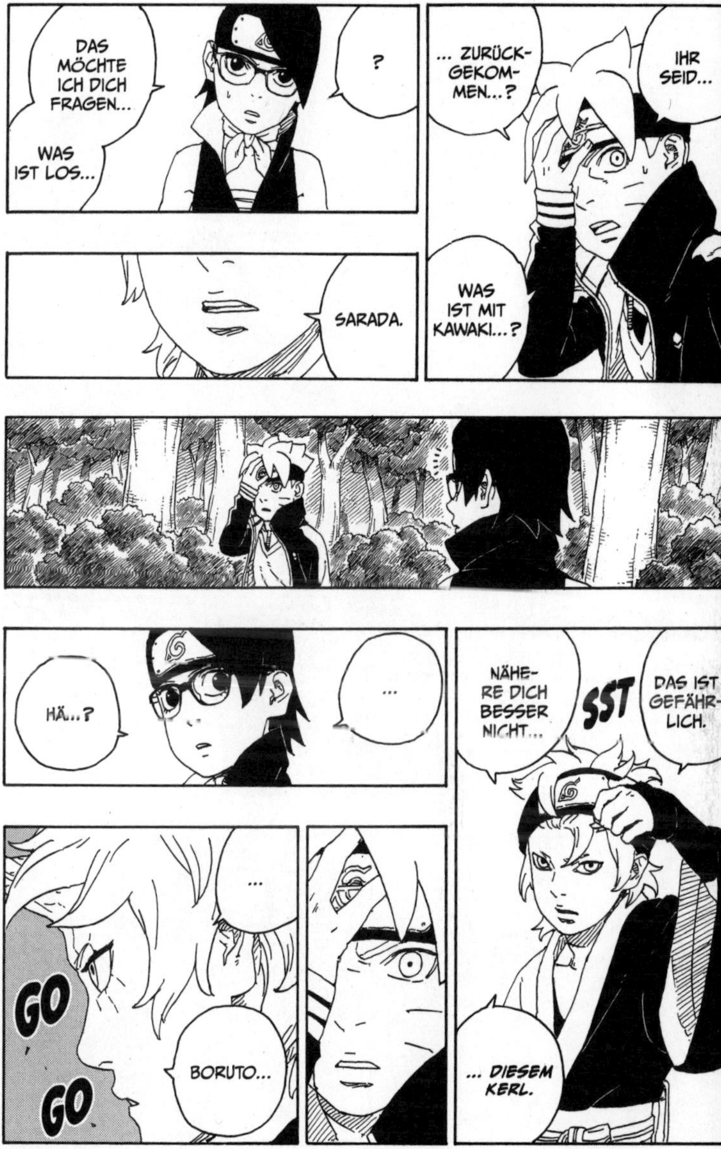
IHR SEID...
... ZURÜCK-GEKOM-MEN...?
WAS IST MIT KAWAKI...?
?
DAS MÖCHTE ICH DICH FRAGEN...
WAS IST LOS...
SARADA.
DAS IST GEFÄHR-LICH.
SST
NÄHE-RE DICH BESSER NICHT...
... DIESEM KERL.
...
HÄ...?
...
BORUTO...
GO
GO

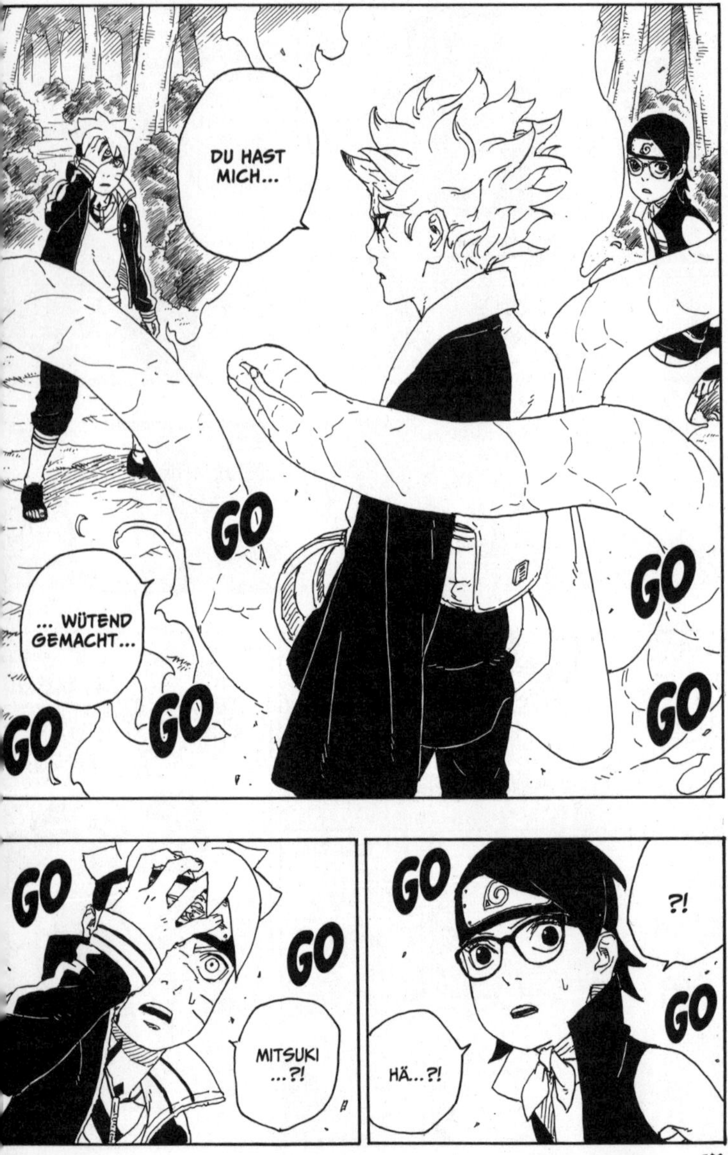
DU HAST MICH...
GO
GO
GO
... WÜTEND GEMACHT...
GO
GO
GO
?!
HÄ...?!
GO
GO
MITSUKI ...?!
GO
GO

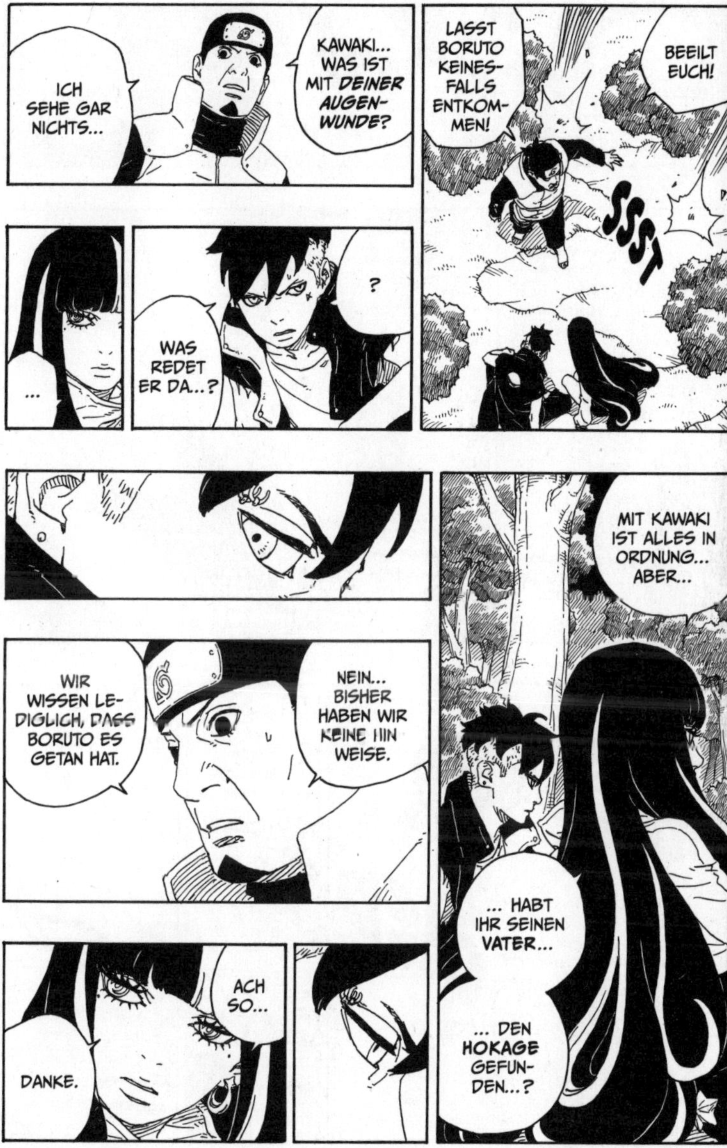
BEEILT EUCH!
LASST BORUTO KEINES-FALLS ENTKOM-MEN!
SSST
KAWAKI... WAS IST MIT DEINER AUGEN-WUNDE?
ICH SEHE GAR NICHTS...
?
WAS REDET ER DA...?
...
MIT KAWAKI IST ALLES IN ORDNUNG... ABER...
... HABT IHR SEINEN VATER...
... DEN HOKAGE GEFUN-DEN...?
NEIN... BISHER HABEN WIR KEINE HIN WEISE.
WIR WISSEN LE-DIGLICH, DASS BORUTO ES GETAN HAT.
ACH SO...
DANKE.

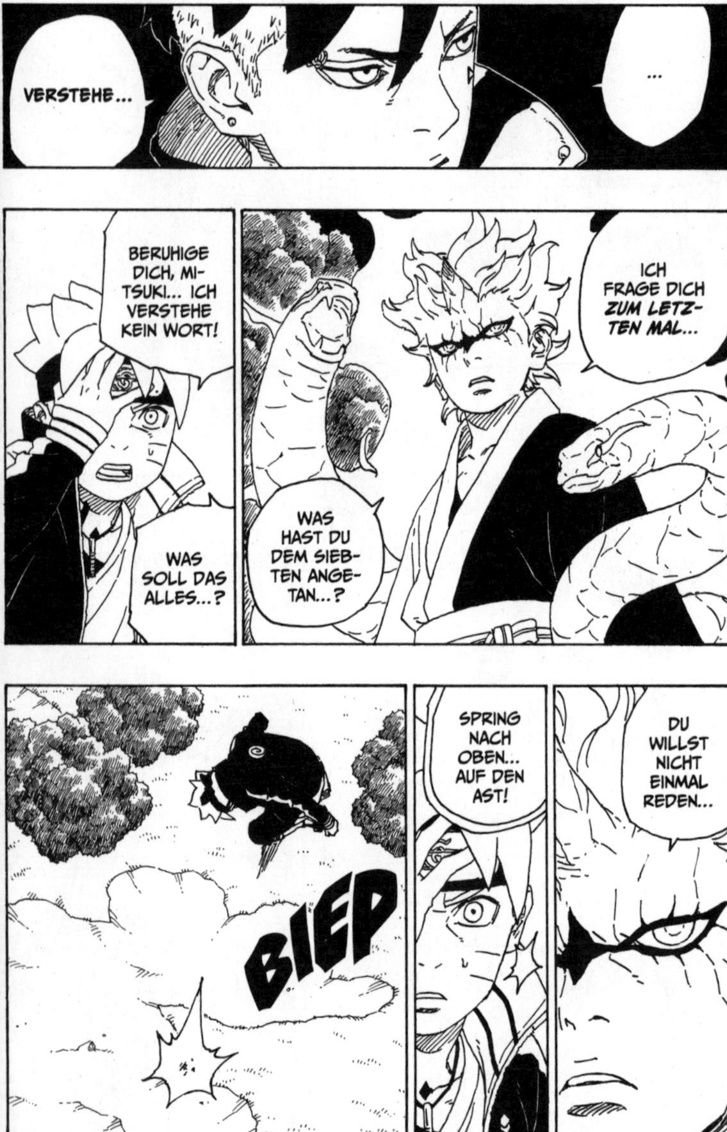
...
VERSTEHE...
ICH FRAGE DICH ZUM LETZTEN MAL...
WAS HAST DU DEM SIEBTEN ANGETAN...?
BERUHIGE DICH, MITSUKI... ICH VERSTEHE KEIN WORT!
WAS SOLL DAS ALLES...?
DU WILLST NICHT EINMAL REDEN...
SPRING NACH OBEN... AUF DEN AST!
BIEP

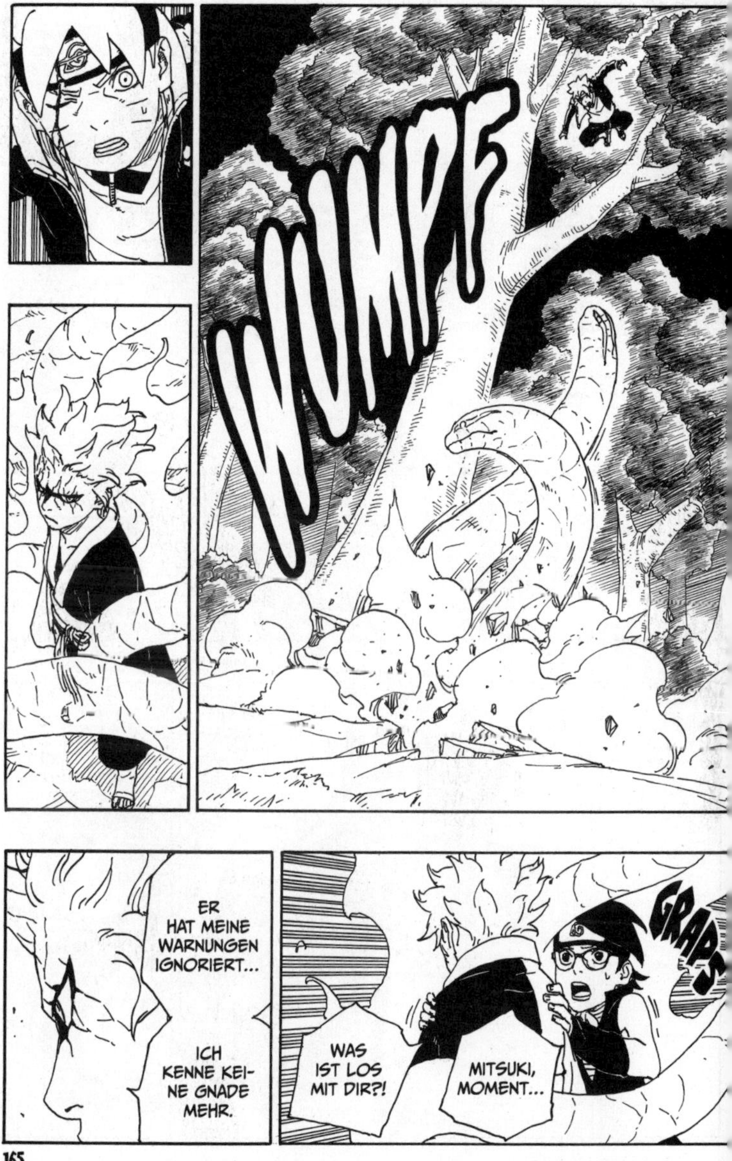
WUMPF
GRAPS
MITSUKI, MOMENT...
WAS IST LOS MIT DIR?!
ER HAT MEINE WARNUNGEN IGNORIERT...
ICH KENNE KEI-NE GNADE MEHR.

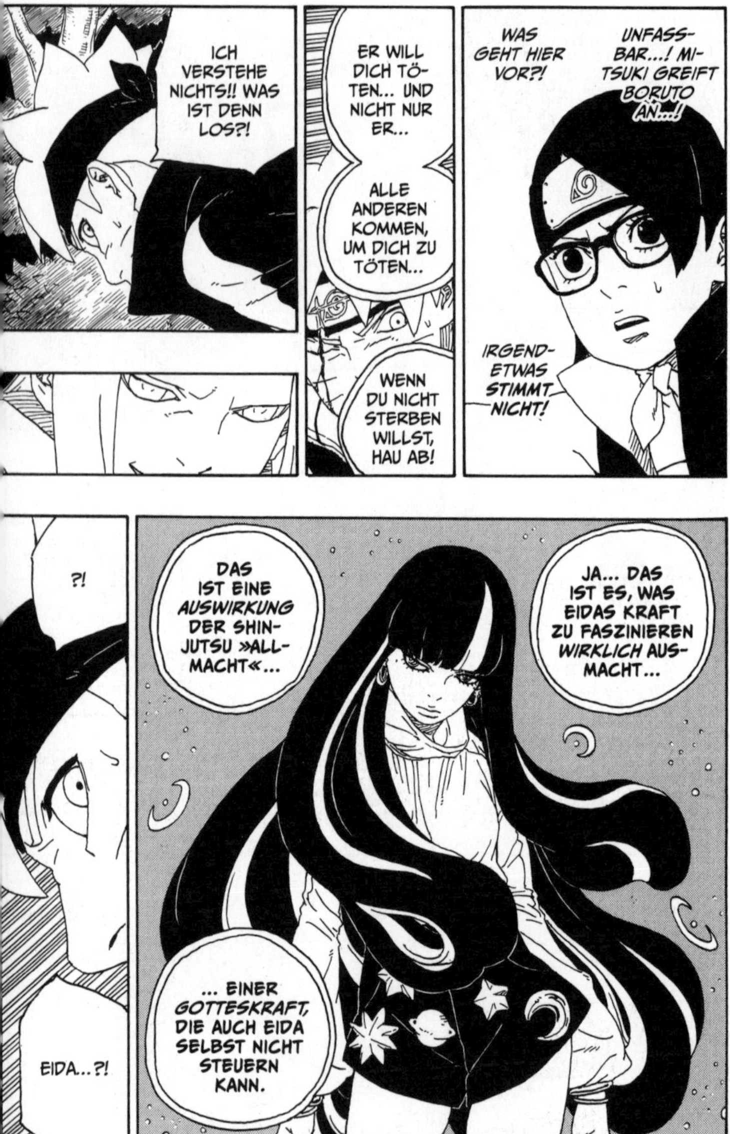
UNFASSBAR...! MITSUKI GREIFT BORUTO AN...!
WAS GEHT HIER VOR?!
IRGENDETWAS STIMMT NICHT!
ER WILL DICH TÖTEN... UND NICHT NUR ER...
ALLE ANDEREN KOMMEN, UM DICH ZU TÖTEN...
WENN DU NICHT STERBEN WILLST, HAU AB!
ICH VERSTEHE NICHTS!! WAS IST DENN LOS?!
JA... DAS IST ES, WAS EIDAS KRAFT ZU FASZINIEREN WIRKLICH AUSMACHT...
DAS IST EINE AUSWIRKUNG DER SHINJUTSU »ALLMACHT«...
... EINER GOTTESKRAFT, DIE AUCH EIDA SELBST NICHT STEUERN KANN.
?!
EIDA...?!

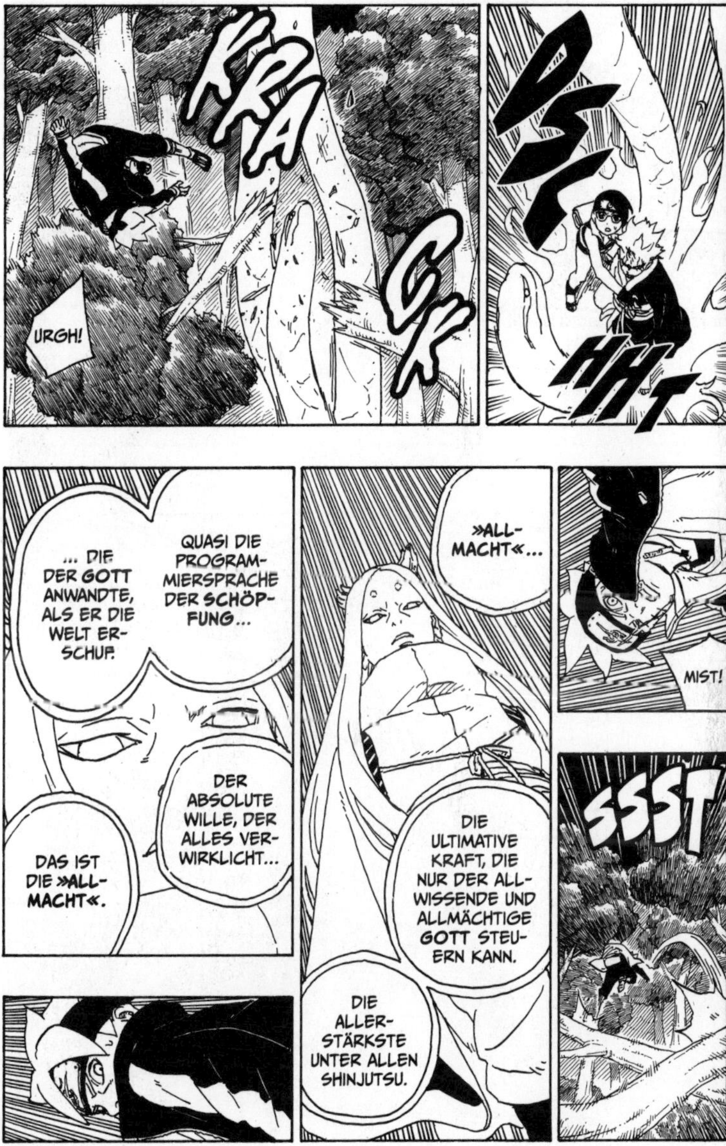

KRACK
URGH!
MIST!
SSST
»ALLMACHT«…
DIE ULTIMATIVE KRAFT, DIE NUR DER ALLWISSENDE UND ALLMÄCHTIGE GOTT STEUERN KANN.
DIE ALLERSTÄRKSTE UNTER ALLEN SHINJUTSU.
QUASI DIE PROGRAMMIERSPRACHE DER SCHÖPFUNG…
… DIE DER GOTT ANWANDTE, ALS ER DIE WELT ERSCHUF.
DER ABSOLUTE WILLE, DER ALLES VERWIRKLICHT…
DAS IST DIE »ALLMACHT«.

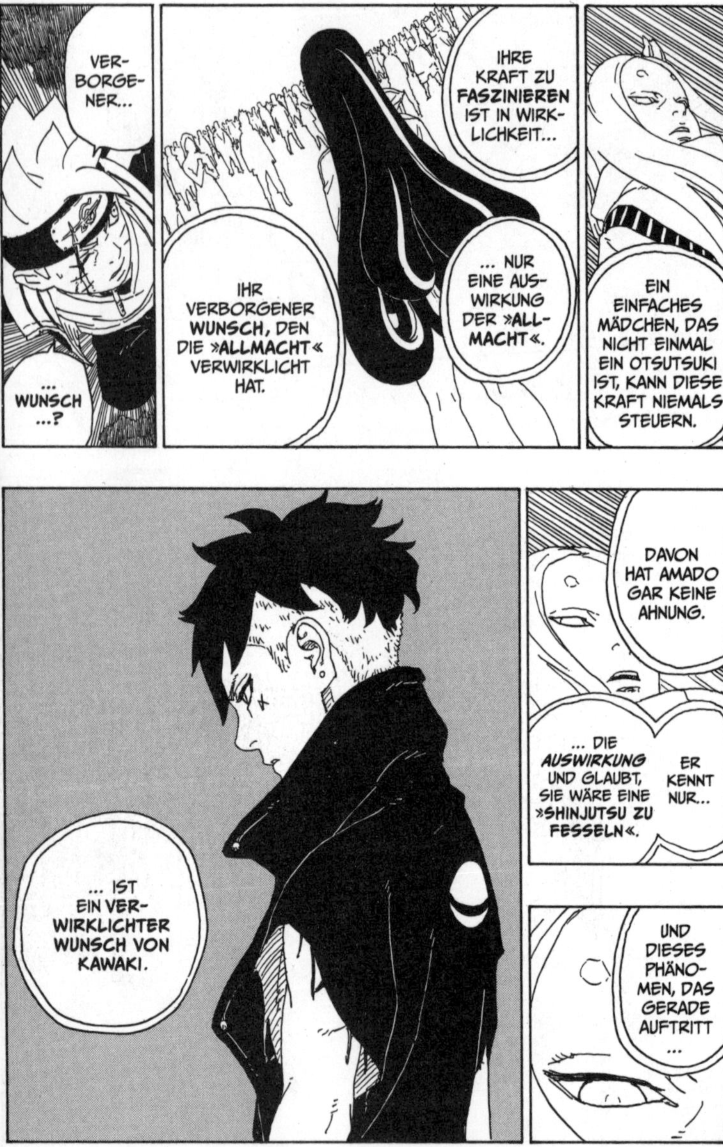
EIN EINFACHES MÄDCHEN, DAS NICHT EINMAL EIN OTSUTSUKI IST, KANN DIESE KRAFT NIEMALS STEUERN.
IHRE KRAFT ZU FASZINIEREN IST IN WIRKLICHKEIT...
... NUR EINE AUSWIRKUNG DER »ALLMACHT«.
IHR VERBORGENER WUNSCH, DEN DIE »ALLMACHT« VERWIRKLICHT HAT.
VERBORGENER...
... WUNSCH ...?
DAVON HAT AMADO GAR KEINE AHNUNG.
ER KENNT NUR...
... DIE AUSWIRKUNG UND GLAUBT, SIE WÄRE EINE »SHINJUTSU ZU FESSELN«.
UND DIESES PHÄNOMEN, DAS GERADE AUFTRITT ...
... IST EIN VERWIRKLICHTER WUNSCH VON KAWAKI.

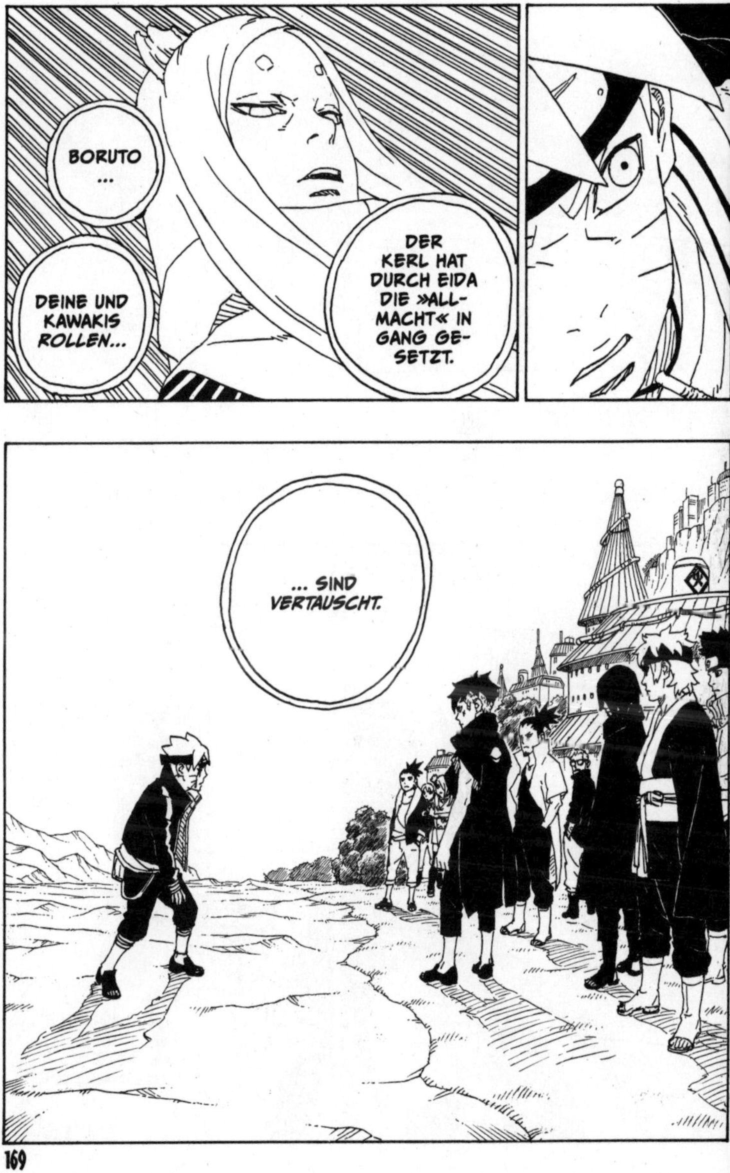
BORUTO …
DEINE UND KAWAKIS ROLLEN …
DER KERL HAT DURCH EIDA DIE »ALL-MACHT« IN GANG GE-SETZT.
… SIND VERTAUSCHT.

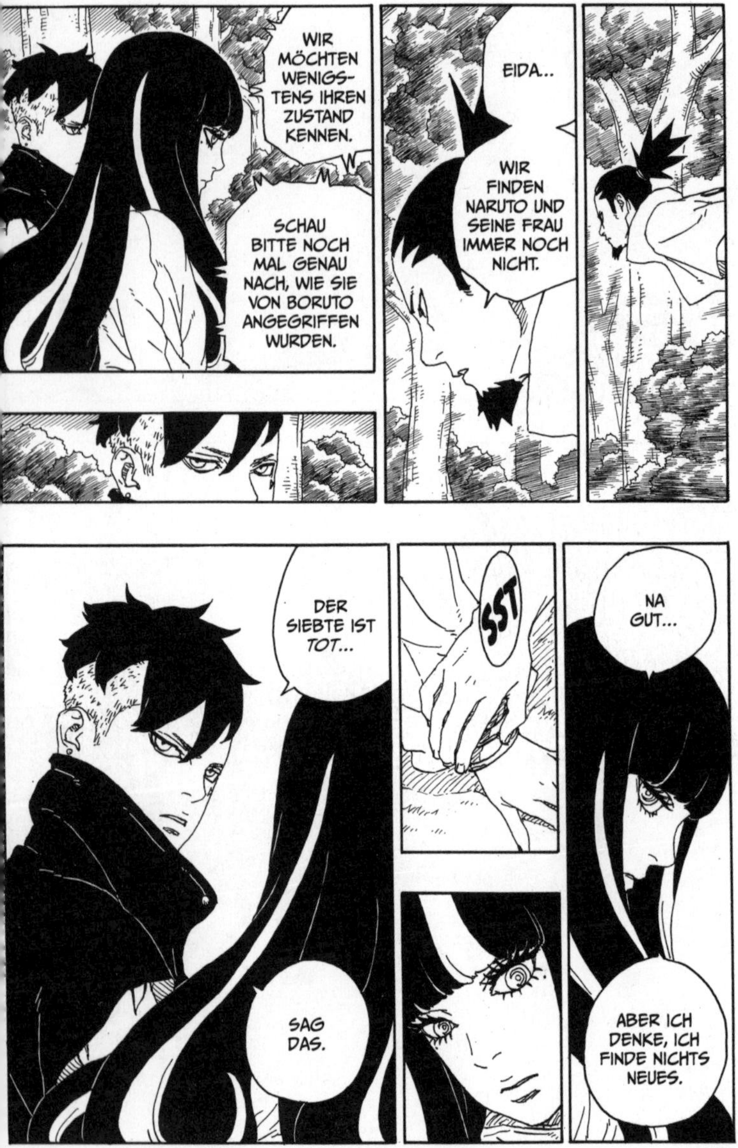
EIDA...
WIR FINDEN NARUTO UND SEINE FRAU IMMER NOCH NICHT.
WIR MÖCHTEN WENIGS-TENS IHREN ZUSTAND KENNEN.
SCHAU BITTE NOCH MAL GENAU NACH, WIE SIE VON BORUTO ANGEGRIFFEN WURDEN.
NA GUT...
SST
ABER ICH DENKE, ICH FINDE NICHTS NEUES.
DER SIEBTE IST *TOT*...
SAG DAS.

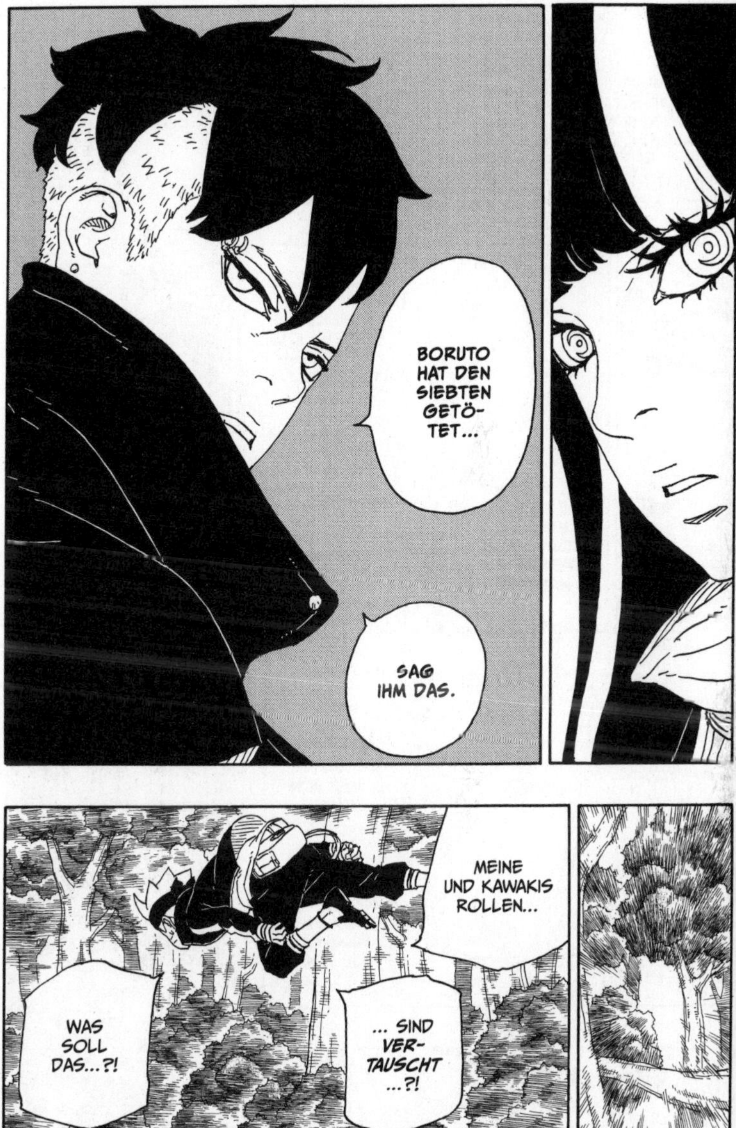
BORUTO HAT DEN SIEBTEN GETÖTET...
SAG IHM DAS.
MEINE UND KAWAKIS ROLLEN...
... SIND VERTAUSCHT ...?!
WAS SOLL DAS...?!

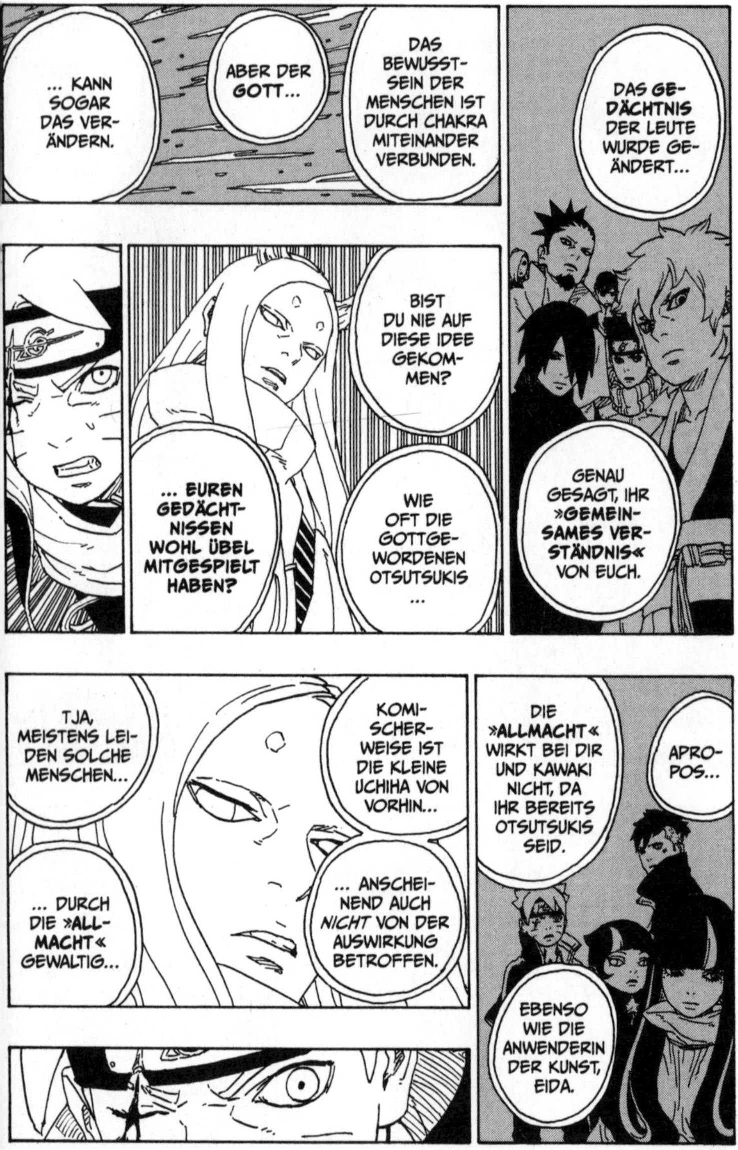
DAS GEDÄCHTNIS DER LEUTE WURDE GEÄNDERT…
GENAU GESAGT, IHR »GEMEINSAMES VERSTÄNDNIS« VON EUCH.
DAS BEWUSSTSEIN DER MENSCHEN IST DURCH CHAKRA MITEINANDER VERBUNDEN.
ABER DER GOTT…
… KANN SOGAR DAS VERÄNDERN.
BIST DU NIE AUF DIESE IDEE GEKOMMEN?
WIE OFT DIE GOTTGEWORDENEN OTSUTSUKIS …
… EUREN GEDÄCHTNISSEN WOHL ÜBEL MITGESPIELT HABEN?
APROPOS…
DIE »ALLMACHT« WIRKT BEI DIR UND KAWAKI NICHT, DA IHR BEREITS OTSUTSUKIS SEID.
EBENSO WIE DIE ANWENDERIN DER KUNST, EIDA.
KOMISCHERWEISE IST DIE KLEINE UCHIHA VON VORHIN…
… ANSCHEINEND AUCH *NICHT* VON DER AUSWIRKUNG BETROFFEN.
TJA, MEISTENS LEIDEN SOLCHE MENSCHEN…
… DURCH DIE »ALLMACHT« GEWALTIG…

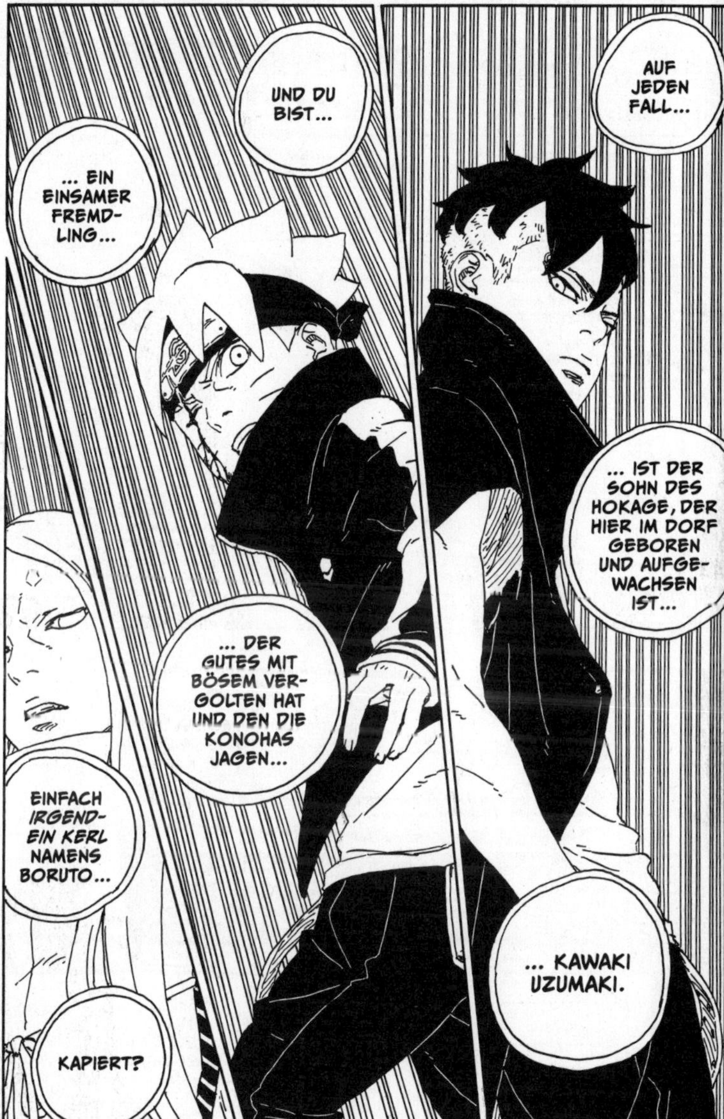
AUF JEDEN FALL...
... IST DER SOHN DES HOKAGE, DER HIER IM DORF GEBOREN UND AUFGEWACHSEN IST...
... KAWAKI UZUMAKI.
UND DU BIST...
... EIN EINSAMER FREMDLING...
... DER GUTES MIT BÖSEM VERGOLTEN HAT UND DEN DIE KONOHAS JAGEN...
EINFACH IRGENDEIN KERL NAMENS BORUTO...
KAPIERT?

BORUTO STAR-WETTBEWERB!! **KURZ: BORU-STAR!!**

HIER GEBEN WIR DEN STAR-NINJA BEKANNT!!

DAS IST DER BORU-STAR!!

ENTWORFEN VON: HOSHI-NO-HAKKIN

DER NAME DES CHARAKTERS: NOMADO

HIER IST MEISTER IKEMOTOS ZEICHNUNG!!

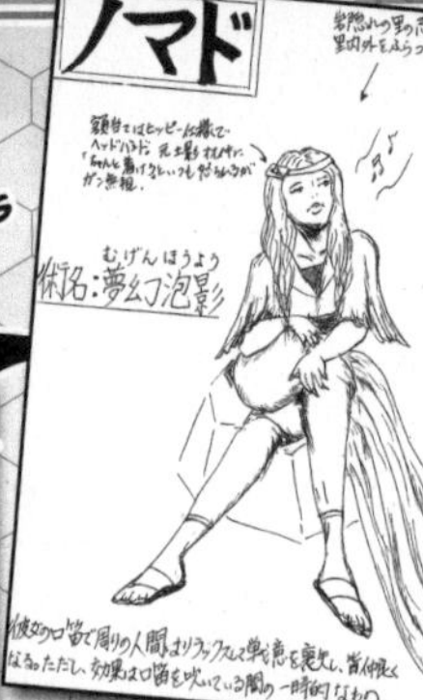

DER NAME IHRER KUNST: MUGEN-HOYO*

PFEIFT SIE, SO ENTSPANNEN SICH DIE MENSCHEN UM SIE HERUM, VERLIEREN DEN KAMPFGEIST UND WERDEN FREUNDLICH ZUEINANDER. ABER DIESE WIRKUNG HÄLT NUR SO LANGE AN, WIE SIE PFEIFT.

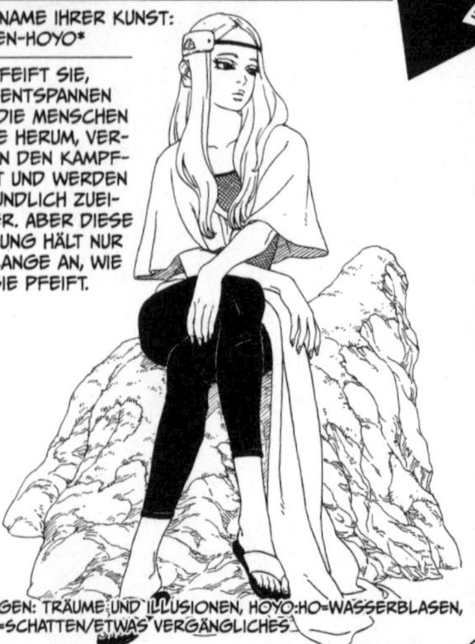

* MUGEN: TRÄUME UND ILLUSIONEN, HOYO: HO=WASSERBLASEN, YO=SCHATTEN/ETWAS VERGÄNGLICHES

EIN SCHMALES STIRNBAND IST SELTEN. IHR UNBESCHREIBLICH GELANGWEILTER, MÜDER GESICHTSAUSDRUCK UND IHRE AUSSTRAHLUNG GEFALLEN MIR. IHRE KUNST IST ZWAR STARK, ABER FUNKTIONIERT NUR BEDINGT. UND DAS FINDE ICH TOLL. WÄHREND DIE MEISTEN ENTWORFENEN KÜNSTE ZU STARK SIND, IST DIESE KUNST SO RUND, DASS SIE IN DER SERIE BORUTO AUFTRETEN KÖNNTE.

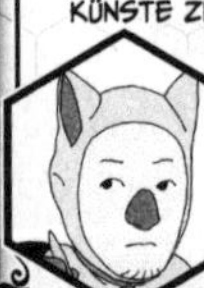

WENN DEIN NINJA ALS BORU-STAR AUSGEWÄHLT WIRD ...

... WIRD MEISTER IKEMOTO DEINEN ORIGINAL-NINJA ZEICHNEN!! & WIR SCHENKEN DIR EIN BILD VON IKEMOTO-SENSEI MIT DEINEM NAMEN UND SEINEM AUTOGRAMM!

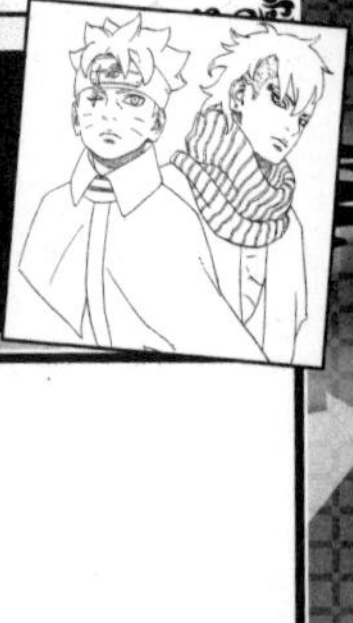

DIESE ILLUSTRATION IST EIN BEISPIEL. ABWEICHUNGEN SIND MÖGLICH.

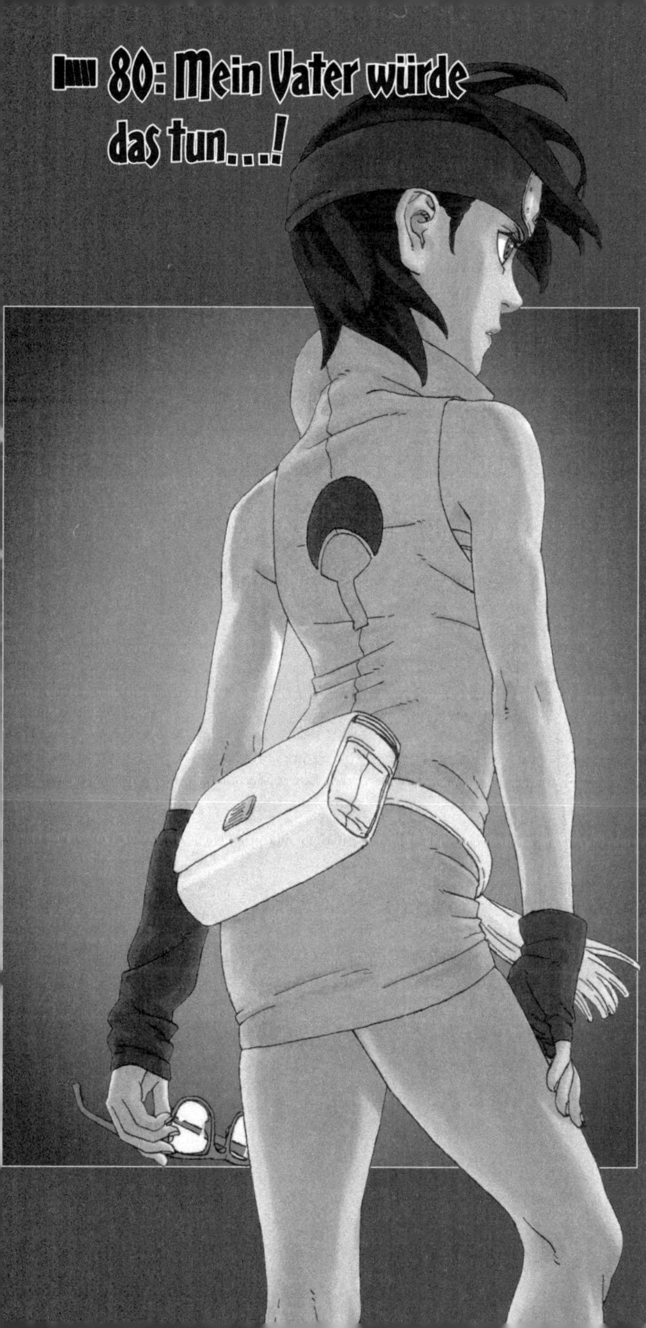
80: Mein Vater würde das tun...!

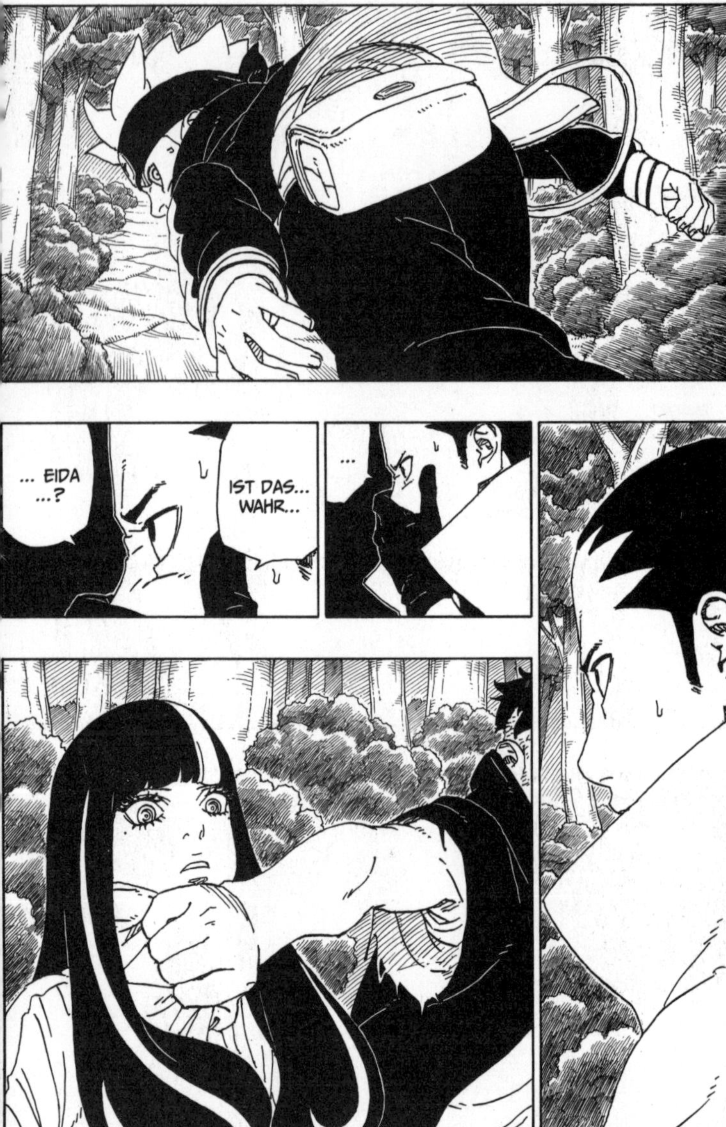
...
IST DAS...
WAHR...
... EIDA
...?

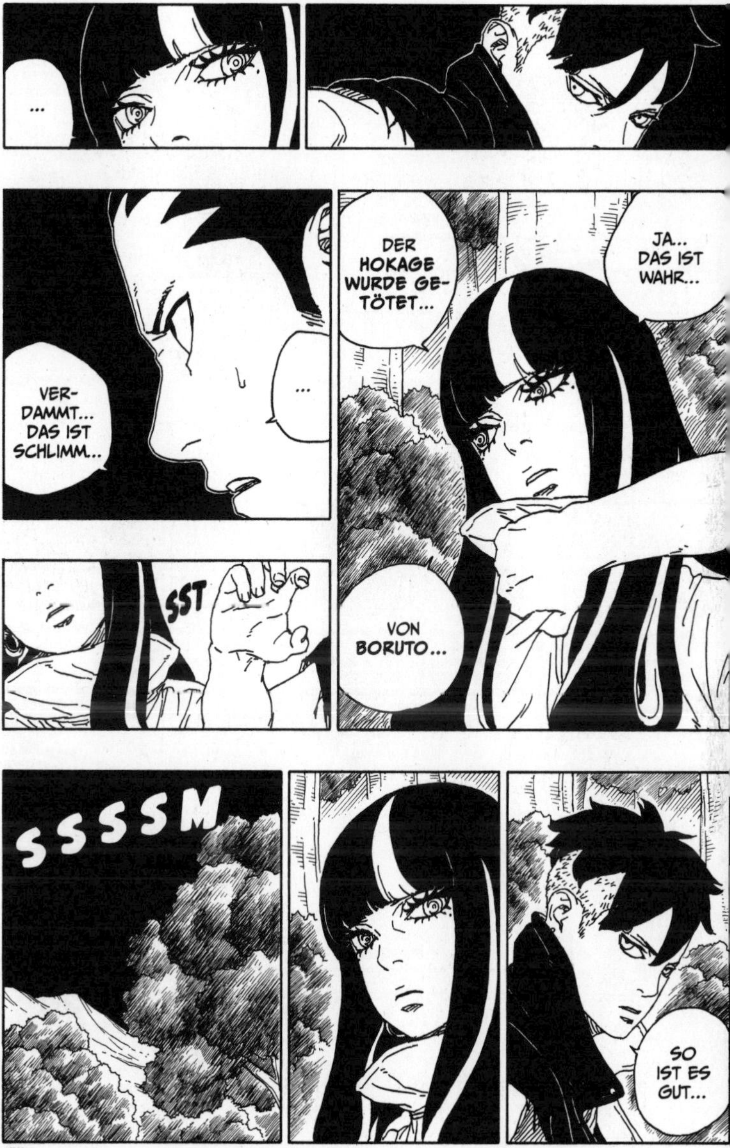
...
JA... DAS IST WAHR...
DER HOKAGE WURDE GETÖTET...
...
VERDAMMT... DAS IST SCHLIMM...
VON BORUTO...
SST
SO IST ES GUT...
SSSSM

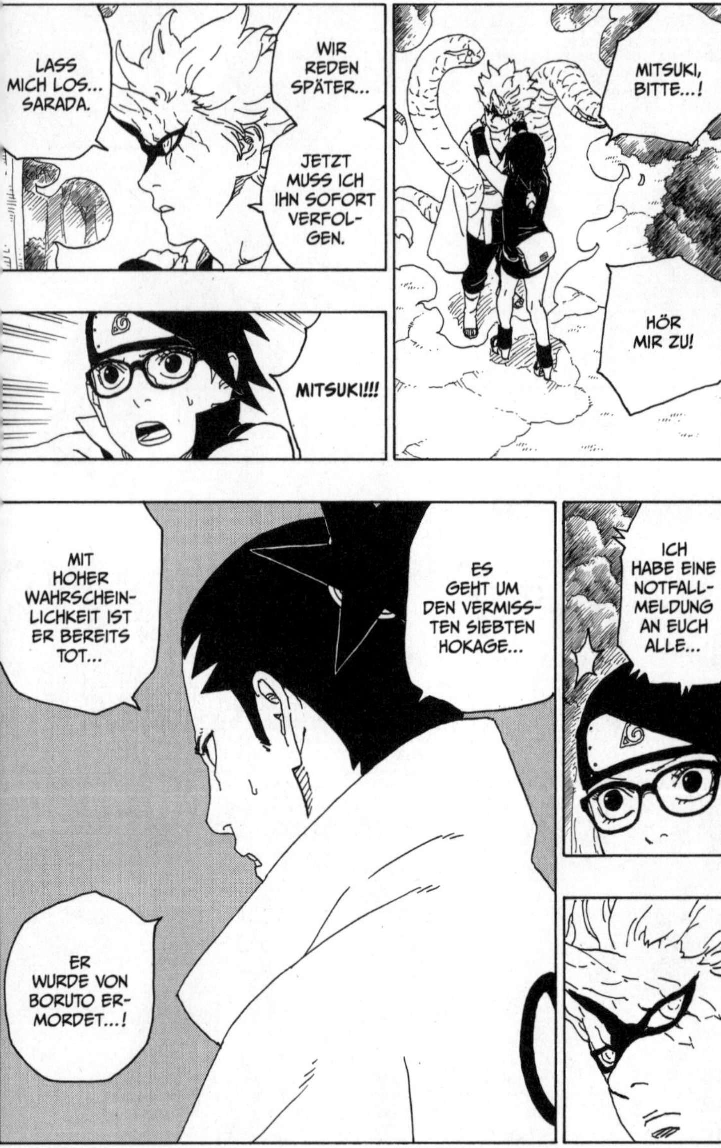
MITSUKI, BITTE...!
HÖR MIR ZU!
WIR REDEN SPÄTER...
JETZT MUSS ICH IHN SOFORT VERFOL-GEN.
LASS MICH LOS... SARADA.
MITSUKI!!!
ICH HABE EINE NOTFALL-MELDUNG AN EUCH ALLE...
ES GEHT UM DEN VERMISS-TEN SIEBTEN HOKAGE...
MIT HOHER WAHRSCHEIN-LICHKEIT IST ER BEREITS TOT...
ER WURDE VON BORUTO ER-MORDET...!

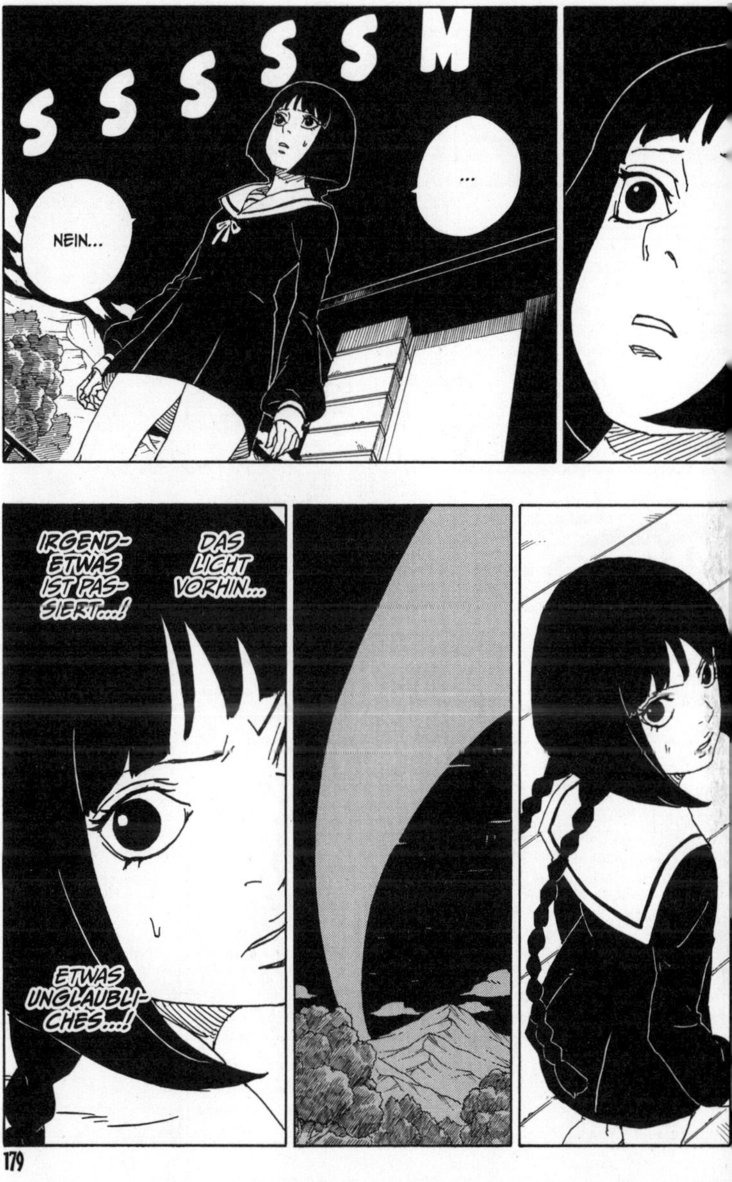
SSSSSM
...
NEIN...
DAS LICHT VORHIN...
IRGEND-ETWAS IST PAS-SIERT...!
ETWAS UNGLAUBLI-CHES...!

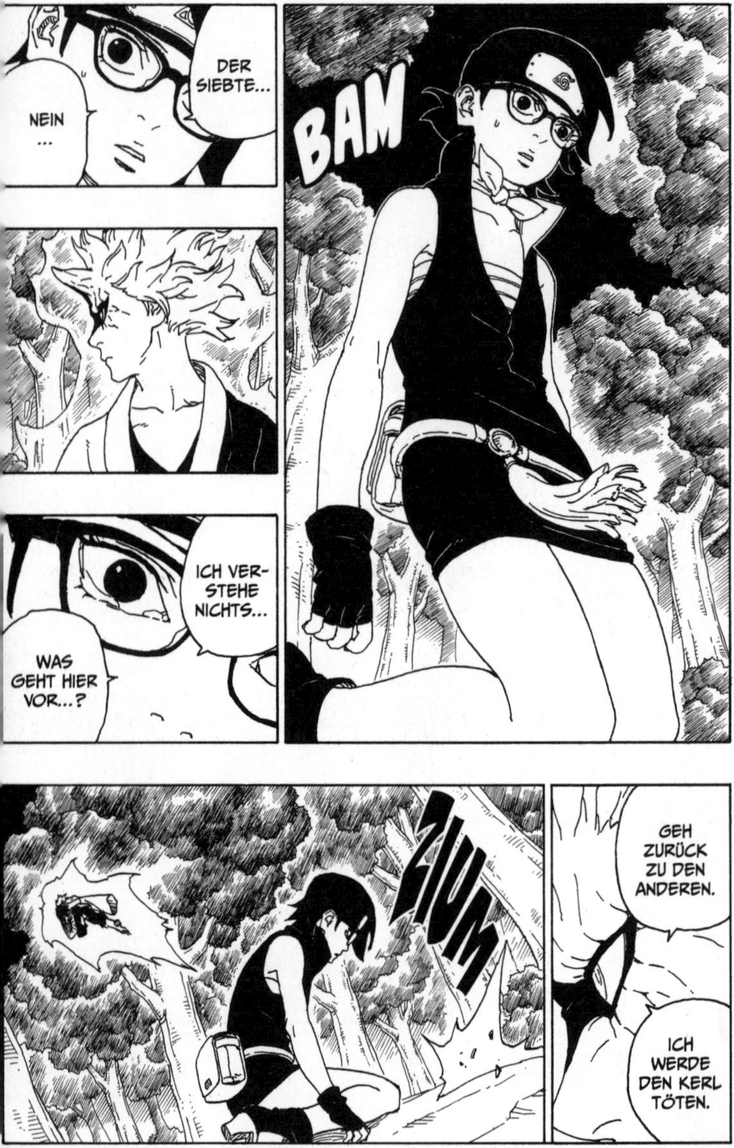
BAM
DER SIEBTE...
NEIN ...
ICH VERSTEHE NICHTS...
WAS GEHT HIER VOR...?
GEH ZURÜCK ZU DEN ANDEREN.
ICH WERDE DEN KERL TÖTEN.
ZIUM

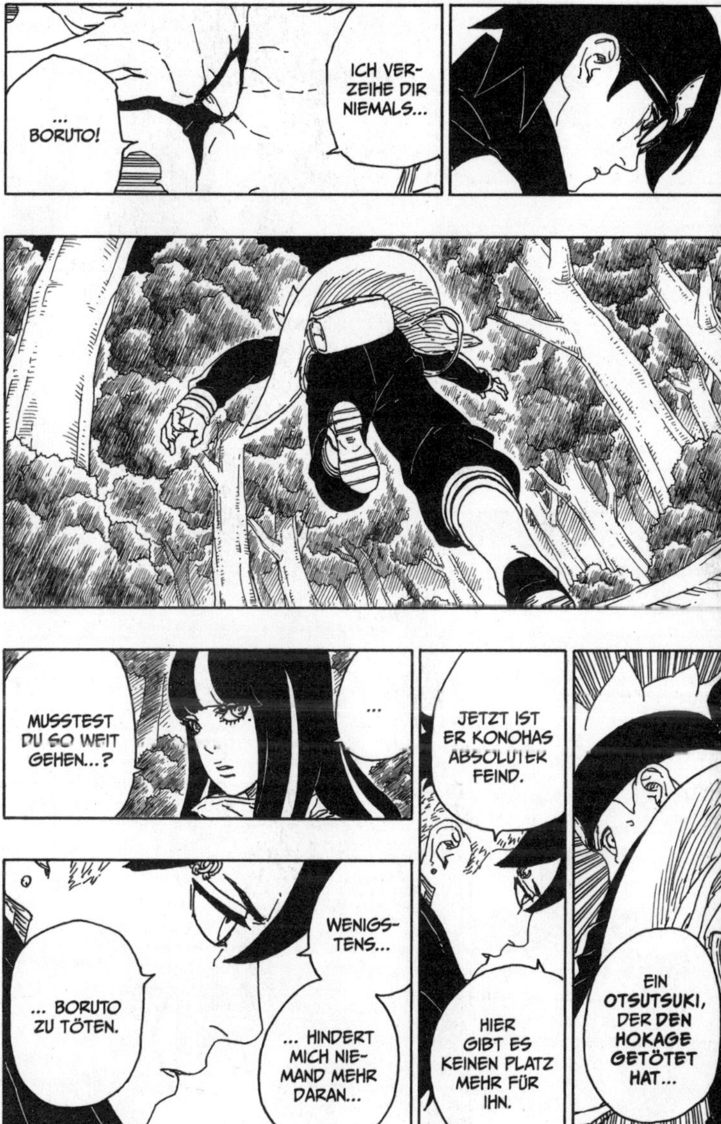
ICH VER-
ZEIHE DIR
NIEMALS...
... BORUTO!
EIN OTSUTSUKI, DER DEN HOKAGE GETÖTET HAT...
JETZT IST ER KONOHAS ABSOLUTER FEIND.
HIER GIBT ES KEINEN PLATZ MEHR FÜR IHN.
...
MUSSTEST DU SO WEIT GEHEN...?
WENIGS-
TENS...
... HINDERT MICH NIE-
MAND MEHR DARAN...
... BORUTO ZU TÖTEN.

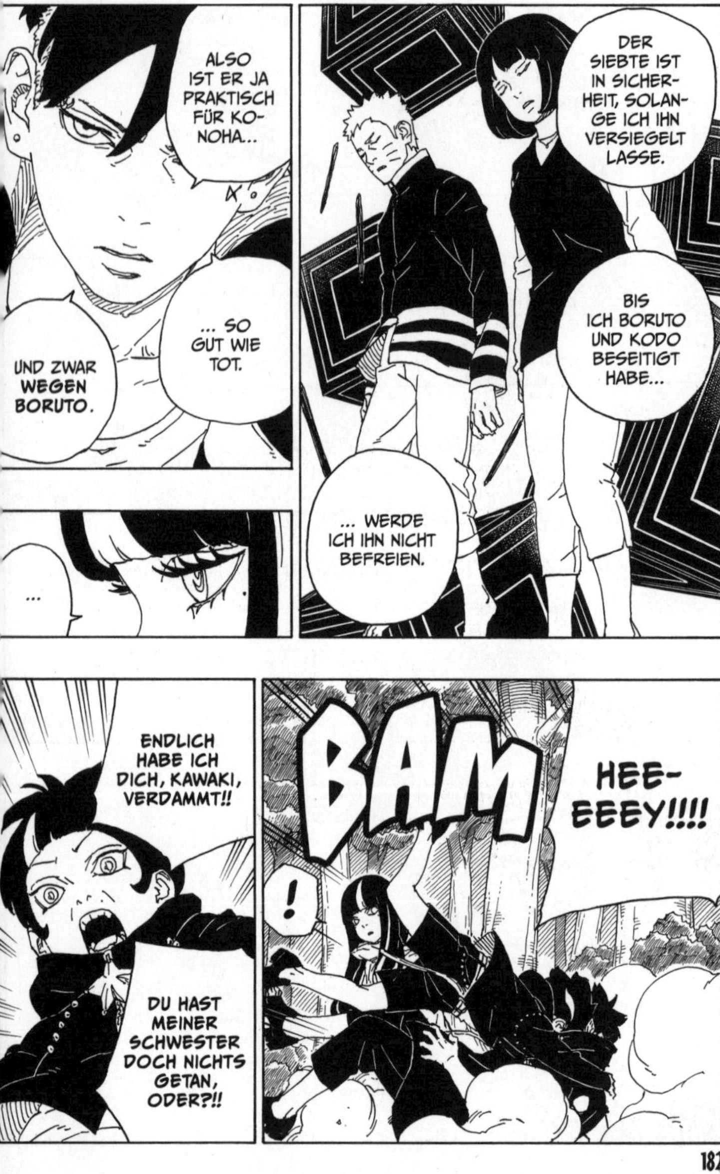
DER SIEBTE IST IN SICHERHEIT, SOLANGE ICH IHN VERSIEGELT LASSE.
BIS ICH BORUTO UND KODO BESEITIGT HABE...
... WERDE ICH IHN NICHT BEFREIEN.
ALSO IST ER JA PRAKTISCH FÜR KONOHA...
... SO GUT WIE TOT.
UND ZWAR WEGEN BORUTO.
...
BAM
HEE-EEEY!!!!
!
ENDLICH HABE ICH DICH, KAWAKI, VERDAMMT!!
DU HAST MEINER SCHWESTER DOCH NICHTS GETAN, ODER?!!

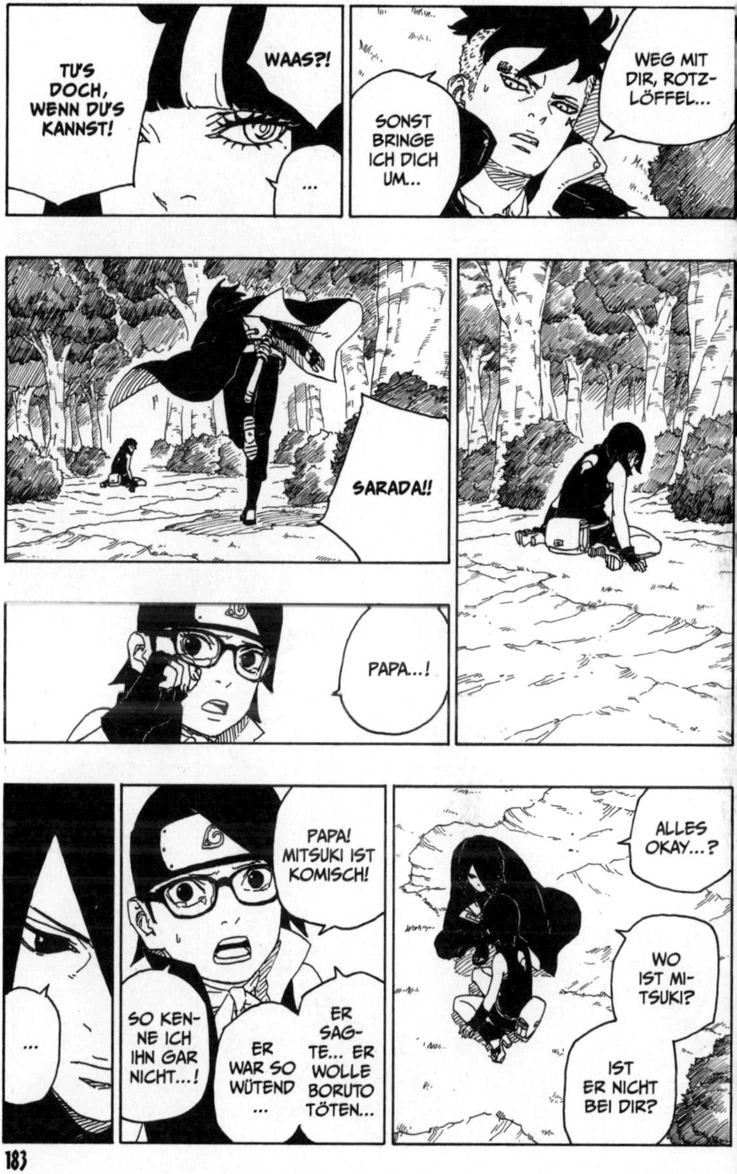
WEG MIT DIR, ROTZLÖFFEL...
SONST BRINGE ICH DICH UM...
...
WAAS?!
TU'S DOCH, WENN DU'S KANNST!
SARADA!!
PAPA...!
ALLES OKAY...?
WO IST MITSUKI?
IST ER NICHT BEI DIR?
PAPA! MITSUKI IST KOMISCH!
ER SAGTE... ER WOLLE BORUTO TÖTEN...
ER WAR SO WÜTEND ...
SO KENNE ICH IHN GAR NICHT...!
...

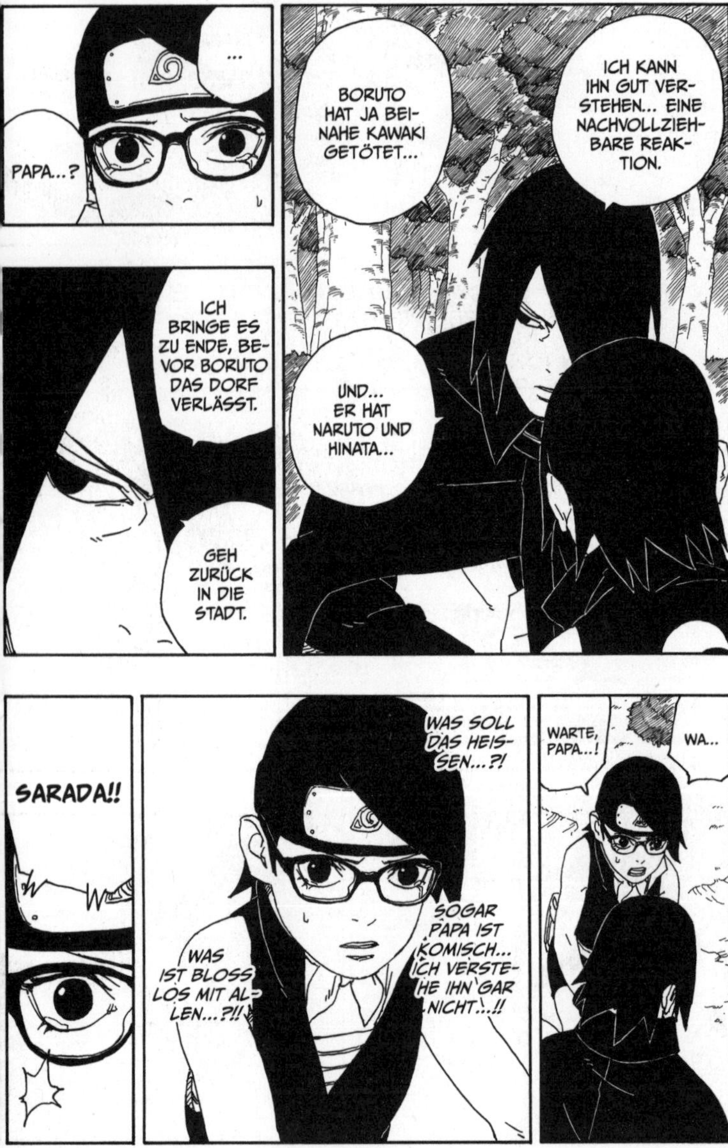
ICH KANN IHN GUT VERSTEHEN... EINE NACHVOLLZIEHBARE REAKTION.
BORUTO HAT JA BEINAHE KAWAKI GETÖTET...
UND... ER HAT NARUTO UND HINATA...
...
PAPA...?
ICH BRINGE ES ZU ENDE, BEVOR BORUTO DAS DORF VERLÄSST.
GEH ZURÜCK IN DIE STADT.
WA...
WARTE, PAPA...!
WAS SOLL DAS HEISSEN...?!
SOGAR PAPA IST KOMISCH... ICH VERSTEHE IHN GAR NICHT...!!
WAS IST BLOSS LOS MIT ALLEN...?!!
SARADA!!

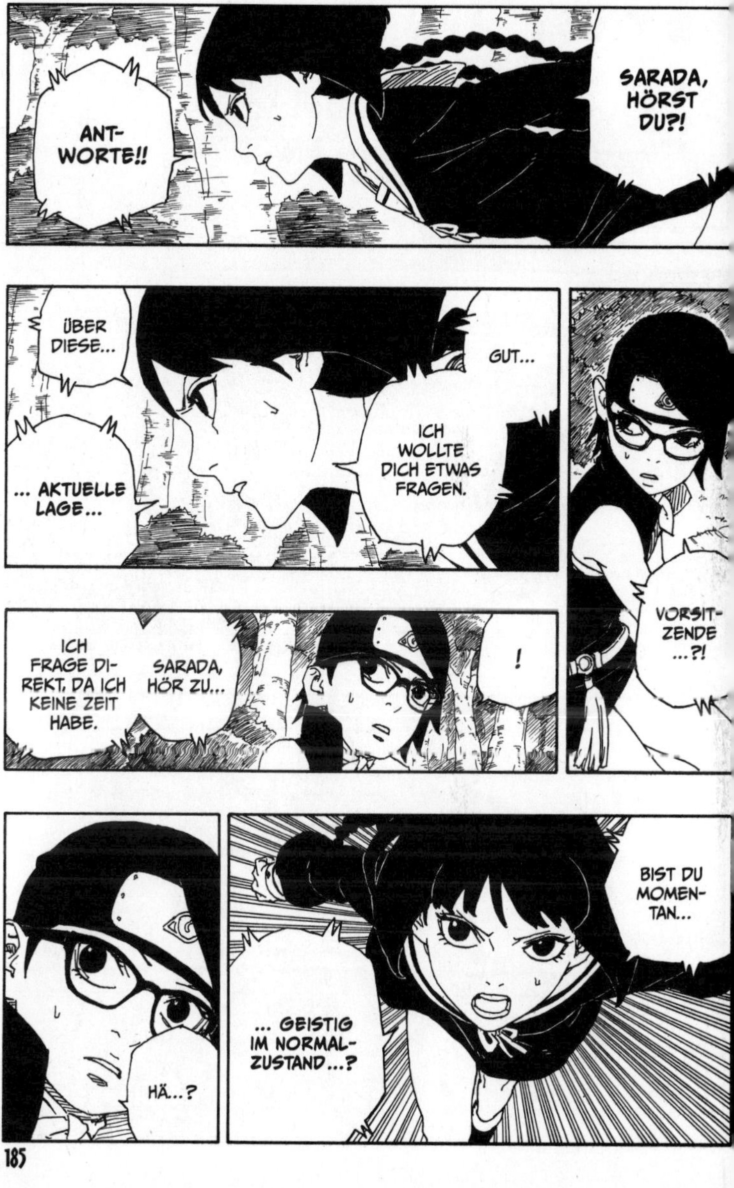
SARADA, HÖRST DU?!
ANT-WORTE!!
GUT...
ICH WOLLTE DICH ETWAS FRAGEN.
ÜBER DIESE...
... AKTUELLE LAGE...
VORSIT-ZENDE ...?!
!
SARADA, HÖR ZU...
ICH FRAGE DI-REKT, DA ICH KEINE ZEIT HABE.
BIST DU MOMEN-TAN...
... GEISTIG IM NORMAL-ZUSTAND...?
HÄ...?

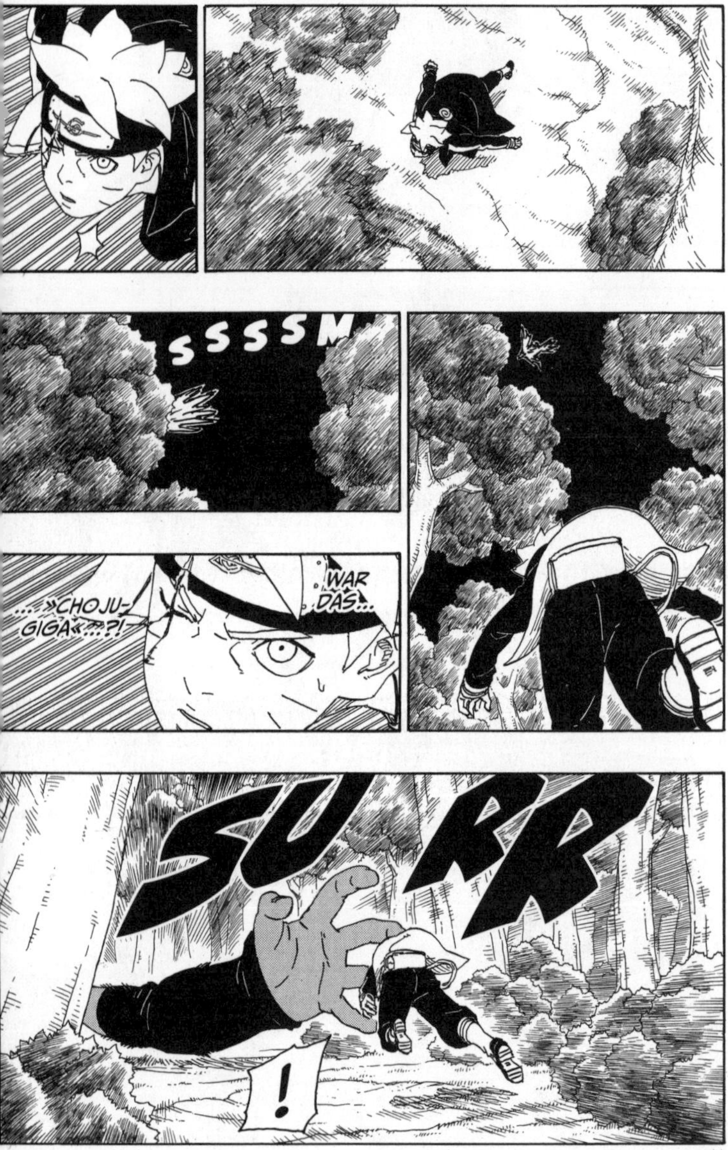
SSSSM
WAR DAS...
...»CHOJU-GIGA«...?!
SURR
!

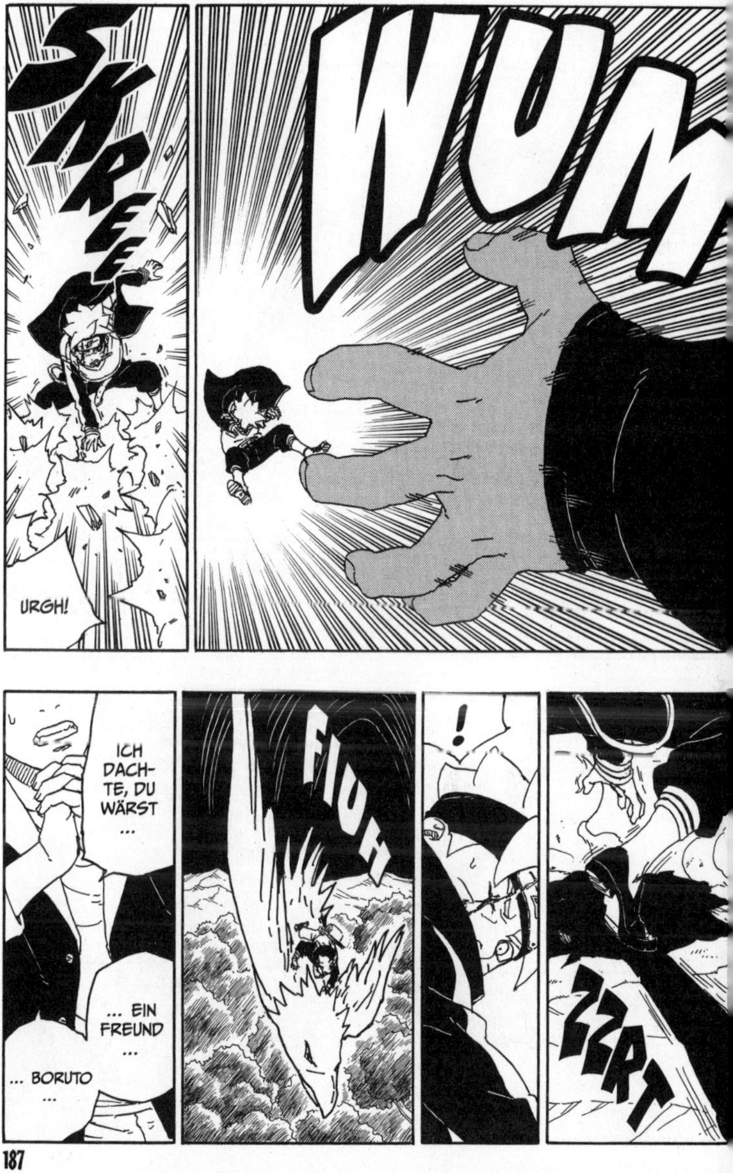
WUM
SKREEE
URGH!
ZZRT
!
FIUH
ICH DACHTE, DU WÄRST ...
... EIN FREUND ...
... BORUTO ...

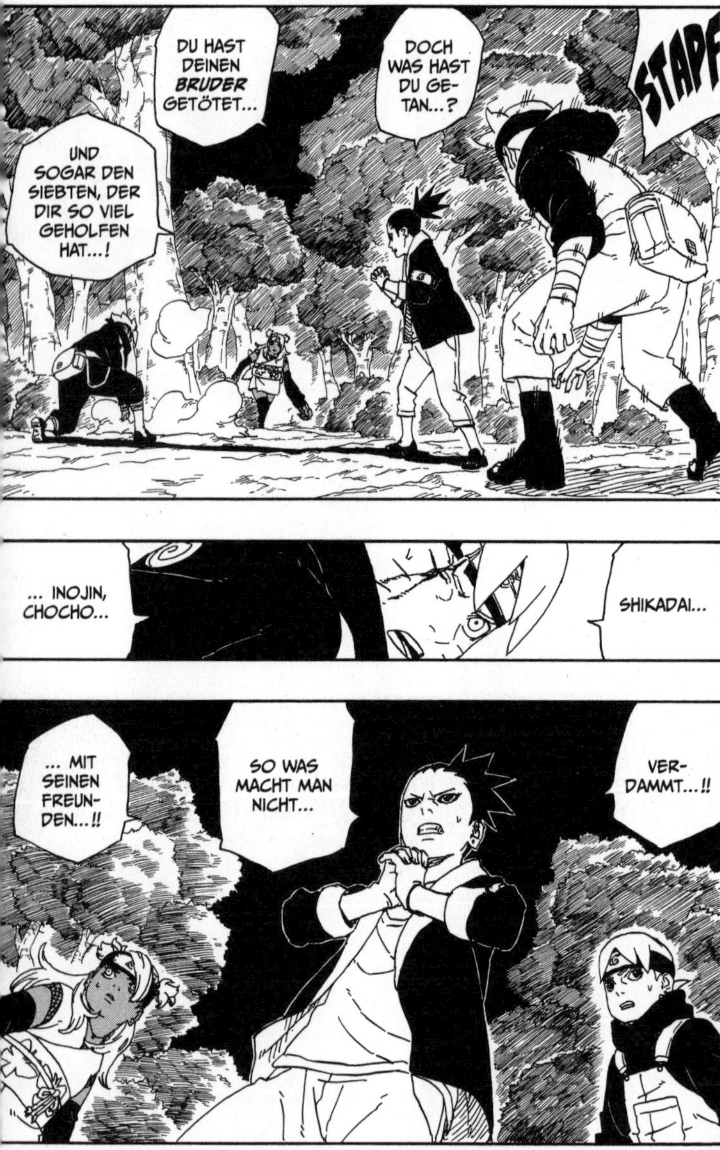

STAPF
DOCH WAS HAST DU GETAN...?
DU HAST DEINEN BRUDER GETÖTET...
UND SOGAR DEN SIEBTEN, DER DIR SO VIEL GEHOLFEN HAT...!
SHIKADAI...
... INOJIN, CHOCHO...
VERDAMMT...!!
SO WAS MACHT MAN NICHT...
... MIT SEINEN FREUNDEN...!!

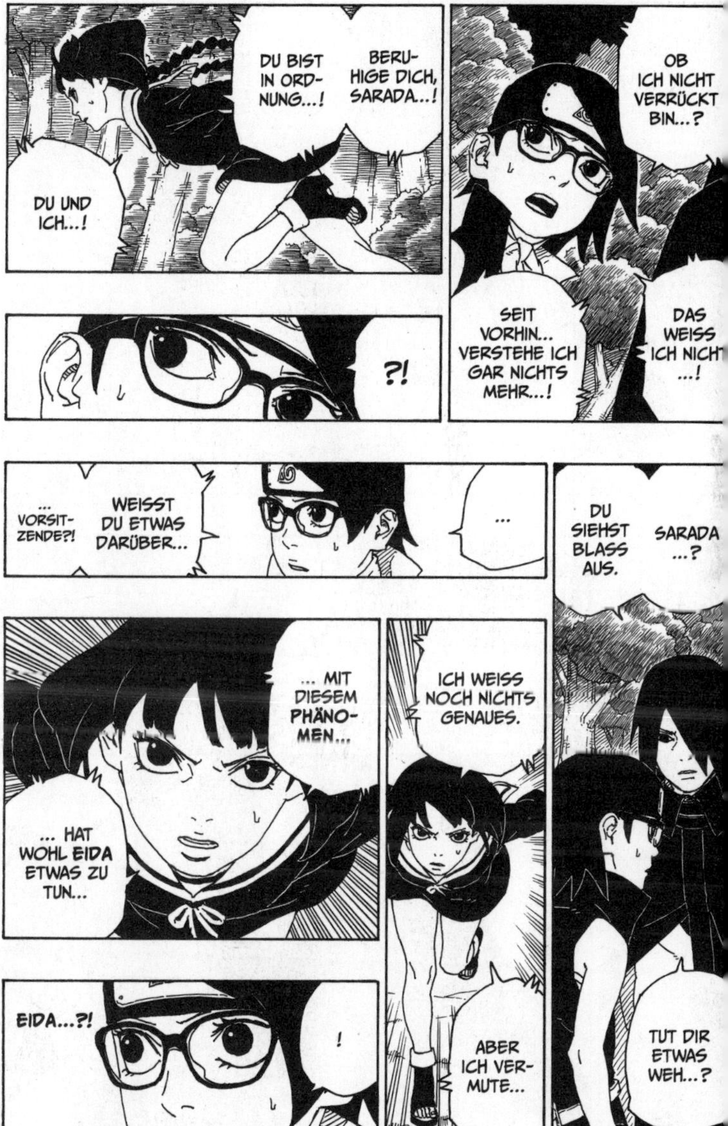
OB ICH NICHT VERRÜCKT BIN...?
DAS WEISS ICH NICHT ...!
SEIT VORHIN... VERSTEHE ICH GAR NICHTS MEHR...!
BERUHIGE DICH, SARADA...!
DU BIST IN ORDNUNG...!
DU UND ICH...!
?!
SARADA ...?
DU SIEHST BLASS AUS.
TUT DIR ETWAS WEH...?
...
WEISST DU ETWAS DARÜBER...
... VORSITZENDE?!
ICH WEISS NOCH NICHTS GENAUES.
ABER ICH VERMUTE...
... MIT DIESEM PHÄNOMEN...
... HAT WOHL EIDA ETWAS ZU TUN...
!
EIDA...?!

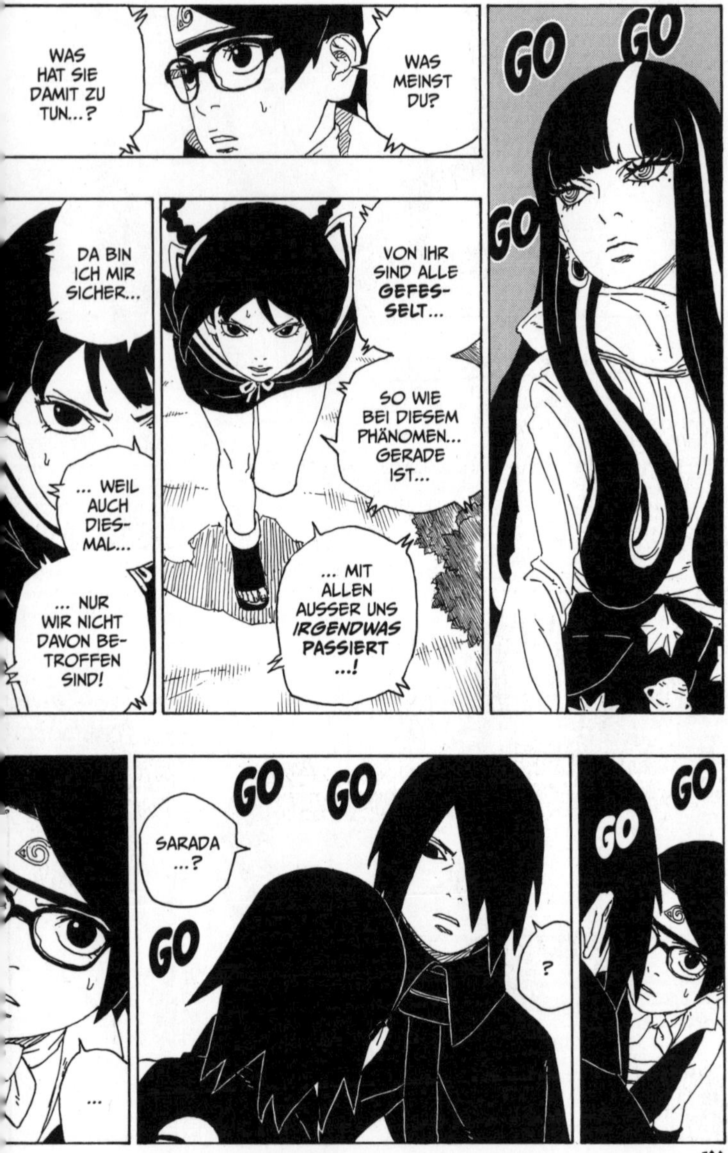
GO GO
GO
WAS MEINST DU?
WAS HAT SIE DAMIT ZU TUN...?
VON IHR SIND ALLE GEFESSELT...
SO WIE BEI DIESEM PHÄNOMEN... GERADE IST...
... MIT ALLEN AUSSER UNS IRGENDWAS PASSIERT ...!
DA BIN ICH MIR SICHER...
... WEIL AUCH DIESMAL...
... NUR WIR NICHT DAVON BETROFFEN SIND!
GO
GO
GO GO
SARADA ...?
GO
?
...

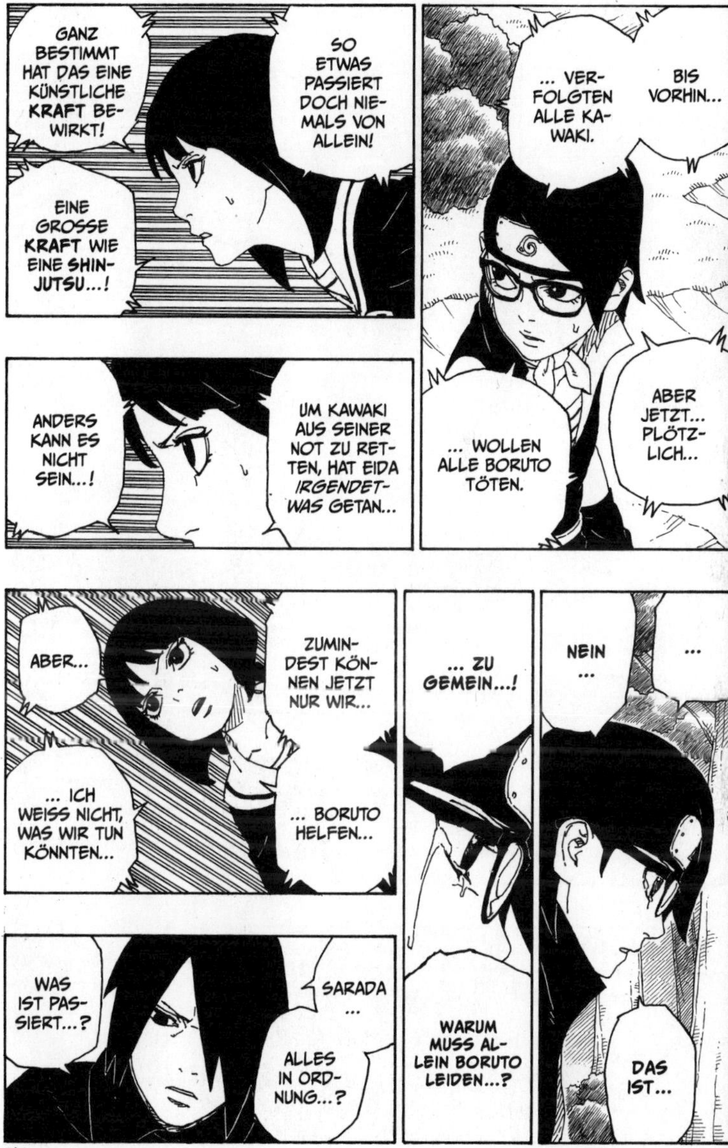
BIS VORHIN...
... VERFOLGTEN ALLE KAWAKI.
ABER JETZT... PLÖTZLICH...
... WOLLEN ALLE BORUTO TÖTEN.
SO ETWAS PASSIERT DOCH NIEMALS VON ALLEIN!
GANZ BESTIMMT HAT DAS EINE KÜNSTLICHE KRAFT BEWIRKT!
EINE GROSSE KRAFT WIE EINE SHINJUTSU...!
UM KAWAKI AUS SEINER NOT ZU RETTEN, HAT EIDA IRGENDETWAS GETAN...
ANDERS KANN ES NICHT SEIN...!
...
NEIN ...
DAS IST...
... ZU GEMEIN...!
WARUM MUSS ALLEIN BORUTO LEIDEN...?
ZUMINDEST KÖNNEN JETZT NUR WIR...
... BORUTO HELFEN...
ABER...
... ICH WEISS NICHT, WAS WIR TUN KÖNNTEN...
SARADA ...
ALLES IN ORDNUNG...?
WAS IST PASSIERT...?

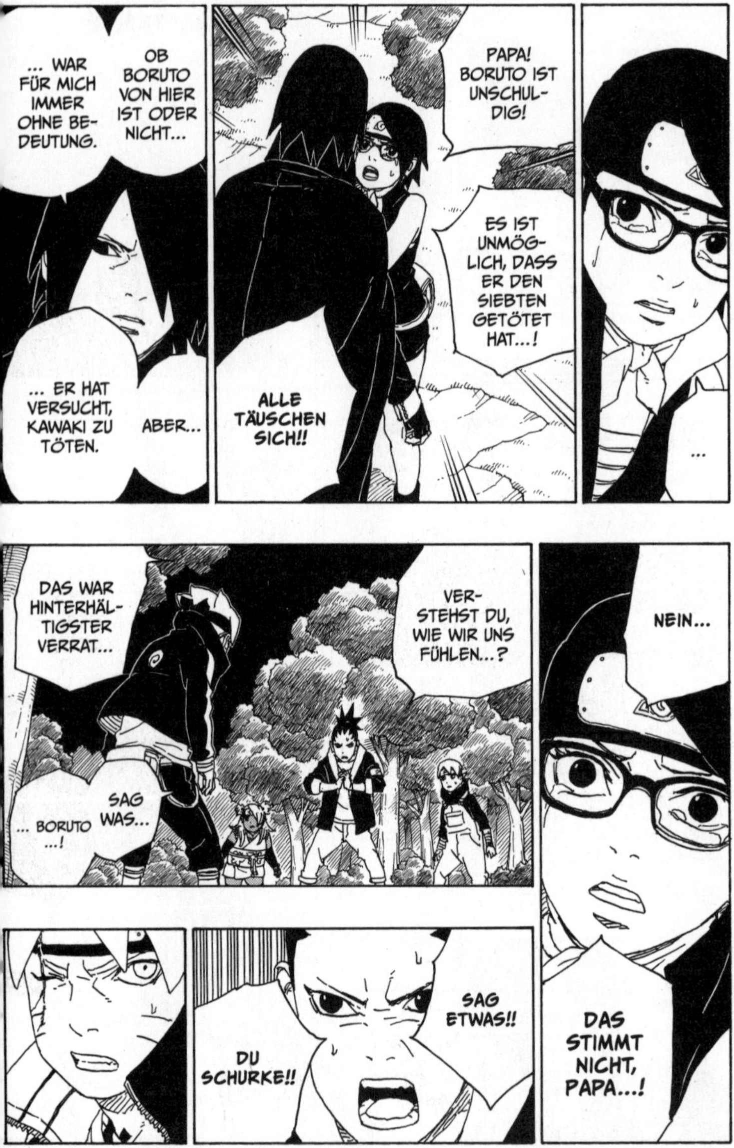
...
PAPA! BORUTO IST UNSCHUL-DIG!
ES IST UNMÖG-LICH, DASS ER DEN SIEBTEN GETÖTET HAT...!
ALLE TÄUSCHEN SICH!!
OB BORUTO VON HIER IST ODER NICHT...
... WAR FÜR MICH IMMER OHNE BE-DEUTUNG.
ABER...
... ER HAT VERSUCHT, KAWAKI ZU TÖTEN.
NEIN...
VER-STEHST DU, WIE WIR UNS FÜHLEN...?
DAS WAR HINTERHÄL-TIGSTER VERRAT...
SAG WAS...
... BORUTO ...!
SAG ETWAS!!
DU SCHURKE!!
DAS STIMMT NICHT, PAPA...!

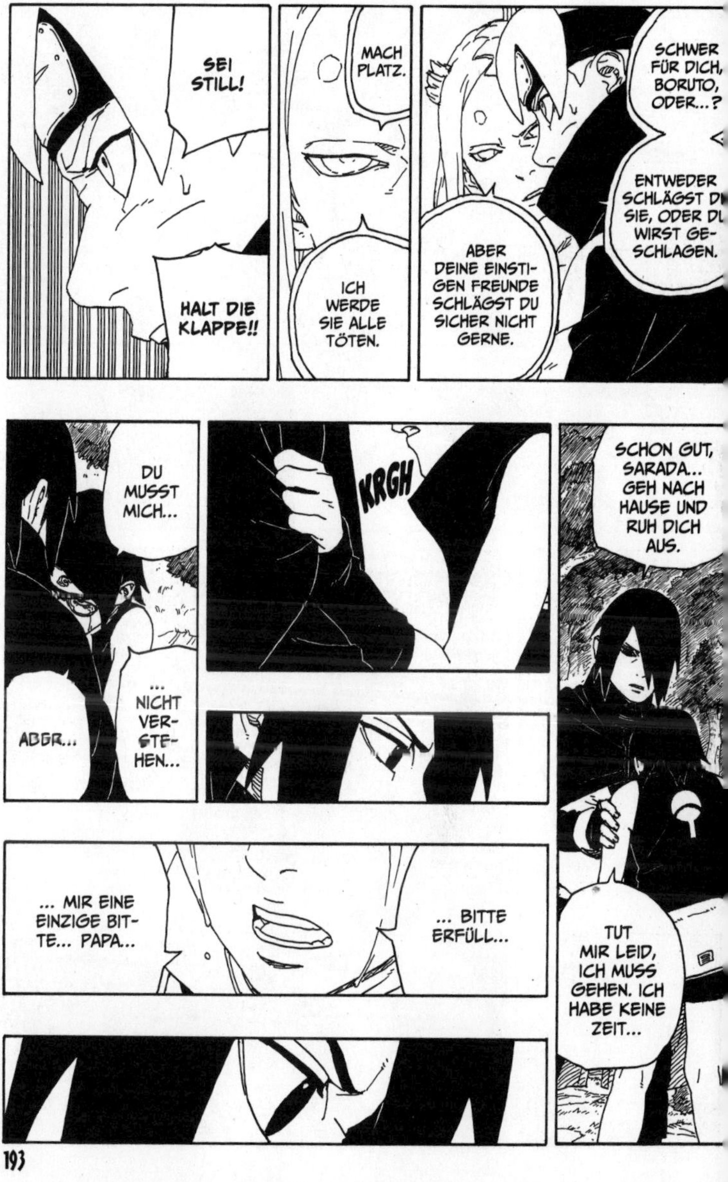
SCHWER FÜR DICH, BORUTO, ODER...?
ENTWEDER SCHLÄGST D SIE, ODER D WIRST GE-SCHLAGEN.
ABER DEINE EINSTIGEN FREUNDE SCHLÄGST DU SICHER NICHT GERNE.
MACH PLATZ.
ICH WERDE SIE ALLE TÖTEN.
SEI STILL!
HALT DIE KLAPPE!!
SCHON GUT, SARADA... GEH NACH HAUSE UND RUH DICH AUS.
TUT MIR LEID, ICH MUSS GEHEN. ICH HABE KEINE ZEIT...
KRGH
DU MUSST MICH...
... NICHT VERSTEHEN...
ABER...
... BITTE ERFÜLL...
... MIR EINE EINZIGE BITTE... PAPA...

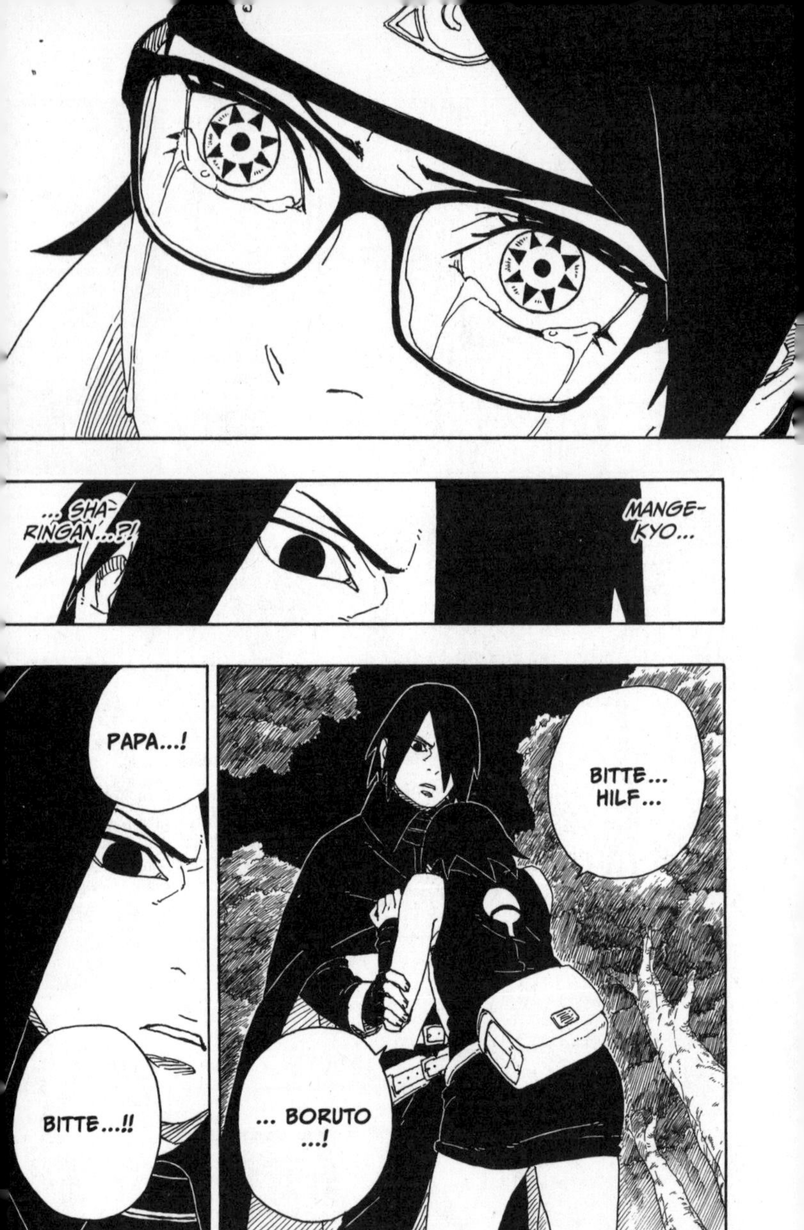
MANGE-KYO...
... SHA-RINGAN...?!
BITTE... HILF...
... BORUTO ...!
PAPA...!
BITTE...!!

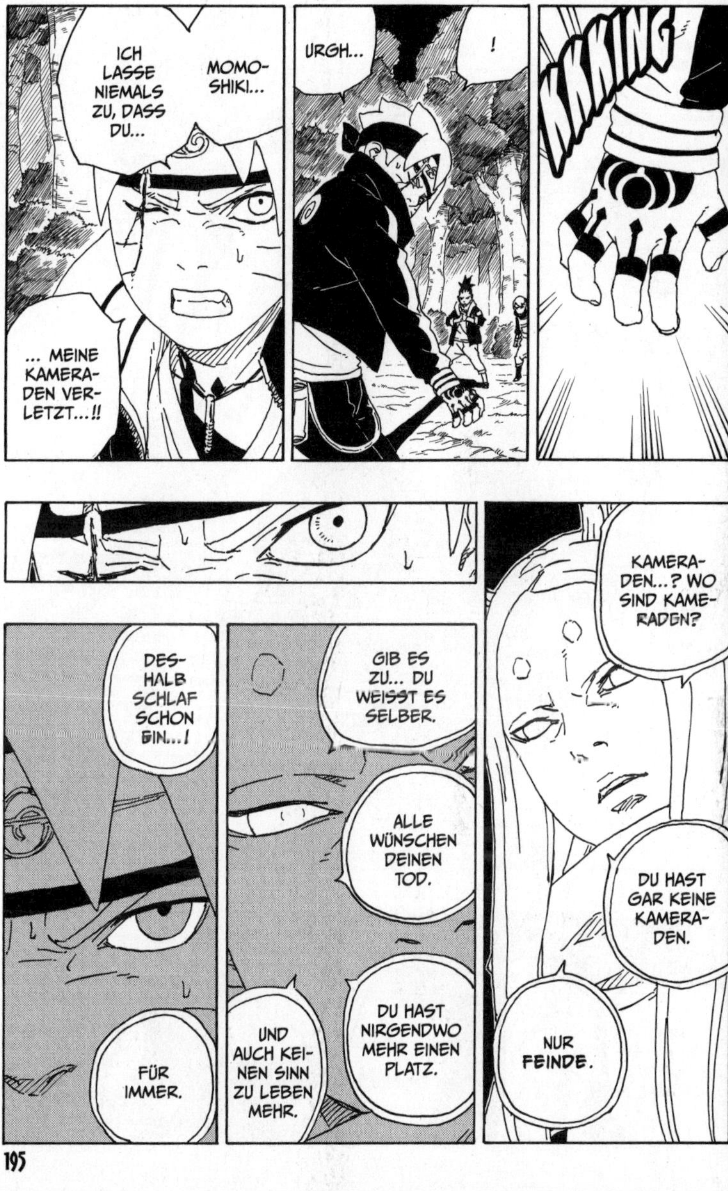
KKKING
!
URGH...
MOMOSHIKI...
ICH LASSE NIEMALS ZU, DASS DU...
... MEINE KAMERADEN VERLETZT...!!
KAMERADEN...? WO SIND KAMERADEN?
DU HAST GAR KEINE KAMERADEN.
NUR FEINDE.
GIB ES ZU... DU WEISST ES SELBER.
ALLE WÜNSCHEN DEINEN TOD.
DU HAST NIRGENDWO MEHR EINEN PLATZ.
UND AUCH KEINEN SINN ZU LEBEN MEHR.
DESHALB SCHLAF SCHON EIN...!
FÜR IMMER.

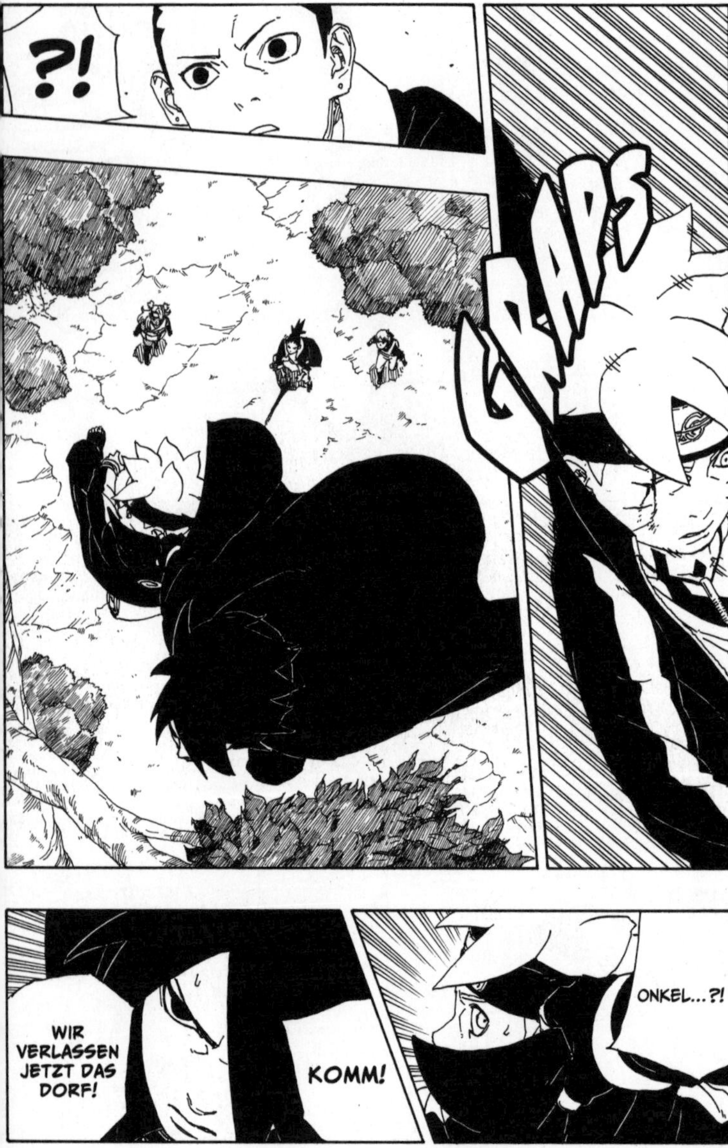
?!
GRAPS
ONKEL...?!
KOMM!
WIR VERLASSEN JETZT DAS DORF!

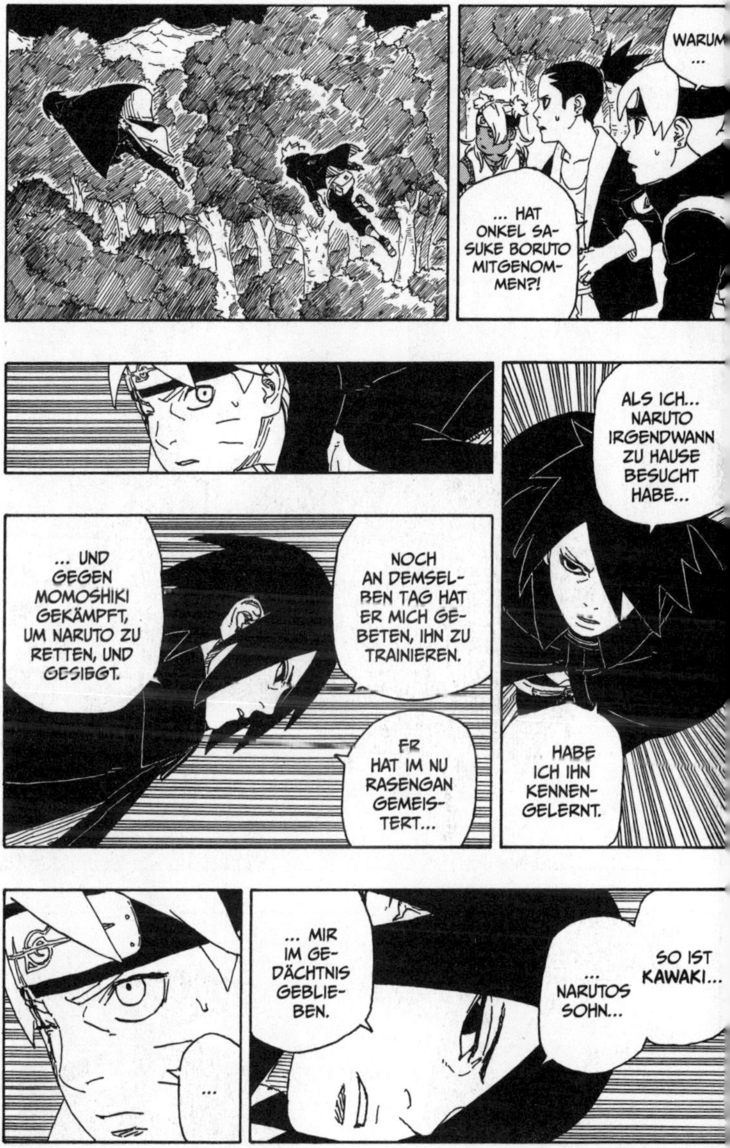
WARUM ...
... HAT ONKEL SASUKE BORUTO MITGENOMMEN?!
ALS ICH... NARUTO IRGENDWANN ZU HAUSE BESUCHT HABE...
... HABE ICH IHN KENNENGELERNT.
NOCH AN DEMSELBEN TAG HAT ER MICH GEBETEN, IHN ZU TRAINIEREN.
ER HAT IM NU RASENGAN GEMEISTERT...
... UND GEGEN MOMOSHIKI GEKÄMPFT, UM NARUTO ZU RETTEN, UND GESIEGT.
SO IST KAWAKI...
... NARUTOS SOHN...
... MIR IM GEDÄCHTNIS GEBLIEBEN.
...

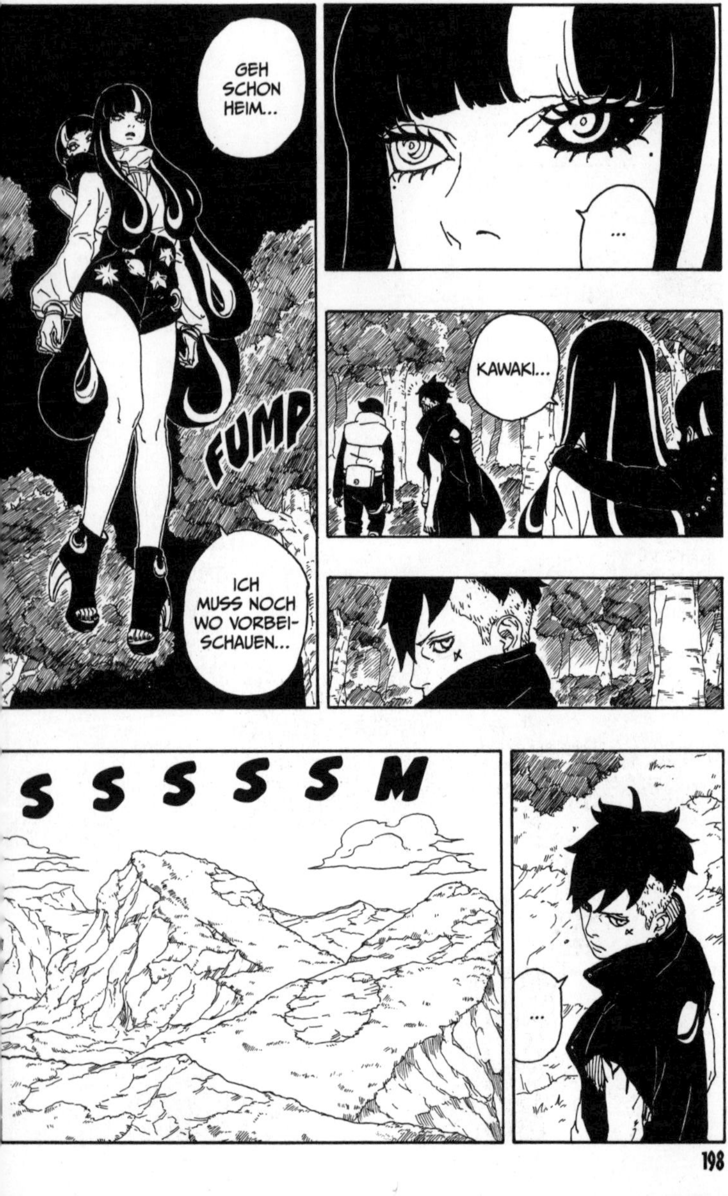
...
KAWAKI...
GEH SCHON HEIM...
ICH MUSS NOCH WO VORBEISCHAUEN...
FUMP
...
SSSSSM

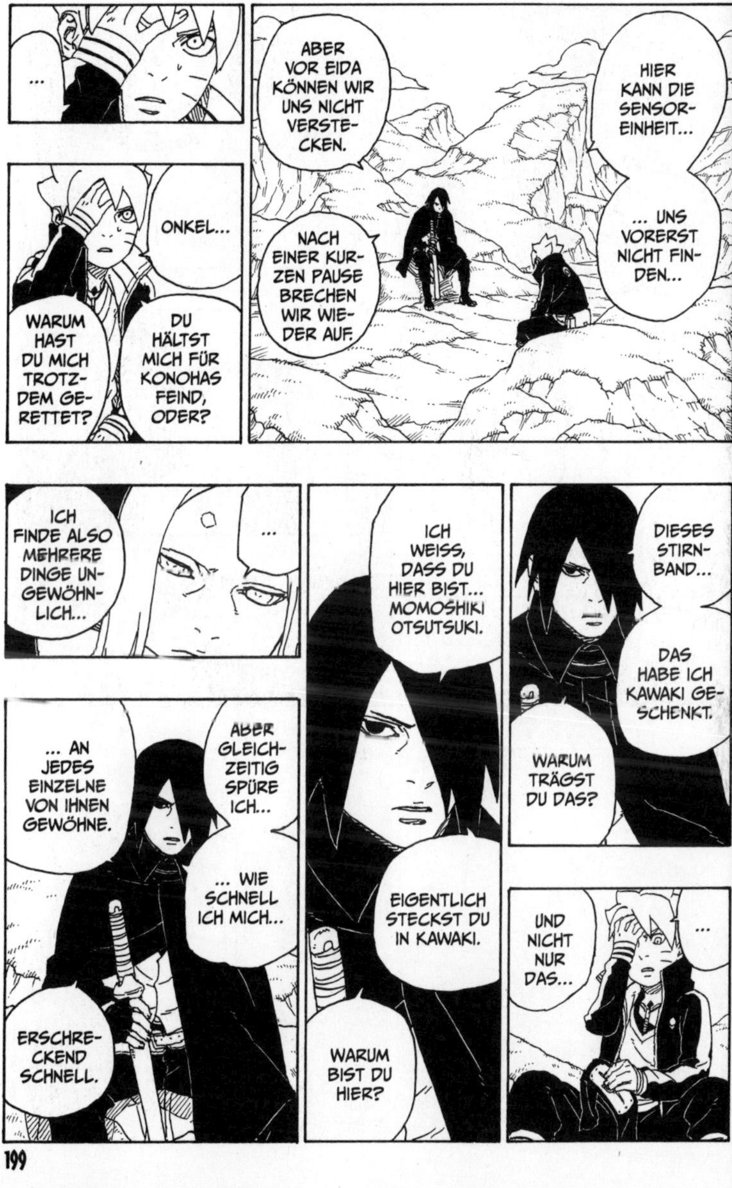
HIER KANN DIE SENSOREINHEIT...
... UNS VORERST NICHT FINDEN...
ABER VOR EIDA KÖNNEN WIR UNS NICHT VERSTECKEN.
NACH EINER KURZEN PAUSE BRECHEN WIR WIEDER AUF.
...
ONKEL...
DU HÄLTST MICH FÜR KONOHAS FEIND, ODER?
WARUM HAST DU MICH TROTZDEM GERETTET?
DIESES STIRNBAND...
DAS HABE ICH KAWAKI GESCHENKT.
WARUM TRÄGST DU DAS?
ICH WEISS, DASS DU HIER BIST... MOMOSHIKI OTSUTSUKI.
EIGENTLICH STECKST DU IN KAWAKI.
WARUM BIST DU HIER?
...
UND NICHT NUR DAS...
...
ICH FINDE ALSO MEHRERE DINGE UNGEWÖHNLICH...
ABER GLEICHZEITIG SPÜRE ICH...
... WIE SCHNELL ICH MICH...
... AN JEDES EINZELNE VON IHNEN GEWÖHNE.
ERSCHRECKEND SCHNELL.

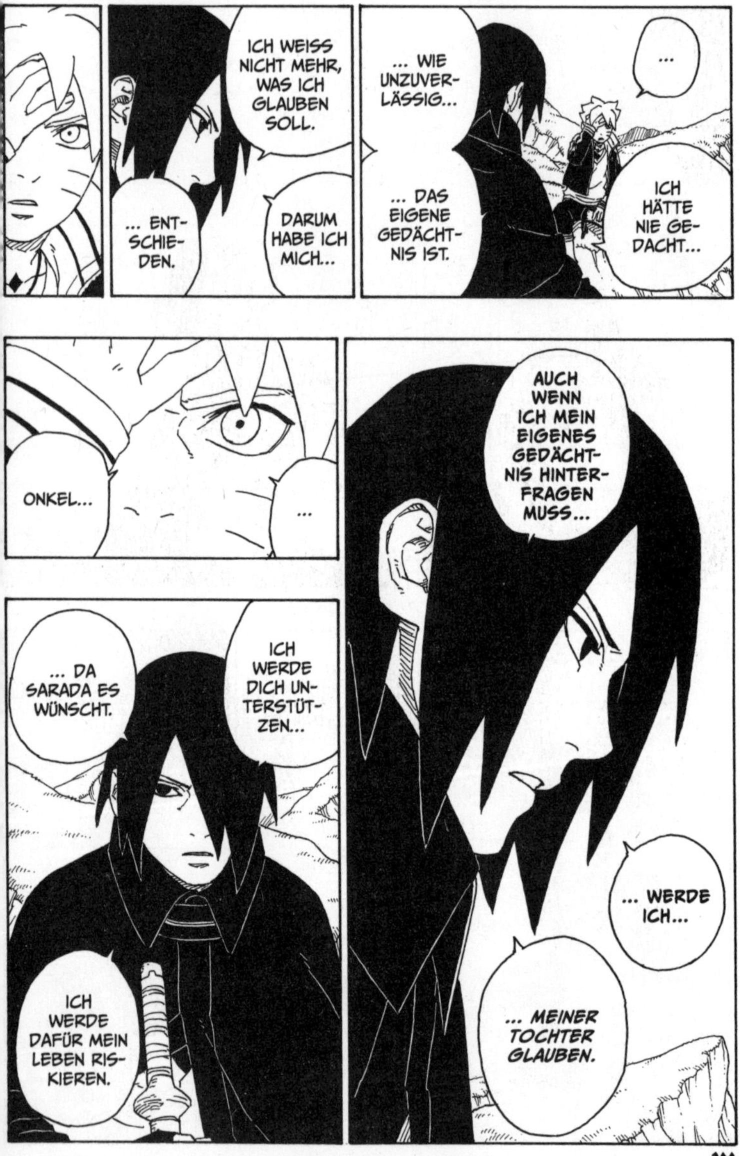
...
ICH HÄTTE NIE GEDACHT...
... WIE UNZUVERLÄSSIG...
... DAS EIGENE GEDÄCHTNIS IST.
ICH WEISS NICHT MEHR, WAS ICH GLAUBEN SOLL.
DARUM HABE ICH MICH...
... ENTSCHIEDEN.
AUCH WENN ICH MEIN EIGENES GEDÄCHTNIS HINTERFRAGEN MUSS...
... WERDE ICH...
... MEINER TOCHTER GLAUBEN.
...
ONKEL...
ICH WERDE DICH UNTERSTÜTZEN...
... DA SARADA ES WÜNSCHT.
ICH WERDE DAFÜR MEIN LEBEN RISKIEREN.

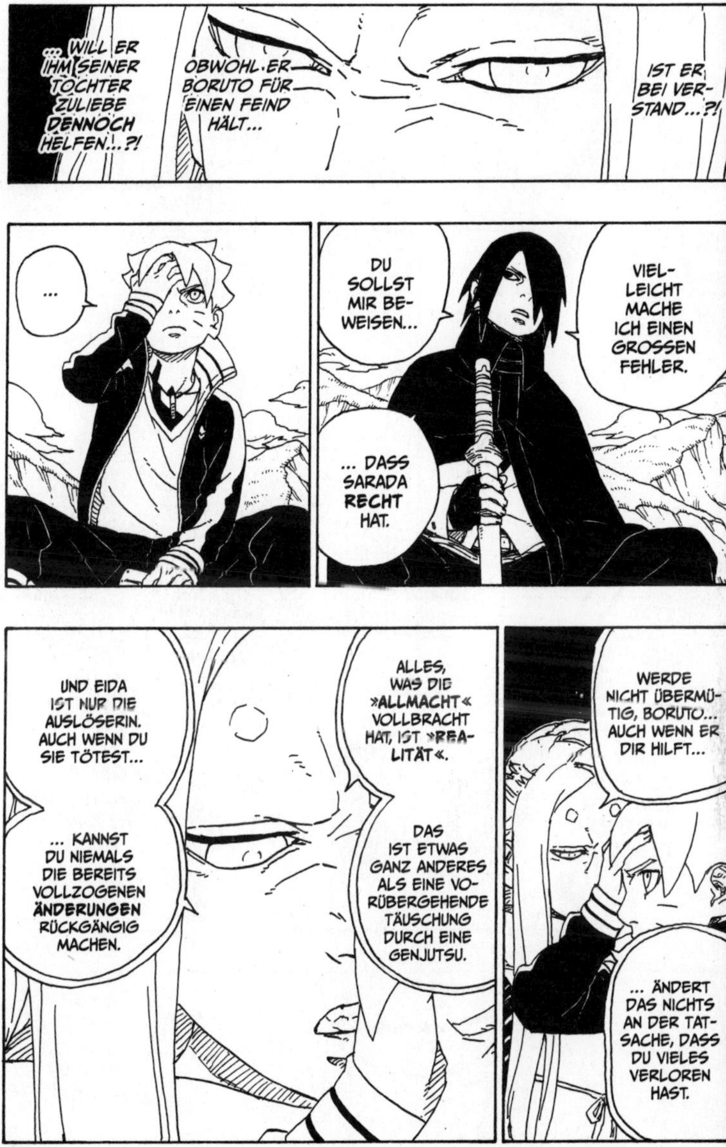
IST ER BEI VERSTAND...?!
OBWOHL ER BORUTO FÜR EINEN FEIND HÄLT...
... WILL ER IHM SEINER TOCHTER ZULIEBE DENNOCH HELFEN...?!
VIELLEICHT MACHE ICH EINEN GROSSEN FEHLER.
DU SOLLST MIR BEWEISEN...
... DASS SARADA RECHT HAT.
...
WERDE NICHT ÜBERMÜTIG, BORUTO... AUCH WENN ER DIR HILFT...
... ÄNDERT DAS NICHTS AN DER TATSACHE, DASS DU VIELES VERLOREN HAST.
ALLES, WAS DIE »ALLMACHT« VOLLBRACHT HAT, IST »REALITÄT«.
DAS IST ETWAS GANZ ANDERES ALS EINE VORÜBERGEHENDE TÄUSCHUNG DURCH EINE GENJUTSU.
UND EIDA IST NUR DIE AUSLÖSERIN. AUCH WENN DU SIE TÖTEST...
... KANNST DU NIEMALS DIE BEREITS VOLLZOGENEN ÄNDERUNGEN RÜCKGÄNGIG MACHEN.

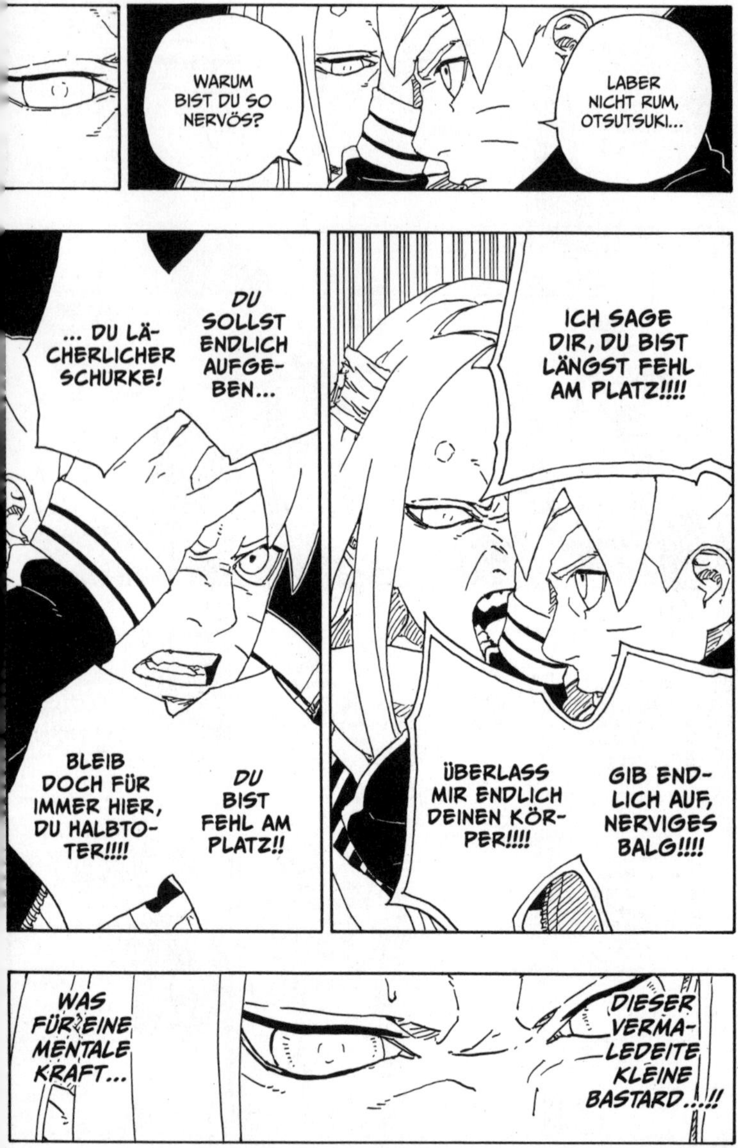
LABER NICHT RUM, OTSUTSUKI...
WARUM BIST DU SO NERVÖS?
ICH SAGE DIR, DU BIST LÄNGST FEHL AM PLATZ!!!!
GIB ENDLICH AUF, NERVIGES BALG!!!!
ÜBERLASS MIR ENDLICH DEINEN KÖRPER!!!!
DU SOLLST ENDLICH AUFGEBEN...
... DU LÄCHERLICHER SCHURKE!
DU BIST FEHL AM PLATZ!!
BLEIB DOCH FÜR IMMER HIER, DU HALBTOTER!!!!
DIESER VERMALEDEITE KLEINE BASTARD...!!
WAS FÜR EINE MENTALE KRAFT...

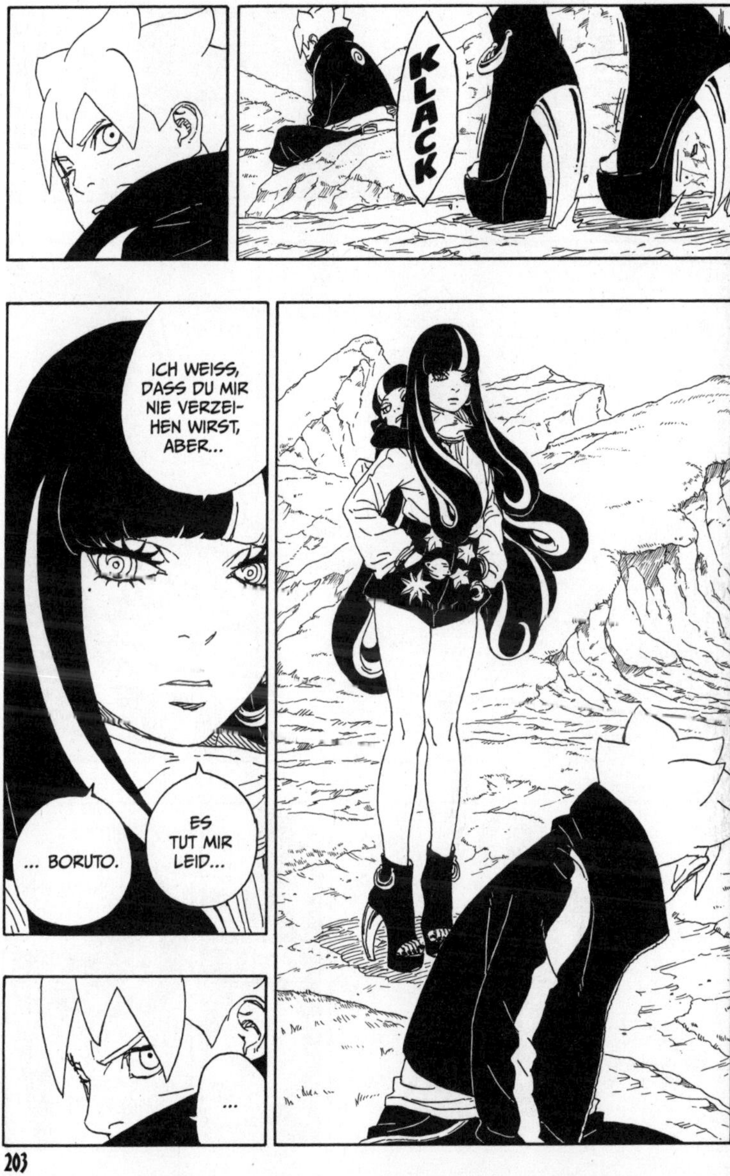
KLACK
ICH WEISS, DASS DU MIR NIE VERZEIHEN WIRST, ABER...
ES TUT MIR LEID...
... BORUTO.
...

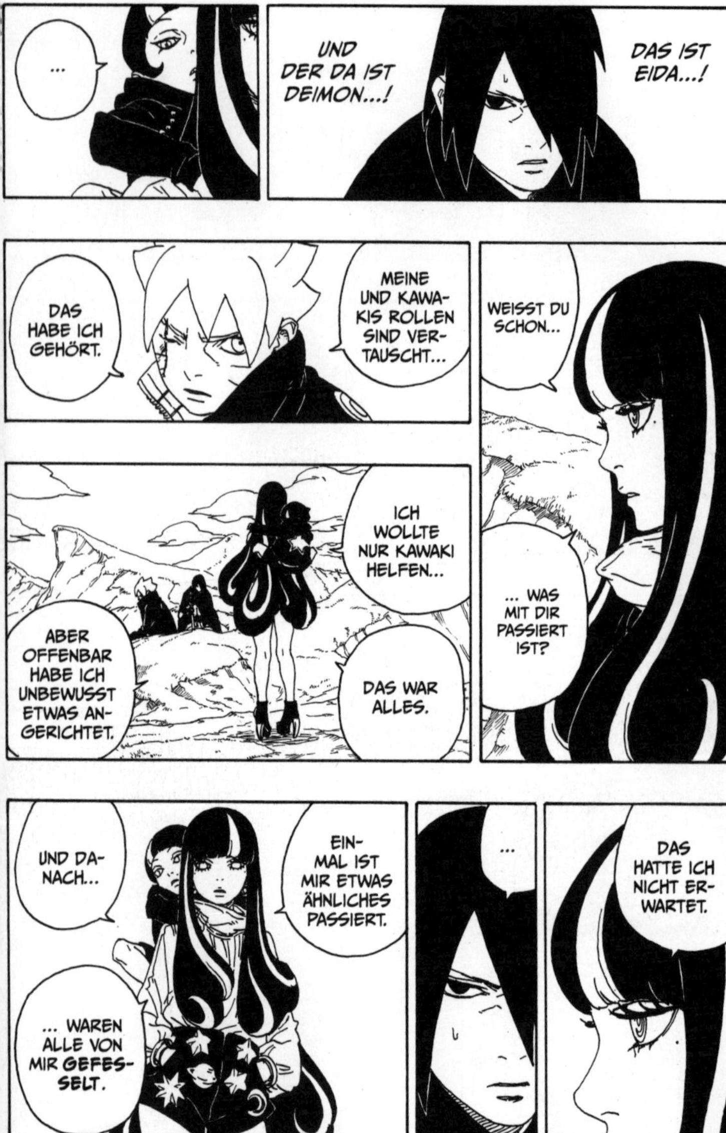
DAS IST EIDA...!
UND DER DA IST DEIMON...!
...
WEISST DU SCHON...
... WAS MIT DIR PASSIERT IST?
MEINE UND KAWAKIS ROLLEN SIND VERTAUSCHT...
DAS HABE ICH GEHÖRT.
ICH WOLLTE NUR KAWAKI HELFEN...
DAS WAR ALLES.
ABER OFFENBAR HABE ICH UNBEWUSST ETWAS ANGERICHTET.
DAS HATTE ICH NICHT ERWARTET.
...
EINMAL IST MIR ETWAS ÄHNLICHES PASSIERT.
UND DANACH...
... WAREN ALLE VON MIR GEFESSELT.

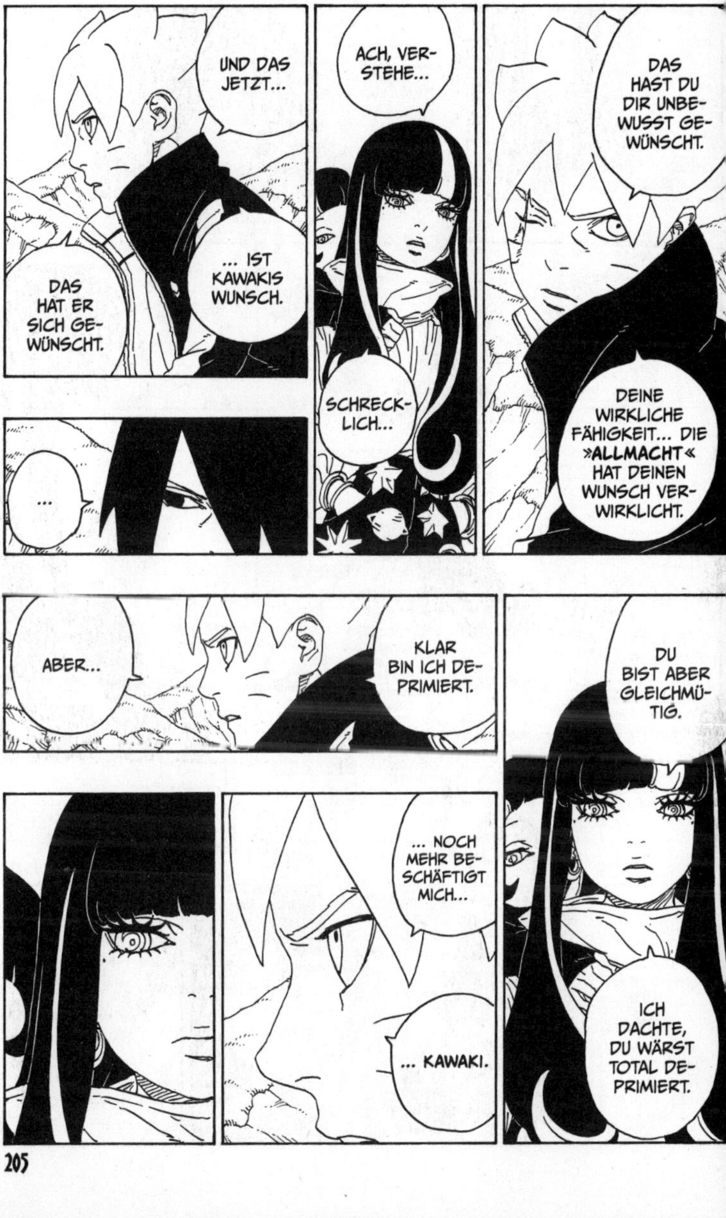
DAS HAST DU DIR UNBEWUSST GEWÜNSCHT.
DEINE WIRKLICHE FÄHIGKEIT... DIE »ALLMACHT« HAT DEINEN WUNSCH VERWIRKLICHT.
ACH, VERSTEHE...
SCHRECKLICH...
UND DAS JETZT...
... IST KAWAKIS WUNSCH.
DAS HAT ER SICH GEWÜNSCHT.
...
DU BIST ABER GLEICHMÜTIG.
ICH DACHTE, DU WÄRST TOTAL DEPRIMIERT.
KLAR BIN ICH DEPRIMIERT.
ABER...
... NOCH MEHR BESCHÄFTIGT MICH...
... KAWAKI.

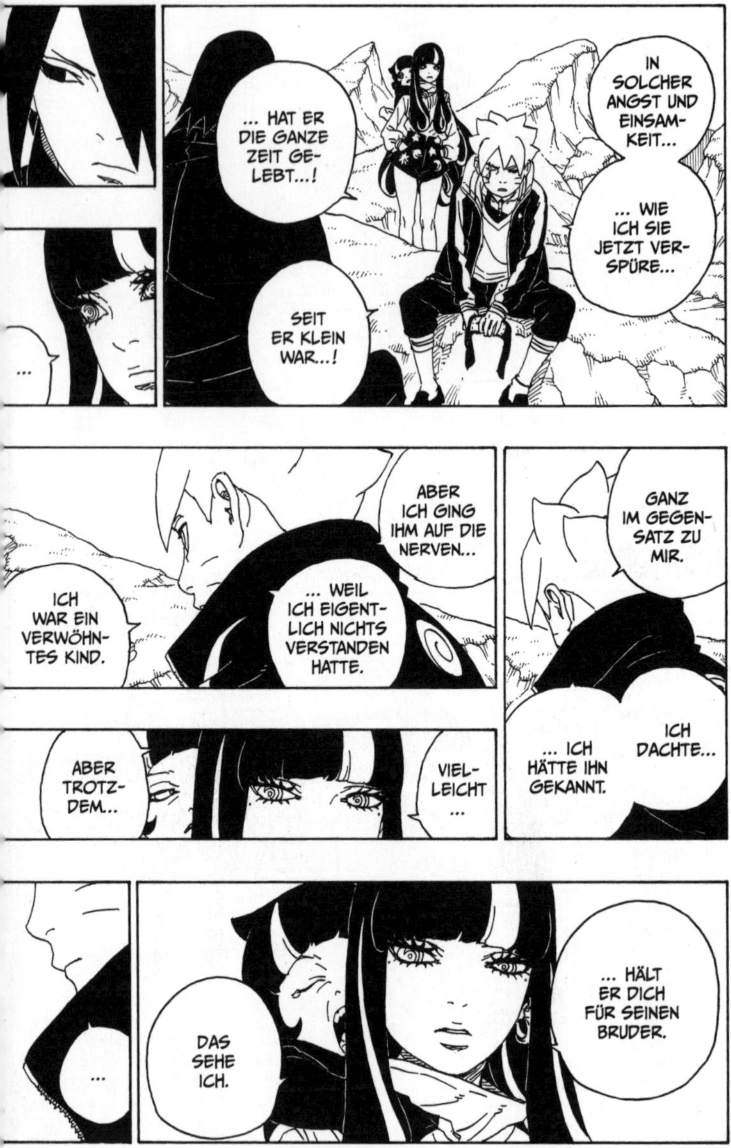
IN SOLCHER ANGST UND EINSAMKEIT...
... WIE ICH SIE JETZT VERSPÜRE...
... HAT ER DIE GANZE ZEIT GELEBT...!
SEIT ER KLEIN WAR...!
...
GANZ IM GEGENSATZ ZU MIR.
ABER ICH GING IHM AUF DIE NERVEN...
... WEIL ICH EIGENTLICH NICHTS VERSTANDEN HATTE.
ICH WAR EIN VERWÖHNTES KIND.
ICH DACHTE...
... ICH HÄTTE IHN GEKANNT.
VIELLEICHT ...
ABER TROTZDEM...
... HÄLT ER DICH FÜR SEINEN BRUDER.
DAS SEHE ICH.
...

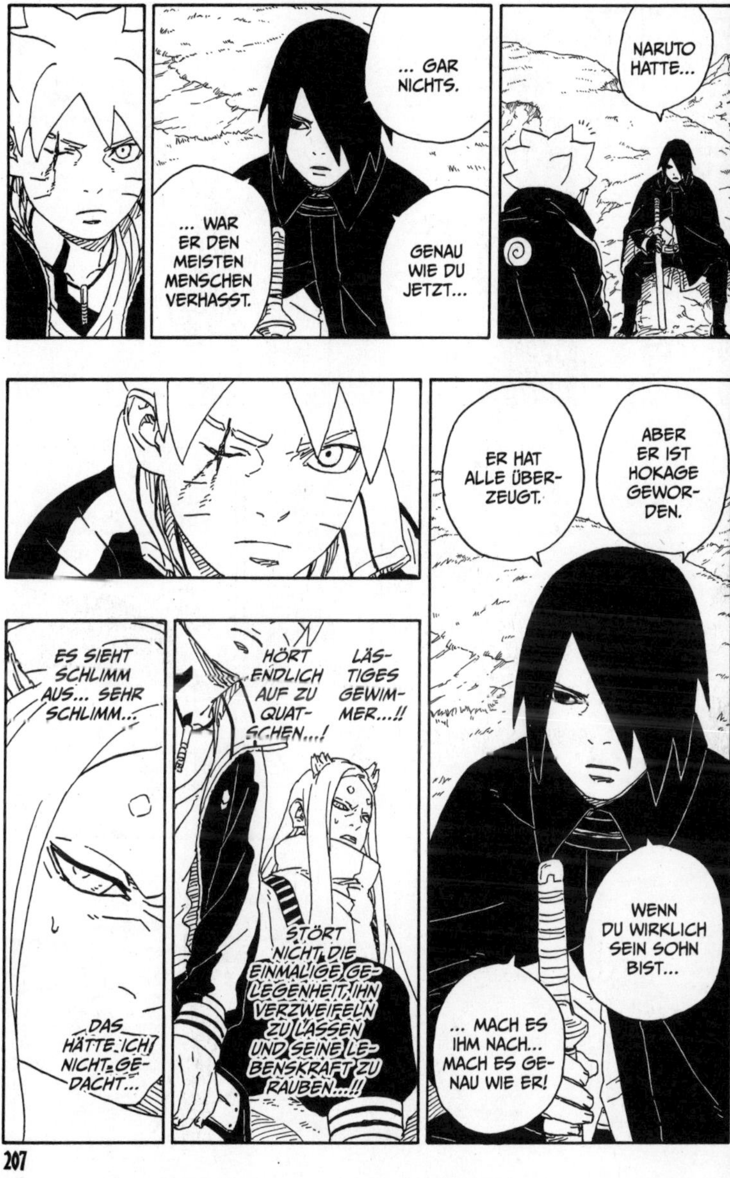
NARUTO HATTE...
... GAR NICHTS.
GENAU WIE DU JETZT...
... WAR ER DEN MEISTEN MENSCHEN VERHASST.
ABER ER IST HOKAGE GEWORDEN.
ER HAT ALLE ÜBERZEUGT.
WENN DU WIRKLICH SEIN SOHN BIST...
... MACH ES IHM NACH... MACH ES GENAU WIE ER!
LÄSTIGES GEWIMMER...!!
HÖRT ENDLICH AUF ZU QUATSCHEN...!
STÖRT NICHT DIE EINMALIGE GELEGENHEIT, IHN VERZWEIFELN ZU LASSEN UND SEINE LEBENSKRAFT ZU RAUBEN...!!
ES SIEHT SCHLIMM AUS... SEHR SCHLIMM...
DAS HÄTTE ICH NICHT GEDACHT...

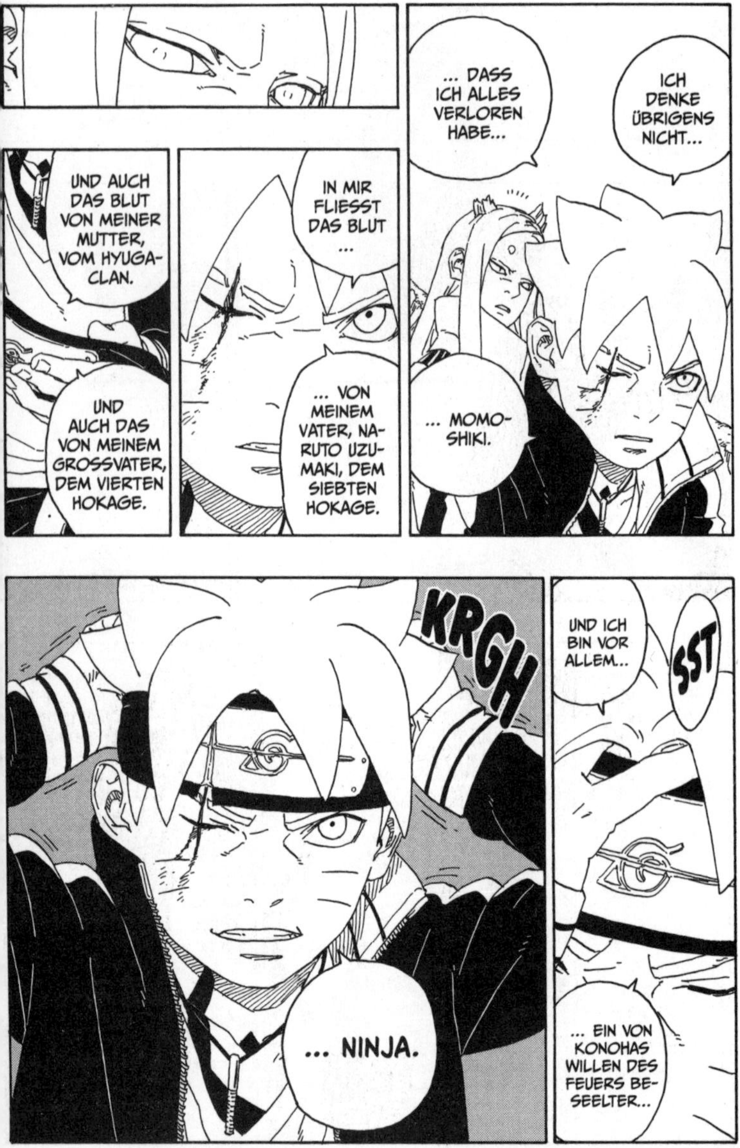
ICH DENKE ÜBRIGENS NICHT...
... DASS ICH ALLES VERLOREN HABE...
... MOMO-SHIKI.
IN MIR FLIESST DAS BLUT ...
... VON MEINEM VATER, NARUTO UZUMAKI, DEM SIEBTEN HOKAGE.
UND AUCH DAS BLUT VON MEINER MUTTER, VOM HYUGA-CLAN.
UND AUCH DAS VON MEINEM GROSSVATER, DEM VIERTEN HOKAGE.
SST
UND ICH BIN VOR ALLEM...
... EIN VON KONOHAS WILLEN DES FEUERS BESEELTER...
KRGH
... NINJA.

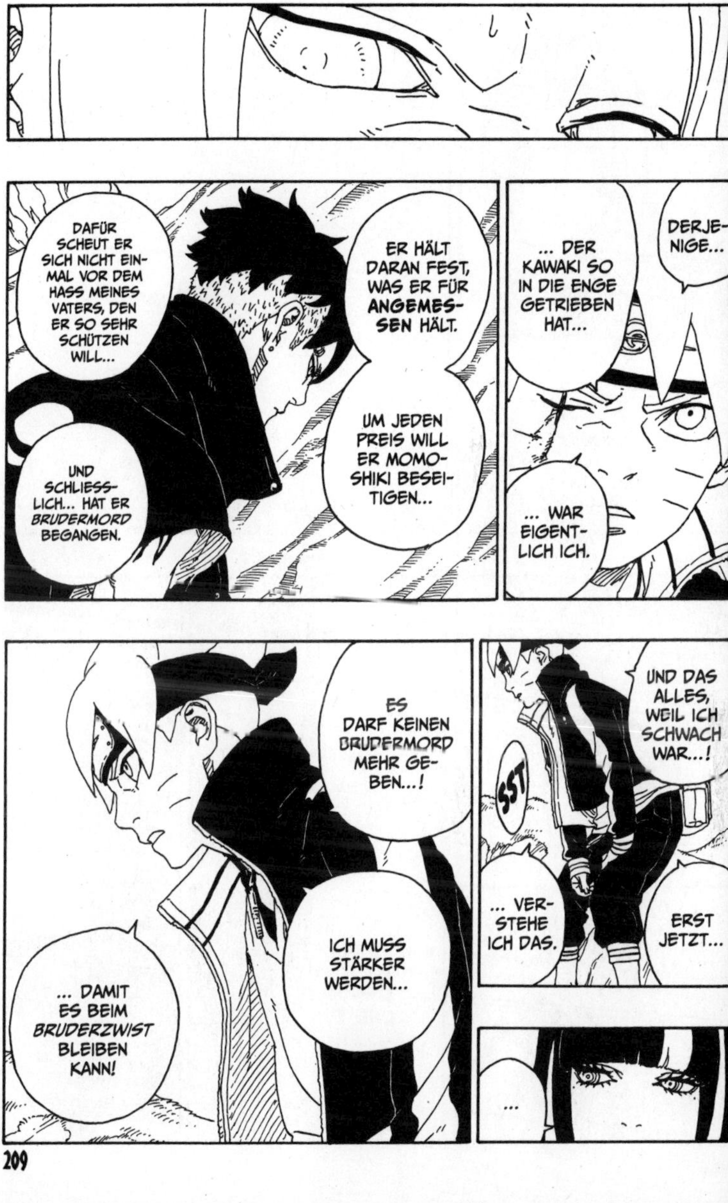
DERJENIGE...
... DER KAWAKI SO IN DIE ENGE GETRIEBEN HAT...
... WAR EIGENTLICH ICH.
ER HÄLT DARAN FEST, WAS ER FÜR ANGEMESSEN HÄLT.
UM JEDEN PREIS WILL ER MOMOSHIKI BESEITIGEN...
DAFÜR SCHEUT ER SICH NICHT EINMAL VOR DEM HASS MEINES VATERS, DEN ER SO SEHR SCHÜTZEN WILL...
UND SCHLIESSLICH... HAT ER BRUDERMORD BEGANGEN.
UND DAS ALLES, WEIL ICH SCHWACH WAR...!
SST
ERST JETZT...
... VERSTEHE ICH DAS.
...
ES DARF KEINEN BRUDERMORD MEHR GEBEN...!
ICH MUSS STÄRKER WERDEN...
... DAMIT ES BEIM BRUDERZWIST BLEIBEN KANN!

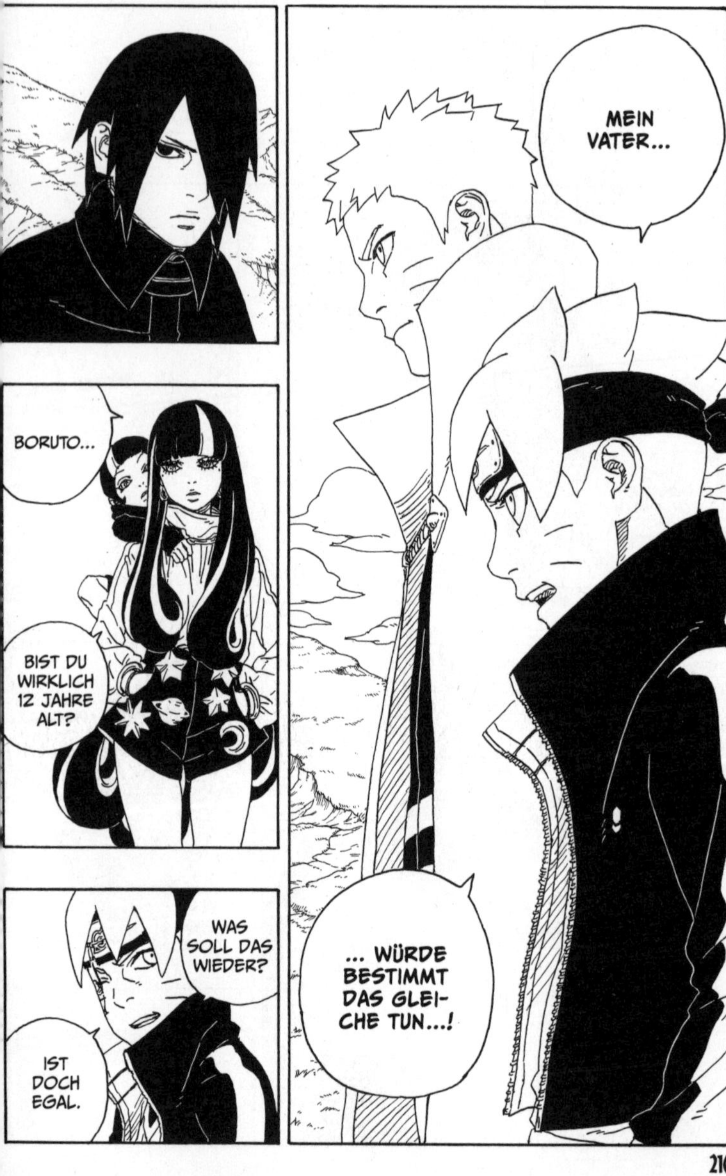
MEIN VATER...
... WÜRDE BESTIMMT DAS GLEI- CHE TUN...!
BORUTO...
BIST DU WIRKLICH 12 JAHRE ALT?
WAS SOLL DAS WIEDER?
IST DOCH EGAL.

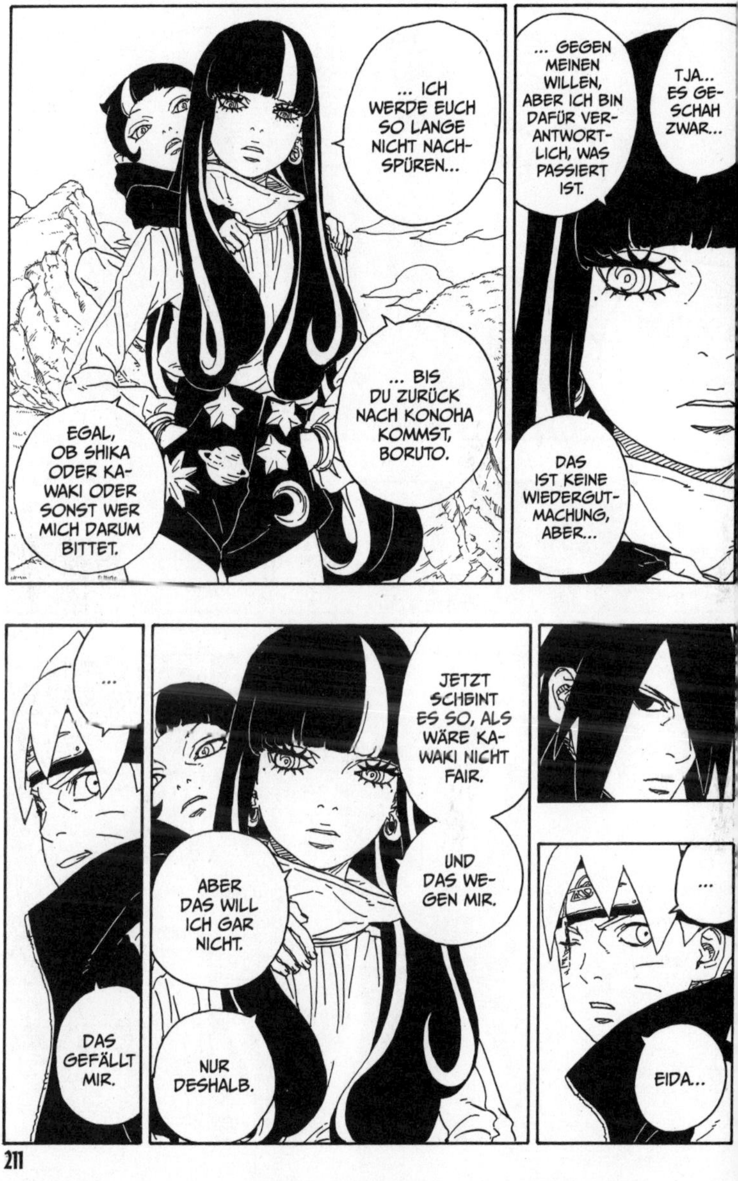
TJA... ES GESCHAH ZWAR...
... GEGEN MEINEN WILLEN, ABER ICH BIN DAFÜR VERANTWORTLICH, WAS PASSIERT IST.
DAS IST KEINE WIEDERGUTMACHUNG, ABER...
... ICH WERDE EUCH SO LANGE NICHT NACHSPÜREN...
... BIS DU ZURÜCK NACH KONOHA KOMMST, BORUTO.
EGAL, OB SHIKA ODER KAWAKI ODER SONST WER MICH DARUM BITTET.
...
EIDA...
JETZT SCHEINT ES SO, ALS WÄRE KAWAKI NICHT FAIR.
UND DAS WEGEN MIR.
ABER DAS WILL ICH GAR NICHT.
NUR DESHALB.
...
DAS GEFÄLLT MIR.

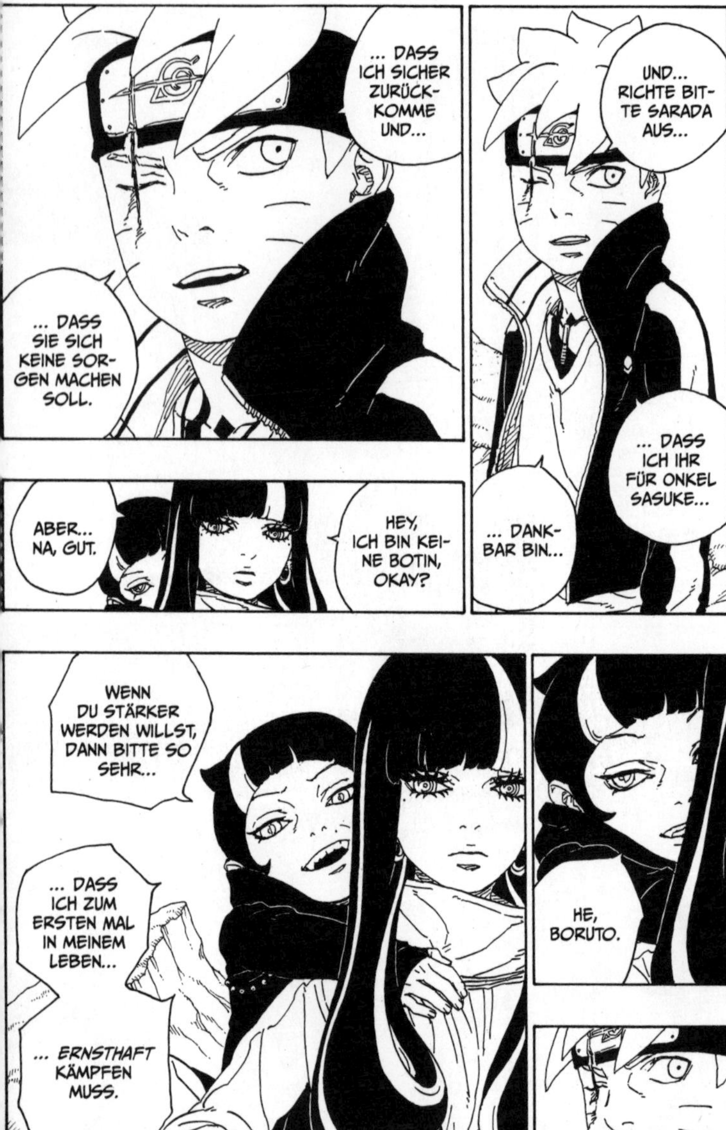
UND... RICHTE BITTE SARADA AUS...
... DASS ICH IHR FÜR ONKEL SASUKE...
... DANKBAR BIN...
... DASS ICH SICHER ZURÜCKKOMME UND...
... DASS SIE SICH KEINE SORGEN MACHEN SOLL.
HEY, ICH BIN KEINE BOTIN, OKAY?
ABER... NA, GUT.
HE, BORUTO.
WENN DU STÄRKER WERDEN WILLST, DANN BITTE SO SEHR...
... DASS ICH ZUM ERSTEN MAL IN MEINEM LEBEN...
... ERNSTHAFT KÄMPFEN MUSS.

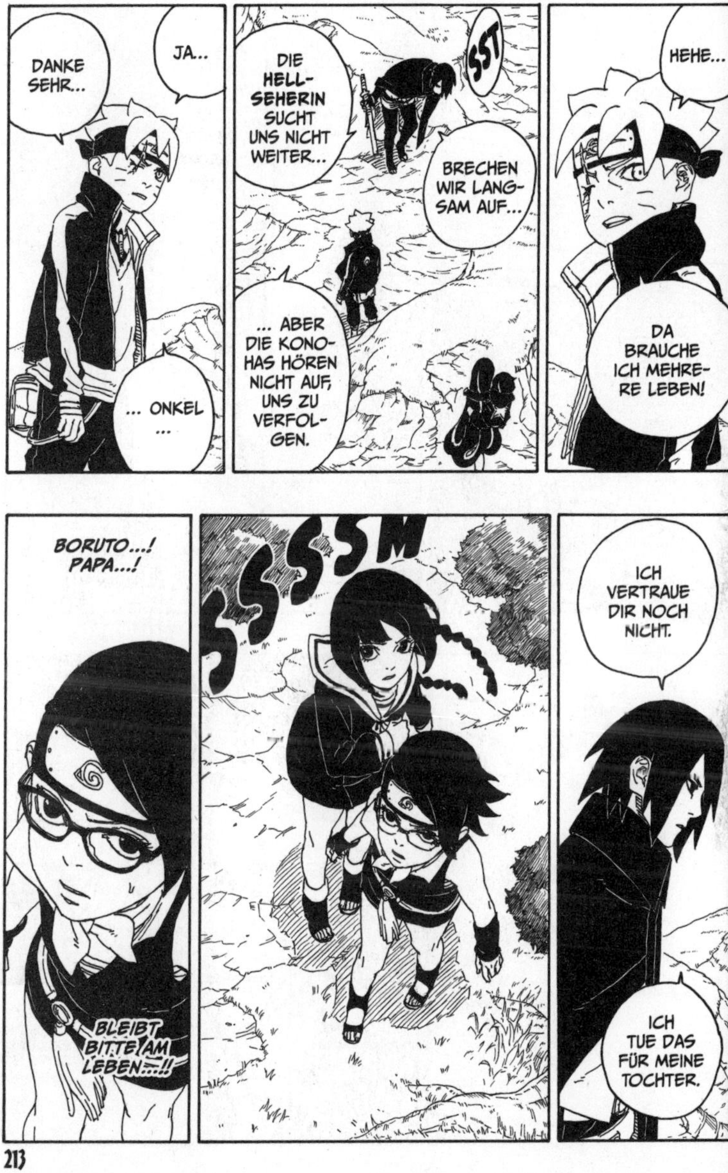
HEHE...
DA BRAUCHE ICH MEHRERE LEBEN!
SST
DIE HELLSEHERIN SUCHT UNS NICHT WEITER...
BRECHEN WIR LANGSAM AUF...
... ABER DIE KONOHAS HÖREN NICHT AUF, UNS ZU VERFOLGEN.
JA...
DANKE SEHR...
... ONKEL ...
ICH VERTRAUE DIR NOCH NICHT.
ICH TUE DAS FÜR MEINE TOCHTER.
SSSSM
BORUTO...! PAPA...!
BLEIBT BITTE AM LEBEN...!!

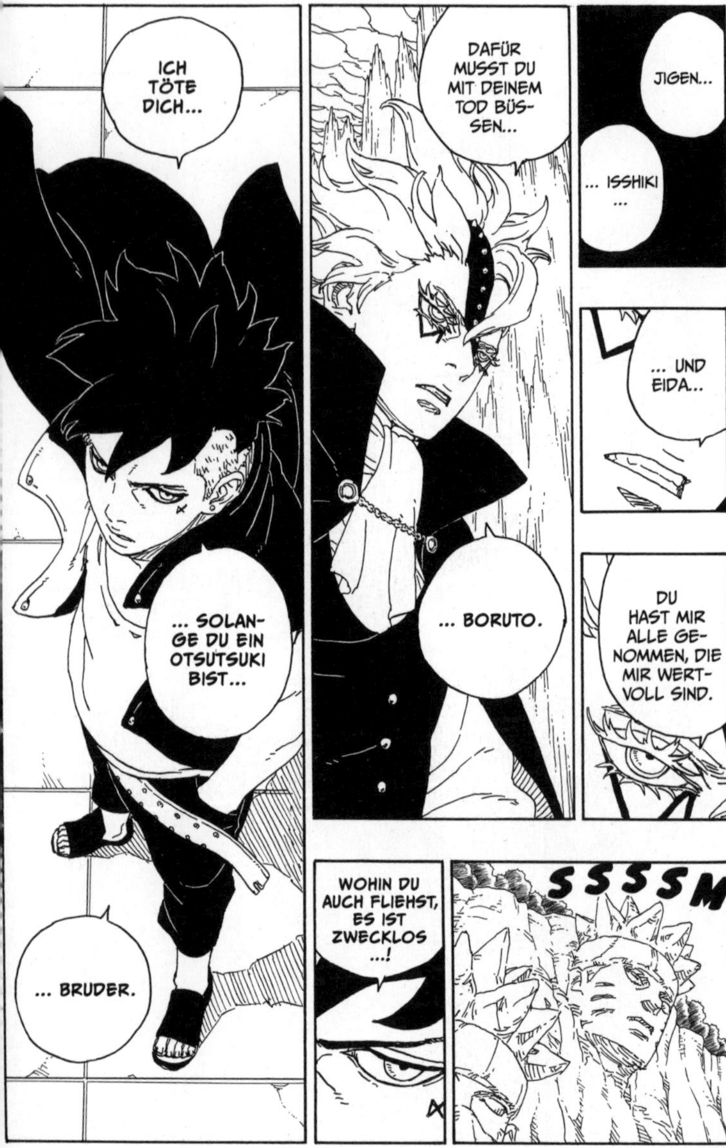
JIGEN...
... ISSHIKI ...
... UND EIDA...
DU HAST MIR ALLE GE-NOMMEN, DIE MIR WERT-VOLL SIND.
DAFÜR MUSST DU MIT DEINEM TOD BÜS-SEN...
... BORUTO.
SSSSM
WOHIN DU AUCH FLIEHST, ES IST ZWECKLOS ...!
ICH TÖTE DICH...
... SOLAN-GE DU EIN OTSUTSUKI BIST...
... BRUDER.

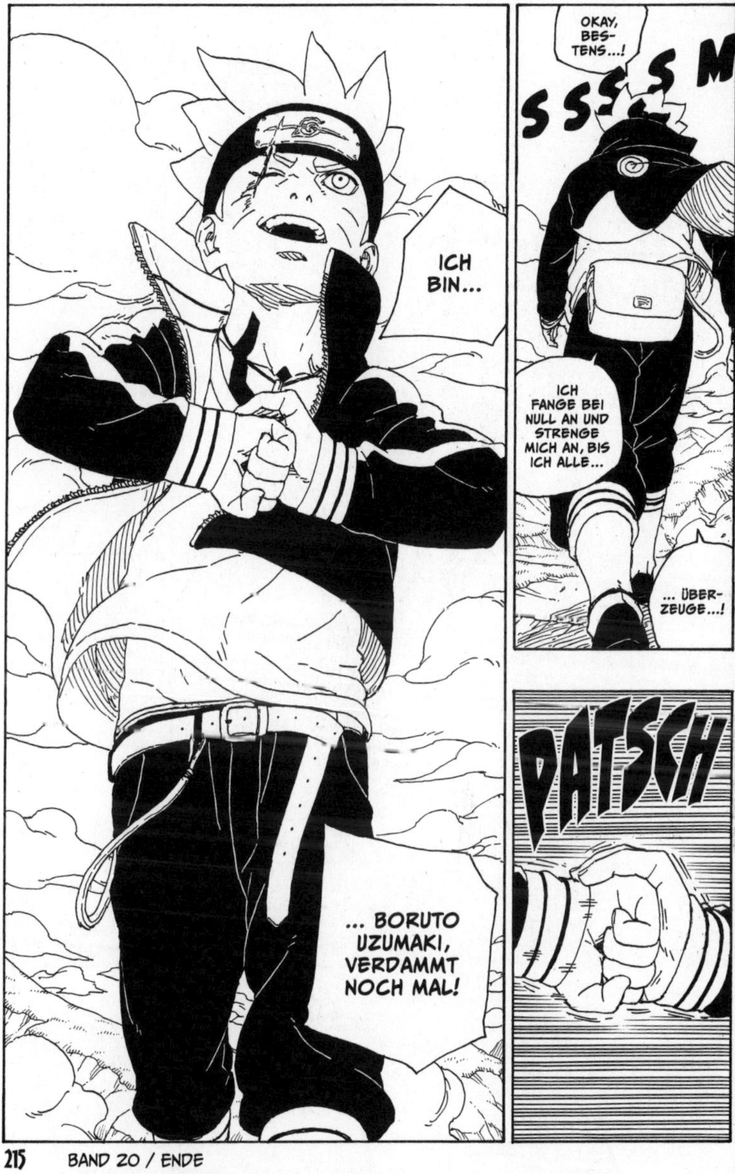
OKAY, BESTENS...!
SSSSM
ICH FANGE BEI NULL AN UND STRENGE MICH AN, BIS ICH ALLE...
... ÜBERZEUGE...!
PATSCH
ICH BIN...
... BORUTO UZUMAKI, VERDAMMT NOCH MAL!

BORUTO
-NARUTO NEXT GENERATIONS-

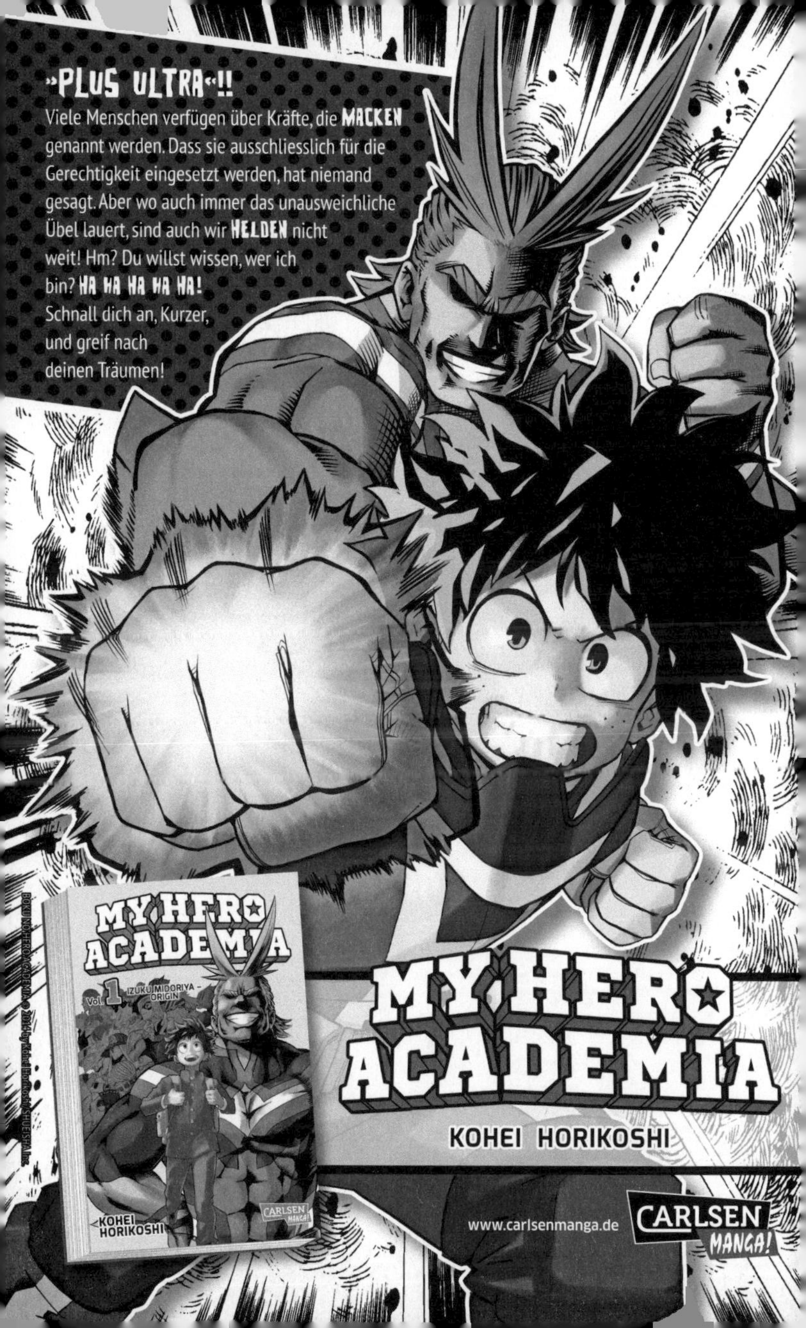
»PLUS ULTRA«!!
Viele Menschen verfügen über Kräfte, die MACKEN genannt werden. Dass sie ausschliesslich für die Gerechtigkeit eingesetzt werden, hat niemand gesagt. Aber wo auch immer das unausweichliche Übel lauert, sind auch wir HELDEN nicht weit! Hm? Du willst wissen, wer ich bin? HA HA HA HA HA! Schnall dich an, Kurzer, und greif nach deinen Träumen!
MY HERO ACADEMIA
Vol. 1 IZUKU MIDORIYA – ORIGIN
KOHEI HORIKOSHI
CARLSEN MANGA!
BOKU NO HERO ACADEMIA © 2014 by Kohei Horikoshi/SHUEISHA Inc.
MY HERO ACADEMIA
KOHEI HORIKOSHI
www.carlsenmanga.de
CARLSEN MANGA!

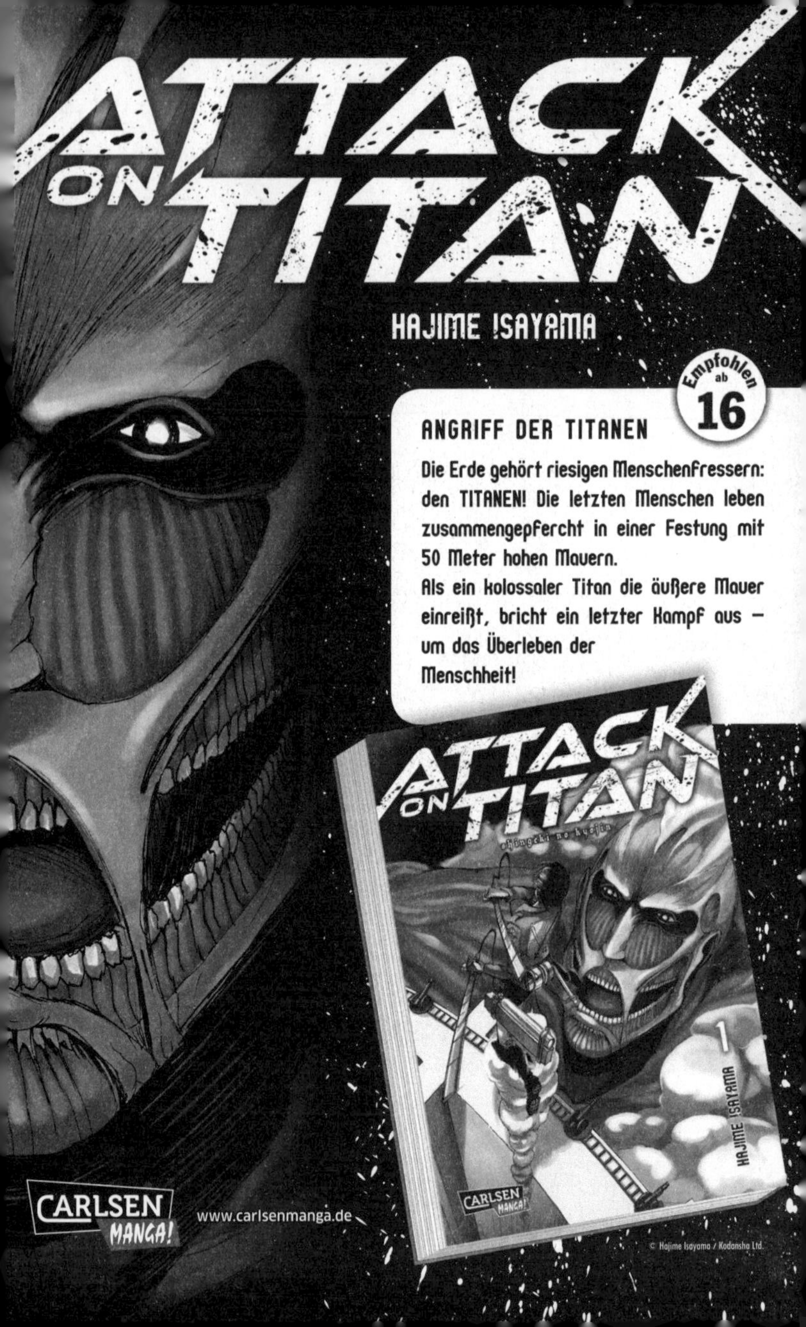
ATTACK ON TITAN
HAJIME ISAYAMA
Empfohlen ab 16
ANGRIFF DER TITANEN
Die Erde gehört riesigen Menschenfressern: den TITANEN! Die letzten Menschen leben zusammengepfercht in einer Festung mit 50 Meter hohen Mauern.
Als ein kolossaler Titan die äußere Mauer einreißt, bricht ein letzter Kampf aus – um das Überleben der Menschheit!
ATTACK ON TITAN
1
HAJIME ISAYAMA
CARLSEN MANGA!
CARLSEN MANGA!
www.carlsenmanga.de
© Hajime Isayama / Kodansha Ltd.

BORUTO

-NARUTO NEXT GENERATIONS-

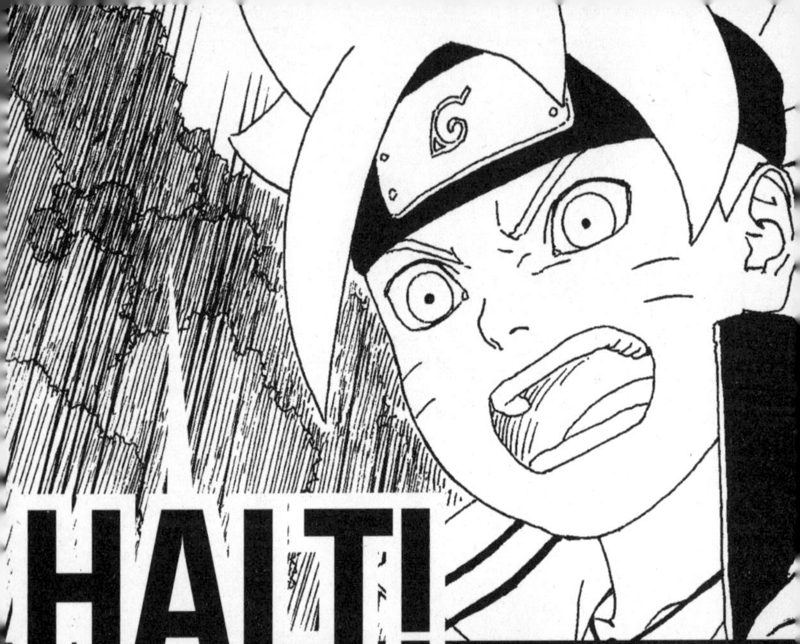

HALT!

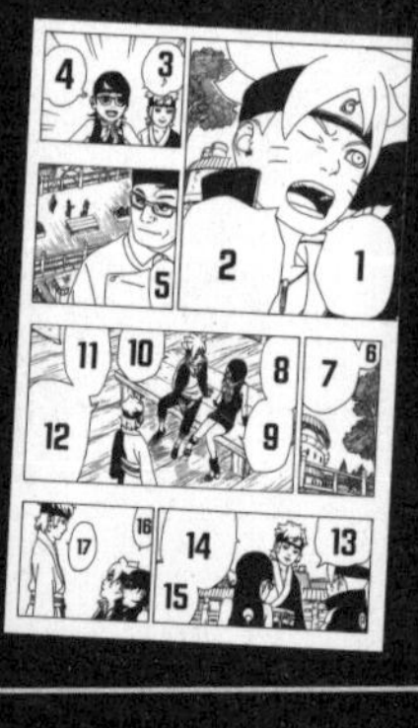

Das ist nicht die erste Seite des Buches. »Boruto« ist ein japanischer Comic. In Japan liest man von »hinten« nach »vorne« und von rechts oben nach links unten, also genau spiegelverkehrt zu dem, wie wir es gewohnt sind.
Auch die Bilder und Sprechblasen auf jeder Seite werden so gelesen, wie es in der Grafik gezeigt wird!
Die Legende der neuen Generation beginnt!!

CARLSEN MANGA! NEWS * Aktuelle Infos abonnieren unter www.carlsenmanga.de * www.carlsen.de

FSC
www.fsc.org
MIX
Papier | Fördert gute Waldnutzung
FSC® C083411

CARLSEN MANGA * Deutsche Ausgabe / German Edition * © 2024 Carlsen Verlag GmbH, Völckersstraße 14-20, 22765 Hamburg * Aus dem Japanischen von Miyuki Tsuji * BORUTO: NARUTO NEXT GENERATIONS © 2016 by Masashi Kishimoto, Mikio Ikemoto, Ukyo Kodachi * All rights reserved. First published in Japan in 2016 by SHUEISHA Inc., Tokyo. * German translation rights in Germany, Austria, Luxembourg and German-speaking Switzerland arranged by SHUEISHA Inc. through VME PLB SAS, France. * Redaktion: Anne Berling * Textbearbeitung: Ina Schiele * Herstellung: Derya Yildirim
Alle deutschen Rechte vorbehalten * ISBN 978-3-551-77566-5